KB259762

한국인의 사상과 예술

국립제주박물관 문화총서 ❷

한국인의 사상과 예술

국립제주박물관 편

서 경

국립제주박물관 문화총서 제2권
『한국인의 사상과 예술』을 발간하며

전통 문화의 단면을 보면, 소박, 단정, 화려, 치졸 등 다양한 속성을 지니고 있습니다. 이런 속성은 그 민족의 사상과 종교와 성품, 그리고 생활을 말해 주는 것입니다. 한국의 문화와 예술도 마찬가지입니다. 국립제주박물관이 작년에 이어 올해 실시하는 제 2 회 박물관 문화강좌 『한국인의 사상과 예술』은 바로 이런 연결고리를 추적해 보고자 한 것입니다.

특히 이번 문화강좌 『한국인의 사상과 예술』은 각 분야의 전문 학자를 초빙하여 진행됩니다. 이러한 집중강좌를 통해 고대부터 근현대에 이르기까지 한국인의 정신을 이룬 근간이 무엇인지 분석하고, 그 정신이 구현한 생활과 예술의 미학을 이해하게 될 것입니다.

이 책에는 이미 한국의 전통 사상으로 정착된 음양오행사상과 풍수지리를 비롯하여 도교, 불교, 유교, 그리고 천주교를 비롯한 서학에 이르기까지 한국인의 정신세계를 형성한 다양한 사상과 종교와 문화에 대한 설명이 들어 있습니다. 또한 그것을 바탕으로 솟아오른 고구려 고분벽화, 백제 금동대향로와 금동반가사유상, 통일신라의 석굴암, 고려의 불화, 조선의 종묘와 정원 등 한국을 대표하는 독특한 예술에 대한 전문가들의 높은 식견이 담겨 있습니다. 이 외에 한국을 대표하는 고려 청자와 조선의 백자는 이미 올해 전반기 강좌에서 다루어졌기 때문에 이번에는 제외되었습니다.

모쪼록 이 『한국인의 사상과 예술』이 한국과 한국인을 이해하는데 좋은 계기가 되었으면 합니다. 끝으로 집필자 여러분과 출판을 맡아주신 서경문화사에 감사드립니다. 앞으로도 『국립제주박물관 문화총서』에 많은 관심을 기울여 주시기 바랍니다. 저희 박물관에서 실시하는 문화사업이 한국의 역사와 문화에 대한 교양을 높이는데 도움이 되었으면 하는 바람에서 인사말씀 드립니다.

2003년 8월   일

국립제주박물관장 김 영 원

목 차

한국의 음양오행 사상과 풍수

한국의 음양오행 사상과 풍수

● 조용헌(원광대학교)

한국의 음양오행 사상과 풍수

'연월일시年月日時 기유정旣有定인데 부생浮生이 공자망空自忙이라!' '연월일시(四柱八字)가 이미 정해져 있는데 부평초 같은 삶을 사는 인생들이 그것을 모르고 공연히 스스로 바쁘기만 하다' 는 옛 선인들의 말이다. 삶이라고 하는 것이 예정조화豫定造化되어 있는 것을 모르고 쓸데없이 이리 갔다 저리 갔다 하면서 부산하게 움직이지만, 결국은 이미 정해진 운명에서 도망갈 수 없음을 설파한 잠언이기도 하다. 한국 사람들은 자신의 인생에서 드라마틱한 방향전환이나, 또는 대단한 성공과 실패를 경험할 때 이를 사주팔자 탓으로 돌리는 관습이 있다. '팔자인가 보다 하고 사는 거지 뭐!', '사주팔자가 그렇다는데 어떻게 하겠어?', '팔자가 세서 그렇다' 등등은 한국 사람들의 인생관에 깊이 뿌리박혀 있는 표현이기도 하다. 매사에 빛과 그림자가 공존하듯이, 이를 부정적으로 보면 숙명론에 함몰된 의지가 박약한 인간들의 넋두리이고, 긍정적으로 보면 인생이라고 하는 납득하기 힘든 연속극을 담백하게 감상하는 감상법의 요체이기도 하다. 그리스의 철학자 쎄네카가 그랬던가! 인생이란 순응하면 등에 업혀 가고 반항하면 질질 끌려간다고…….

그 사람의 태어난 생년, 월, 일, 시를 간지干支로 환산해서 운명을 예측하는 방법인 사주팔자. 한국에서는 '운명의 이치를 따지는 학문' 이라는 뜻에서 이를 통상 명리학命理學이라 부르고, 일본에서는 '운명을 추리한다' 고 해서 추명학推命學, 중국(대만)에서는 '운명을 계산해 본다' 는 의미의 산명학算命學이라는 표현을 많이 사용한다. 표현은 약간씩 다르지만 뜻은 같다. 한자문화권 漢字文化圈이라 할 수 있는 한국·중국·일본 삼국은 사주팔자라고 하는 공감대를 가지고 있기 때문에, 동양사상에 관심을 가진 나이 지긋한 식자층들끼리 서로 만나면 상대방의 사주팔자를 주고받는 풍습이 일부에서는 아직 남아 있다. 비록 말은 서로 통하지 않더라도 사주팔자를 보는 방법만큼은 동양 삼국이 서로 같기 때문이다. 삼국의 대가들을 살펴보자.

일본에서는 아베다이잔阿部泰山이라는 인물이 등장하여 일본 추명학의 수준을 한 단계 끌어 올렸다. 일본은 그동안 중국, 한국의 명리학 수준에 비해서 한 수 아래로 평가되어 왔으나, 아베는 기존의 자료를 광범위하게 수집하여 이를 체계적으로 집대성하면서 중국, 한국의 수준을 따라잡게 되었다. 아베는 메이지 대학明治大學 출신으로 중·일 전쟁 때 종군기자로 북경에 주재하면서 사주팔자에 관한 중국의 모든 문헌을 광범위하게 수집하였다고 하는데, 그가 일본으로 되돌아올 때 가지고 나온 문헌의 양은 자그마치 트럭 1대 분에 해당하는 분량이었다고 전해진다. 전후戰後에 그는 일본에서 이 문헌들을 철저하게 분석하고 연구하여 종래의 학설을 넘어서는 새로운 경지를 개척하였던 것이다. '추명학' 이라는 용어 자체도 아베다이잔 본인이 창출해낸 말이다. 아베다이잔 사후에 그의 제자들이 간행한 『아베다이잔전집阿部泰山全集』 26권은 현재 일본 추명학의 수준을 여실히 보여주는 결과물이다.

중국에서는 1980년대 후반에 작고한 위천리韋千里가 유명하였다. 그는 모택동 정권이 들어선 이후로 홍콩으로 망명하였기 때문에, 주로 홍콩에서 활동하였고 대만을 자주 왕래하였다. 사주팔자를 신봉하였던 장개석과 개인적으로 밀접한 관계에 있었기 때문에 위천리는 대만정부의 중요한 정책결정에 관여하는 국사國師대접을 받았다. 그는 홍콩에서 활동하면서 벽안의 서양인들과도 많은 교류가 있었으며, 특히 동양사상에 호기심이 많은 프랑스 신부들에게 사주를 가르쳤다고 전해진다. 구전으로 전해지는 바에 의하면 위천리에게 사주를 배운 불란서 신부들 몇몇은 현대 서양 점성술의 개량 작업에 일익을 담당하였다고 한다. 위천리의 명성은 1960~70년대 한국에까지 알려져서 삼성의 고故 이병철 회장도 1년에 1번씩은 꼭 홍콩에 가서 위천리를 만났다고 전해진다. 이병철 회장은 합리적인 판단이라 할 수 있는 사판事判과, 신비적인 판단이라 할 수 있는 이판理判을 모두 종합하는 이사무애理事無碍(이理와 사事에 걸림이 없음)의 경지를 추구하던 인물이었던 것 같다. 그래서 첨단산업의 전문가는 물론이고 역술에 정통한 술객들에 이르기까지 광범위한 계층을 대상으로 정보를 수집하는 취향이 있었다.

한국은 어떤가. 한국에서도 역시 1970년대 이후로 이석영李錫暎(1920~1983), 박재완朴在琓(1903~1992), 박재현朴齋顯(1935~2000)과 같은 대가들이 출현하여 정계政界, 재계財界 인사들의 정책결정에 많은 영향을 미쳤다. 이 세 사람이 한국의 정·재계 중요 인사들의 진로와 인사문제들을 상담해 주면서 발생한 이야기들을 들어보면 소설이 따로 없을 정도로 흥미진진하다. 그러나 이들이 음지에서의 영향력은 상당하였다고 할 수 있지만 양지에서는 별로 대접을 받지 못하였다. 중국의 위천리나 일본의 아베다이잔이 누렸던 사회적 지위와는 거리가 먼 대접이었다. 중국이나 일본에서는 명리학이 동양사상에 바탕을 둔 전통적 세계관으로써 어느 정도 대접을 받았던 반면에, 한국

사회에서는 '점쟁이' 또는 '미신, 잡술'로 평가되면서 공식적인 담론체계에서 철저하게 소외되었다. 그 결과 학계에서도 이 분야에 대한 논의는 거의 이루어지지 않고 있다. 같은 '미신, 잡술'이면서도 무속신앙에 대한 연구는 비교적 활발한 편인데, 사주팔자에 대한 연구는 이상하게도 별로 시도되지 않고 있는 점이 흥미롭다. 그러다 보니 사주팔자는 한국사회의 이면문화裏面文化(behind culture)가 되었다. 무대 위에서는 논의되지도 주목받지도 못하지만, 무대 뒤로 한걸음 들어간 배후에서는 활발하게 유통되는 문화가 '비하인드 컬처'라고 한다면 사주는 그러한 비하인드 컬처의 중요한 축을 이루는 문화현상이라고 생각된다.

그 사람의 생년, 월, 일, 시를 간지干支로 환산해서 운명을 예측하는 명리학은 중국의 도교 수련가였던 서자평徐子平이라는 사람에 의해서 그 이론체계가 정립되었다. 오늘날 명리학의 대표적인 고전으로 일컬어지는 『연해자평淵海子平』이란 책은 서자평의 저술이고, 『연해자평』이란 책 제목 자체도 그의 호를 딴 이름이다. 서자평에 대한 신상기록이 별로 남아 있지 않아서 그의 생몰연대를 정확하게 알 수는 없지만, 그가 도사道士인 진단(871~989)과 같이 중국의 화산華山에서 같이 수도하였다는 기록이 전해지는 것으로 보아서 대략 900년대에 활동했던 인물인 것 같다. 따라서 서자평의 명리학은 10세기 후반쯤에 세상에 나온 것으로 추정된다. 문제는 이것이 언제 한국에 유입되었는가 하는 것이다. 당시 서자평의 명리학은 중국의 왕실과 소수의 상류귀족들 사이에서만 은밀하게 유통되고 있었을 뿐 일반 대중들에게는 공개되지 않았던 고급스런 지식으로 여겨졌기 때문에 외국으로 쉽게 반출되지는 않았을 것이다. 이러한 맥락을 감안하면 빨라도 1~2백년 후에나 우리나라에 명리학이 들어오지 않았나 싶다.

우리나라에서 사주팔자에 대한 최초의 공식적인 기록은 조선 왕조의 법전이라 할 수 있는 『경국대전經國大典』이다. 『경국대전』은 세조 6년인 1460년에 편찬을 시작하여, 성종 16년인 1485년에 최종 완성이 되었으므로 조선 초기에 성립된 법전인데, 여기에 보면 전문적으로 사주팔자를 보는 사람을 국가에서 과거시험으로 선발하였다는 기록이 나타난다. 『경국대전』에 나타나 있는 과거시험 분류를 보면 중인계급들이 응시하는 잡과雜科가 있다. 잡과는 요즘 식으로 말하면 전문기술직이다. 잡과 가운데 하나로써 음양과陰陽科라는 게 있었다. 천天, 지地, 인人 삼재三才 전문가를 선발하는 과거가 바로 음양과이다. 음양과를 다시 세분하면 천문학天文學, 지리학地理學, 명과학命課學으로 나누어지고 초시初試와 복시復試 2차에 걸쳐 시험을 보았다. 초시初試에서 천문학은 10명 지리학, 명과학은 각각 4명씩 뽑았다. 복시復試에서는 천문학 5명 지리학, 명과학은 각각 2명씩 뽑았다고 나온다. 지리학은 풍수를 전문으로 하는 사람을 관료로 채용하는 과목이고, 명과학이란 사주팔자에 능통한 자를 관료로 채용하는 과목이다.

과거시험은 매년 있었던 것도 아니고 3년마다 한번씩 돌아오는 자子, 오午, 묘卯, 유酉년에 시행하는 식년시式年試에서 명과학 교수를 초시에서 4명 복시에서 2명씩 채용하였다. 3년마다 시행되는 명과학 과거시험에서 최종적으로 2명만을 선발하였다는 사실은 매우 적은 인원만을 선발하였음을 알 수 있다. 당시 명과학의 시험과목은 구체적으로 어떤 내용이었을까. 그 시험과목을 보면 『연해자평』 『원천강袁天綱』 『범위수範圍數』 『극택통서剋擇

通書』등 이다. 『연해자평』은 앞에서 설명한 바와 같이 사주팔자의 원리에 대한 내용이고, 『원천강』은 사람의 관상觀相을 보는 책이고, 『범위수』는 어느 날짜에 혼사를 하거나 건물을 짓는 공사를 시작할 것인가를 논하는 택일에 관한 책이다. 『극택통서』는 현재 전해지지 않고 있어서 어떤 책인지 그 내용을 파악할 수 없고, 나머지 과목들은 현재까지 전해지고 있다. 현재 전해지는 명과학의 시험과목 가운데 가장 대표적인 과목을 꼽는다면 『연해자평淵海子平』이다. 『연해자평』은 오늘날에도 명리학을 처음 공부하려는 학인들이 필수적으로 섭렵해야 할 교과서로 평가되는 책이다. 사주팔자를 해석하는 모든 기본 원리는 『연해자평』에 들어 있다. 아무튼 명과학의 시험과목에 『연해자평』이 포함되어 있는 것으로 보아서 사주팔자의 원리는 『경국대전』이 성립되던 1400년대 후반까지는 조선사회에 전래되어 있었음을 확인할 수 있다.

물론 이는 공식적인 확인이고 비공식적으로는 15세기 후반 이전에 『연해자평』의 명리학이 이미 조선사회에 유입되어 있었다고 추측된다. 왜냐하면 『조선왕조실록朝鮮王朝實錄』에 팔자에 대한 기록이 발견되기 때문이다. 『조선왕조실록』 CD롬에서 '팔자'라는 단어를 검색한 결과 태종 17년(1417년)에도 공주의 배필을 구하기 위하여 남자의 팔자를 보았다는 기록이 나타난다. 왕실에서 사주팔자를 보고 혼사를 정하는 풍습이 그때 당시 이미 존재하고 있었음을 엿볼 수 있는 대목이다. 이로 미루어볼 때 기록으로는 나타나지 않지만 고려 말, 조선 초기에 『연해자평』의 명리학이 중국으로부터 이미 들어와 있었으며, 왕실을 비롯한 일부계층에서는 사주팔자를 통해서 그 사람의 운명을 예측하거나 혼사를 할 때 궁합을 보는 풍습이 유행하고 있었다고 여겨진다. 이때까지는 명리학을 전공한 전문가가 따로 존재했던 것은 아니고 개인적으로 이 분야를 공부한 사람들이 임의로 사주팔자를 보아주었을 것이다. 그러다가 아예 이것을 공식화하자, 특히 왕실에서 그 필요성을 많이 느꼈던 것 같다. 왕실에는 많은 왕자와 공주들이 출생하였다. 이들을 시집장가 보낼 때는 사전에 궁합을 보는 일이 필수적인 일이었고, 궁합을 보기 위해서는 생년월일시와 같은 인적사항이 노출되어야 하는데, 그 신상정보를 외부에 함부로 공개하기는 어려웠을 것이다. 그러다보니 명리학 전문가를 왕실 전용 관료로 선발하자는 의견이 대두되었던 것 같고, 결국은 명과학 교수라는 직책이 과거 가운데 하나로 채택된 것이 아닌가 싶다.

명과학 교수의 인원은 2~4명이다. 3년마다 돌아오는 전국규모의 과거시험에서 이 숫자만 뽑았으니까 매우 적은 인원만 채용한 셈이다. 이들은 말하자면 왕실 전용 사주 상담사들이라서 근무처도 서울의 궁궐 내에서만 근무하였다. 지방에 출장을 간다거나 아니면 일반인들의 사주팔자를 보아 주는 일은 허락되지 않았다. 허가 없이는 궁궐 밖 사람과의 접촉이 불가능하였다고 한다. 왕실의 비밀이 유출될 가능성 때문이다. 명과학 교수라는 직급은 잡과에 소속해 있어서 낮은 편이었지만, 그 업무적인 성격상 왕실내부의 은밀한 정보를 접촉할 수 있었던 자리였다. 직급이 낮다고 해서 함부로 볼 수 있는 자리가 아니었다. 이들의 임무는 여러 가지였다. 공주나 왕자의 궁합을 보는 일, 합궁合宮할 때 그 날짜를 택일하는 일, 궁궐 내에서 왕자나 공주가 출생할 때 산실 밖에서 대기하고 있다가 그 사주팔자를 기록하는 일, 건물 신축을 할 때 길일吉日을 잡는 일, 임금의 명에 따라서 대신들 개개인의 사주팔자가 어떤지를 보는 일 등등이었다.

　이 가운데 합궁일合宮日을 살펴보자. 사주팔자에서 그 사람의 운명을 결정하는 양대 요소는 입태일入胎日과 출태일出胎日이다. 입태일은 정자와 난자, 그러니까 부정父精과 모혈母血이 결합되는 날짜로써 합궁일이 된다. 출태일은 그 사람이 태어난 날, 정확하게는 어머니 뱃속에서 나와 탯줄을 가위로 자른 시각을 말한다. 탯줄을 자르는 바로 그 시각에 천지의 음양오행 기운이 아이에게 순간적으로 들어온다. 사주팔자는 바로 그 탯줄 자르는 시각에 들어온 음양오행 기운의 성분을 10간 12지로 인수 분해한 것이다. 입태일은 IN PUT되는 시점이고, 출태일은 OUT PUT되는 시점이다. 문제는 출태일 못지 않게 입태일도 중요하다는 것이다. 원료를 투입할 때 과연 어느 시점에 투입하느냐에 따라 제품의 질이 결정되기 마련이다. 그 투입 시점을 결정하기 위해서는 복잡한 방정식을 풀어야 한다. 방정식의 핵심은 아이의 부모가 될 사람 사주를 먼저 본 다음에 그 부모 사주의 약점과 강점이 무엇인가를 파악해야 한다.

　예를 들어 아버지 될 사람의 사주가 불이 지나치게 많은 사주라고 하자. 사주에 불이 많은 기질은 엔진은 좋은데 브레이크가 약해서 오버하는 수가 많다. 그러므로 브레이크를 보강할 필요가 있다. 그 브레이크는 물이 된다. 그러므로 불火이 많은 사주는 반드시 물水이 보강되어야 한다. 물이 많은 달은 일년 중에서 음력으로 10월, 11월, 12월이다. 이 3달은 돼지亥, 쥐子, 소丑로 상징되는데, 공통적으로 수水를 나타낸다. 화가 많은 사람이 합궁할 때는 기왕이면 여름보다는 겨울이 좋다고 말할 수 있다. 날짜도 같은 원리이다. 음력이 표시되어 있는 달력을 보면 날짜마다 쥐子, 소丑, 호랑이寅, 토끼卯……가 표시되어 있다. 이 가운데 뱀巳, 말午, 양未 일은 불火에 해당된다. 불火이 많은 사람이 합궁할 때 되도록

이 날짜는 피한다. 대신에 물이 많은 돼지亥, 쥐子, 소丑 일을 택한다. 음양오행의 패러다임에 의하면 지구의 자전과 공전주기에서 이 날짜가 물의 기운이 많다고 보는 것이다. 날짜 다음에 시간을 정할 때도 마찬가지이다. 하루 12시간(24시간)중에서 해시亥時는 밤 9시에서 11시이고, 자시子時는 밤 11시에서 새벽 1시이고, 축시丑時는 새벽 1시에서 새벽 3시까지이다. 화가 많은 사람의 합궁 타이밍을 잡을 때 기왕이면 이 시간에 잡는 게 좋다고 본다. 결혼한 공주나 또는 왕자가 첫날밤을 치를 때는 명과학 교수가 잡아준 날짜와 그 시간에 맞추어 성교를 했다는 이야기이다. 요즘에도 결혼을 할 때 신랑의 사성四星(사주팔자)을 한지에 적어서 신부집에 미리 보내는 풍습은 이와 같은 맥락에서 유래하였다.

조선시대 출산 타이밍에 관한 유명한 일화가 하나 있다. 단종 때 사육신으로 유명한 성삼문成三問(1418~1456)의 출산에 관해서 구전으로 전해지는 비화이다. 성삼문의 어머니가 성삼문을 임신해서 아이를 낳기 위해서 친정으로 갔다. 딸의 진통이 시작되자 딸의 해산을 도우려고 산실에 이제 막 들어가려는 부인에게 친정아버지(성삼문의 외할아버지)가 한마디 하였다. "자네 산실에 들어갈 때 다듬이 돌을 들고 가소. 아이가 나오려고 하거든 이 다듬이 돌로 산모의 자궁을 틀어막아서 아이가 나오지 못하게 막아야 하네. 다듬이 돌로 막고 있다가 내가 '됐다'고 신호를 보낼 때 그때 아이가 나오도록 해야 되네." 다듬이 돌이란 옛날에 빨래를 두드릴 때 사용하던 직사각형의 넙적한 돌을 말한다. 성삼문의 외할아버지는 명리학에 깊은 조예가 있었던 인물이었다. 외손자가 태어나려고 하는 사주팔자를 계산해 보니까 그 시간에 있어서 예정보다 2시간 정도 늦게 태어나야만 외손자의 사주가 좋다는 것을 감지했던 것이다. 산모의 진통이 극심해지면서 아이의 머리가 밖으로 조금씩 나오려고 하였다. 그러자 산실에서는 친정어머니가 산실 밖에서 대기하고 있던 남편(외할아버지)에게 '지금이면 됐습니까?' 하고 물었다. "조금 더 기다려야 한다"는 대답이다. 얼마 있다가 다시 '지금이면 됐습니까?' 하고 또 물었다. "조금만 더 참아라." 다듬이 돌로 아이가 못나오게 막고 있던 성삼문의 외할머니가 세 번째로 외할아버지에게 '지금이면 됐습니까?' 하고 물었다. 밖에서 '조금만 더 참아라'고 했지만 더 이상 참지 못하고 산모는 성삼문을 낳고야 말았다. 산실 밖에서 기다리고 있던 성삼문의 외할아버지에게 '3번을 물었다'三問고 해서 이름을 성삼문成三問이라고 지었다고 한다. 만약 산모가 더 참고 기다렸다면 어떻게 되었을까? 성삼문이 39세에 죽었는데 1시간만 늦게 태어났더라도 환갑까지는 살았을 것이라고 본다. 하지만 성삼문의 외할아버지가 그나마 다듬이 돌로 막는 처방을 한 덕택에 39세까지 살았지, 그렇지 않았더라면 10대에 요절하고 마는 운명이었다고 역술가들은 말한다. 어느 시간에 태어나느냐에 따라 명리학에서 팔자八字 가운데 이자二字가 바꾸어진다. 특히 태어나는 시時의 간지干支는 그 사람의 말년 운세와 관련된다고 해석하므로 매우 중요하게 취급한다.

궁궐 안에서 근무하는 명과학 교수의 업무 가운데 중요한 일 하나가 왕자들의 사주팔자를 보는 일이었다. 조선시대의 임금은 많은 자식을 낳았다. 그러므로 많은 자식 중에서 과연 어느 왕자(대군)가 왕권을 이어받을 것인가 하는 문제는 뭇 사람들의 지극한 관심사였다. 물론 장남이 우선순위가 있지만 조선왕조 왕권

승계 과정을 보면 장남이 승계한 경우는 그렇게 많지 않다. 누가 될지는 아무도 모른다. 그런 상황에서 명과학 교수는 임금의 핏줄들, 그러니까 대군들의 출생년월일을 모두 알고 있었으므로 대권의 향방에 관한 일급 정보를 가지고 있는 셈이다. 갑甲이라는 왕자가 군왕이 될 사주를 가지고 태어났다고 소문이 나면 사람들의 관심이 그쪽으로 쏠리게 마련이다. 그러다보니 명과학 교수의 의견이 여론의 향배에 중요한 비중으로 작용하였다. 다시 말해서 왕자들의 운명을 알고 있다고 여겨진 명과학 교수는 자의반 타의반으로 권력투쟁에 말려들 소지가 많았다고나 할까. 예를 들어 어떤 대군은 사람들의 인심을 자기에게 쏠리게 하기 위하여 명과학 교수에게 압력을 넣어 가짜 사주팔자를 유포시켰을 가능성도 얼마든지 있다. 그렇게 되면 반대파에서는 그 명과학 교수를 제거하기도 하였다.

궁궐 내에 근무하는 의원醫員과 함께 명과학 교수는 왕권승계 과정에서 발생할 수 있는 여러 가지 작전에 개입하는 일이 많았다고 한다. 조선시대 역대 왕 가운데 의문사 한 경우가 11건이라는 통계도 있다. 그만큼 내부에서 권력투쟁이 치열했다는 증거이다. 이 권력투쟁의 와중에서 궁궐의 의원은 반대파의 음식에 독약을 타고 명과학 교수는 자신이 지지하는 대군의 사주를 조작하는 일이 빈번했다고 한다. 이러한 일은 워낙 은밀하게 진행되었으므로 그에 관한 기록들이 별로 남아 있을 리 없다. 역술계에 전해 내려오는 구전에 의하면 궁궐 내에서 근무하던 어의御醫는 정년퇴직 하고 밖에 나가서 개업을 할 수 있었지만, 명과학 교수는 정년퇴직 하더라도 궁궐 밖에 나가 개업하거나 사람을 만나서 사주상담을 해주는 일은 엄격하게 금지되었다고 한다. 명과학 교수는 왕실의 대외비對外秘를 너무 많이 알고 있었기 때문에 정년퇴직을 하고 난 후에도 행동의 제한이 있었던 셈이다. 아무나 만날 수 없었다. 만약 전, 현직 대감들이 궁궐 밖에서 명과학 교수들과 허가 없이 어울리거나 접촉하다가 그 소문이 임금에게 들어가면 이는 역모혐의가 있는 게 아니냐는 의심을 받았다고 한다. 조선시대 명과학 교수는 단순하게 사주팔자만을 보아주는 직업이 아니라 때로는 대권의 향배에도 영향을 미치는 정치적 힘을 가지고 있었다. 고대로부터 정치가와 점술가는 떼려야 뗄 수 없는 악어와 악어새의 관계에 있다는 잠언이 이런 대목에서 다시 한번 확인된다.

조선시대 반란사건 가운데 가장 흥미진진한 사건이 바로 숙종 23년에 승려세력들이 이씨왕조 전복을 시도하려 했다가 미수에 그친 사건이다. 주로 금강산에 거주하던 승려들이 주동이 되었는데, 그 배후에는 명나라가 망하자 조선으로 망명하여 금강산에 들어가 머리를 깎고 승려가 된 중국인 출신 운부雲浮라는 인물이 있었다. 운부는 당시 나이가 70이었다. 천문, 지리, 인사에 통달하여 그 식견과 경륜이 제갈공명에 뒤지지 않는다는 평가를 금강산 일대의 승려들로부터 받았다고 한다. 운부는 금강산 일대의 승려들을 규합하고 황해도의 장길산 세력과 합류한 다음 정씨鄭氏 성을 가진 정도령을 내세워 역성혁명을 시도하였다. 운부와 장길산이 연결된 이 반란사건은 1970년대 반란사건 전공이던 영남대 정석종 교수에 의하여 연구 정리되어 그 자료가 소설가 황석영 씨에게 제공되었다고 한다. 황석영의 『장길산』은 실제 있었던 이 자료를 기본 뼈대로 하고 거기에다 작가의 상상력을 덧붙인 것이다. 역사학자 이덕일 씨가 쓴 소설 『운부』도 역시 이 사건을 모델로 하였다. 그만큼 이야기 거리가 많은 사건이었다. 조선시대 금강산은 '당취黨聚' 들의 본부였다. 조선시대 반체제 승려세력들의 비밀결사를 '당취' 라고 부르는데, 출가 승려들이 굳이 반체제라는 결사를 조직하게 된 배경에는 이씨왕조李氏王朝에 대한 뿌리 깊은 반감이 작용하였다. 불교를 탄압하는 억불정책을 폈기 때문이다. 그래서 당취들은 저육猪肉(돼지고기)을 씹으면서 이씨정권을 저주하였다. 돼지고기를 씹은 이유는 이씨왕조를 창업한 이성계의 생년이 을해생乙亥生 돼지띠였다는 데에 있다. 고려 말에 '돼지가 나무 위로 오르는 사람이 신왕조를 세운다' 는 도참이 유행하였고, 아닌 게 아니라 왕조를 세운 이성계의 생년이 을해생이었던 것이다. 을乙은 목木이고 해亥는 돼지를 가리키므로 을해乙亥는 돼지가 나무 위로 오르는 모습이기도 하다. 당취들이 돼지고기를 씹는다는 것은 돼지띠인 이성계를 저주한다는 의미이다. 당취들은 또한 '미륵彌勒사상' 을 신봉하였다. 미륵彌勒이라는 한자를 파자破字해 보면 '이爾 활弓로 힘力을 길러 바꾸자革' 는 의미로 변한다는 이야기를 10년 전 당취 후예로부터 직접 들은 바 있다. 돼지고기를 질근질근 씹으면서 미륵을 신봉하던 당취들의 본부는 전국적으로 2군데가 있었다. 하나는 금강산이고 다른 하나는 지리산이다. 두 산 모두 여차하면 숨기에 좋은 깊은 산이다. 역대 조선의 도인들 가운데 가장 도력이 높던 인물들의 출신지를 정리해 보면 금강산파金剛山派와 지리산파智異山派로 압축될 정도로 금강산과 지리산은 많은 비화를 간직한 산이기도 하다. 당취들이 토색질 하던 악질 부자를 잡아다가 그 죄질에 따라 참회懺悔를 시킬 때도 '금강산참회' 와 '지리산참회' 가 있었다고 한다. 금강산 참회는 그 자리에서 죽이는 것이고, 지리산 참회는 병신 만드는 참회였다. 숙종조 때 활동한 승려 운부는 그러한 전통을 가지고 있는 금강산 당취의 총사령관이었던 셈이다.

　사주팔자가 반란사건과 관련해서 등장하는 이유는 명리학 자체가 계급차별에 대항하는 대항 이데올로기적인 측면을 제공하고 있기 때문이다. 왕후장상의 씨가 아니더라도 사주팔자만 잘 타고나면 누구나 왕이 되고 장상이 될 수 있다는 기회균등 사상이 밑바닥에 깔려 있다는 점을 주목해야 한다. 이는 풍수사상도 마찬가지이다. 일반 서민도 군왕지지郡王之地에 묘를 쓰면 군왕이 될 수 있다는 게 풍수의 신념체계 아닌가. 조선후기 서북지역에서 발생한 홍경래 난의 주모자들이나 동학혁명의 전봉준도 모두 사주와 풍수에 전문가적 식견을 가지고 있었던 것으로 전해진다. 사주팔자는 『정감록』으로 대표되는 풍수도참설과 결합되면서 조선후기 민란의 주요한 대중동원 메커니즘으로 작용하였다. 조선시대에 남자들이 모이는 사랑채에서는 『정감록』이 가장 인기 있는 책이었고, 여자들이 거처하는 안방에는 『토정비결』이 가장 인기였다는 이야기는 바로 풍수도참과 사주팔자에 대한 대중들의 관심을 단적으로 설명해 주는 사례이다.

　사주팔자의 구성원리는 철저하게 음양오행의 우주관에 바탕해 있다. 만물은 음 아니면 양으로 이루어져 있고, 그 음과 양에서 다시 수, 화, 목, 금, 토 오행五行으로 분화되고, 오행이 다시 만물을 형성한다는 설명체계이다. 사람의 사주도 크게 보면 양사주陽四柱냐 음사주陰四柱냐로 분류된다. 양사주면 활발하고 음사주면 내성적이라고 본다. 음양으로만 이야기하면 너무 간단하니까 좀 더 세분해서 이야기하면 오행으로 나누어진다. 예를 들어 수水가 많은 사주는 정력이 좋고 술을 좋아한다든지, 화火가 많은 사주는 언변이 좋고 담백하다고 보고, 목木이 많은 사주는 고집이 강하고, 금金이 많은 사주는 결단력이 있고 냉혹한 면이 있고, 토土가 많은 사주는 신중한 대신에 금전적으로 인색하다고 보는 식이다.

조선시대에는 출생 후에 이름을 지을 때에도 오행에 따라 지었다. 이름을 지을 때에는 그 사람이 출생한 연, 월, 일, 시를 먼저 따진 다음, 만세력萬歲曆을 보고 네 기둥을 뽑는다. 사주팔자를 뽑는 것이다. 그 사람의 사주팔자를 보고 불이 너무 많은 사주 같으면, 뜨거움을 식히기 위해서 이름을 지을 때 물 수水자를 집어넣는다. 사주가 너무 차갑다면, 차가움을 완화하기 위해서 불 화火자를 집어넣는다. 만약 사주에 목이 너무 많으면 목을 쳐내야 하기 때문에 쇠 금金변이 들어간 글자를 이름에 집어넣는 식이다. 반대로 사주팔자에서 목木이 너무 약하면 목을 보강하기 위해서 나무 목木변이 들어간 글자를 사용하거나, 또는 목을 생生해주는 물 수水자를 집어넣는 경우도 있다. 불이 많은 사주팔자에는 물이 들어간 이름자를 지어주면 불을 어느 정도 약화시킬 수 있다고 생각한 것이다. 그래서 사주팔자를 아는 사람은 상대방의 이름만 보고도 그 사람의 성격을 대강 짐작할 수 있다. 이름을 지을 때 오행의 과불급過不及을 고려하는 이와 같은 방식은 오늘날까지도 한국 사람들이 사용하고 있는 방식이기도 하다. 현재 한국에서 돈을 받고 활동하는 대부분은 작명가들이 이름을 지을 때 고려하는 제일차적인 요소는 그 사람의 사주팔자를 보고 오행의 과불급을 따지는 일이다.

족보의 항렬을 정할 때에도 오행의 원리에 따랐다. 조선시대는 대가족 제도이고 대가족 제도에서 위아래를 구분하는 기준이 항렬을 정해놓고 이름을 짓는 방법이다. 예를 들어 할아버지의 항렬이 나무 목木변이 들어가는 식植자라고 하자. 아버지 항렬은 불 화火변이 들어가는 글자 중에서 정한다. 영燦이나 영煐자가 그 예이다. 나의 항렬은 흙 토土변이 들어가는 글자 중에서 항렬을 정한다. 예를 들면 규珪자이다. 나의 다음 항렬은 쇠 금金 변이 들어가는 글자 중에서 항렬을 정한다. 예를 들면 종鍾자이다. 쇠 금金변 다음 항렬은 물 수水변이 들어가는 글자 중에서 정한다. 예를 들면 영泳자이다. 이러한 로테이션에는 법칙이 있다. 오행의 상생순서相生順序가 그것이다. 오행의 상생 순서는 수생목水生木, 목생화木生火, 화생토火生土, 토생금土生金, 금생수金生水이기 때문이다. 수생목水生木에서 수水는 목木을 도와주는 작용을 하기 때문에, 수를 부모로 보고 목을 자식으로 보았다. 이하 마찬가지이다.

산을 보는 풍수에서도 마찬가지이다. 조선시대 민사소송 사건의 60퍼센트가 산송山訟에 관계된 사건이라고 한다. 산송山訟이라 함은 명당을 서로 차지하기 위한 소송사건을 일컫는다. 그만

기고봉 묘에서 바라본 주변 산세. *좌측으로 멀리 보이는 지맥이 구불구불하여 용의 모습을 연상시킨다.*

동계고택의 전경. 멀리 좌측으로 강강한 바위산인 금원산의 모습이 보이고, 터 앞으로는 서출동류西出東流가 감아 돌아 나간다. '서출동류라면 똥물도 약이 된다'고 할 만큼 풍수가에서 높이 평가하는 물 흐름이다.

진도 운림산방의 전경. 산방 앞으로 보이는 연못은 최근 다시 복원한 것으로, 풍수적으로나 조경면에서 반드시 필요한 연못이다.

내앞마을의 수구를 막기 위해 인공적으로 조성한 소나무 숲. 이를 '개호송' 이라 부른다. 조선 시대 비보풍수의 전형적인 사례이다.

송영구 고택의 안산에 해당하는 문필봉과 그 우측으로 보이는 마체馬體형 봉우리. 고택이 자리잡은 장암은 전주 인근 최고 명당 가운데 한 곳이다.

큼 풍수가 생활에 밀착되어 있었음을 말해준다. 풍수에서는 산의 형태를 오행의 형태로 분류하여 설명한다. 수체水體의 산은

고택의 소조산인 대추산 지맥이 평야 쪽으로 뻗어 내려간 모습. 그 지맥 끝에 망모당이 자리잡고 있다. 망모당은 풍수적인 입지와 교통을 두루 갖춘 요지다.

물이 흘러가는 모양이고, 화체火體의 산은 불꽃처럼 끝이 뾰족뾰족한 산. 예를 들면 영암의 월출산 같은 산이다. 종교인들이 기도를 하면 기도발이 받는 산이라고 한다. 목체의 산은 끝이 삼각형처럼 된 산으로서 문필봉이라 불렀다. 필자가 지난 10년 동안 한국에서 4~5백년 된 명문가의 종가집이나 묏자리를 수십 군데 답사하여 보니까, 70퍼센트가 그 앞에 학자가 배출된다고 하는 문필봉이 포진하고 있었다. 70퍼센트는 우연이 아니그 풍수적

학봉종택 전경. 수많은 의병장과 독립운동가를 배출한 이 종택이 자리잡은 검재는 풍수적으로 전쟁, 기근, 전염병이 없다는 '천년불패지지'다.

원리를 고려하여 일부러 이런 곳을 잡은 결과이다. 금체金體의 산은 철모를 엎어 놓은 것처럼 생긴 산이다. 이런 산세에서는 장군이 나온다고 한다. 토체土體의 산은 책상처럼 평평한 모양을 한 산이다. 제왕이 나온다는 산이다. 박대통령 할머니 묘 앞에 토체의 산이 안산案山으로 포진하고 있는데, 한국의 지관들은 대부분 박대통령이 토체의 산정기를 받았으므로 대통령이 될 수 있었다고 생각한다. 노무현 대통령의 생가터인 김해의 진영이라는 마을의 산세도 토체였다. 노무현 대통령이 태어난 집터의 바로 정면에는 책상처럼 납작한 형태의 산이 바라보고 있었는데, 이는 풍수가에서 말하는 전형적인 토체 안대案帶였다. 집터 맞은편의 안산은 그 집터에 영향을 미치는 중요한 변수인데, 이 산의 형상이 토체였던 것이다. 대통령은 그냥 나오는 것이 아니라는 사실을 다시 한번 확인하였다.

한국의 장날을 정할 때에도 이와 같은 5가지 형태의 산의 모습을 따라서 정하였다. 장이라고 하는 것은 경제행위가 이루어지는 곳이자, 조선시대 각 지역의 정보교환이 이루어 졌던 곳이다. 예를 들어 그 지역의 주산主山 모양이 수체일 경우에는 1일과 6일이 장날이다. 숫자 중에서 1과 6은 수水를 상징하기 때문이다. 만약 주산의 모양이 화체일 경우에는 2일과 7일이 장날이다. 목체일 경우에는 3일과 8일, 금체일 경우에는 4일과 9일, 토체일 경우에는 5일과 10일이 장날이다. 즉 장날을 정할 때 원칙이 없이 아무렇게나 정하지 않았다는 사실이다. 오행의 원리에 따라 질서정연하게 배치되었음을 알아야 한다. 처음 방문하는 지역일지라도 그 부근의 주산이 금체라는 사실을 알면 장날이 4일과 9일임을 추정할 수 있다.

■ 바위와 기도발

풍수에서 또 하나 중요한 부분이 바위이다. 바위는 일반주택의 터를 볼 때는 살기로 간주되지만 사찰 터나 기도원 터와 같은 종교건축에서는 매우 중요한 요소로 간주된다. 바위는 기도의 효험과 직결된다고 보기 때문이다. 바위와 기도발祈禱發은 밀접한 상관관계를 지닌다. 기도에서 나오는 초월적인 힘이 바로 기도발이 아닌가 싶다. 권력이 총구에서 나온다면 종교의 힘은 기도발에서 나온다. 범인은 기도발을 체험하였을 때 비로서 신앙심을 갖기 마련이다. 그렇다면 어떻게 해야 기도발을 체험할 수 있는가. 풍수에서는 기도가 잘 되는 특별한 장소가 있다고 주장한다. 그러한 장소는 암벽이나 바위로 둘러싸인 곳을 말한다. 보통 악산惡山이라고 여겨지는 곳들이 여기에 해당한다. 예를 들면 논산의 대둔산, 영암의 월출산, 합천의 가야산, 서울의 북한산 같은 산들이 험난한 바위가 돌출된 악산惡山들이다. 일반인이 볼 때는 악산이지만 수행자의 안목에서 보자면 고단백질이 농축된 보양산補陽山이다. 왜냐하면 바위에는 영적靈的인 자양분을 제공해주는 고단백질이 펄펄 녹아있기 때문이다. 그렇게 보는 근거가 무엇이냐고? 동서와 고금을 막론하고 영적인 고단자들이 거주했던 수행터는 모두 바위로 둘러 쌓인 장소였다는 점을 주시해야한다.

그리이스의 델포이 신전이 우선 그렇다. 델포이 신전은 전쟁을 시작하기 전에 전쟁의 성패를 묻기 위하여 반드시 한번쯤 들렀던 신전이다. 그만큼 영험했던 것이다. 그리이스의 여러 신전 가운데서도 영험하기로 소문났던 델포이 신전은 돌출된 바위 언덕에 자리잡고 있다. 풍수인의 관점에서 보면 암혈岩穴에 자리잡고 있는 것이다. 고대 서양의 고단자들도 어디가 기도발이 받는 지점인지는 경험적으로 알고 있었다고 보아야 한다. 동양이 아는 일을 서양이 어찌 몰랐겠는가. 프랑스나 오스트리아 체코를 비롯한 유럽의 여러 수도원들의 입지 조건도 마찬가지이다. 유명하다는 수도원을 가보면 한결같이 바위 언덕이거나 아니면 뒷 편에 바위산이 버티고 있는 지점이다. 승용차를 타고 가다가 삼십리 밖에서도 바위산이 하나 보이면 저 산 밑에 공부터가 하나 있겠구나 하고 접근해 보면 영락없이 수도원이 있기 마련이다. 인도도 그렇다. 기도발이 잘 받아서 많은 신도들로 북적거리는 힌두 사원들을 답사하여 보면 아니나 다를까 바위산에 자리잡고 있다. 바위산이 크고 험할수록 비례하여 기도발도 잘 받는다. 가보지는 못했지만 티벳과 중국의 경계선이 있는 카일라스 산도 사진으로 보니까 완전히 통바위 산이었다. 산 전체가 하나의 바위로 이루어진 산이 다름아닌 카일라스이다. 초기 불교 연구자들에 의하면 수미산의 모델이 카일라스라는 것 아닌가. 카일라스가 왜 그처럼 불교도와 힌두교도들에게 성지로 추앙받을 수 있었는가? 내가 보기에 결론은 바위산이라는 점에서 찾아야 한다. 카일라스에 몇 년간 머물다가 온 경험자들의 이야기를 들어보니까 이 산은 처음 들어갈 때 가슴 또는 상단전 부분에 엄청난 압력을 느낀다고 한다. 그만큼 파장이 강하다는 이야기이다.

바위산 찾아 3만리를 가다 보니 미국의 세도나도 역시 마찬가지였다. 야구선수 김병현이 공을 던졌던 애리조나주에 있는 인디언 성지가 세도나(sedona)이다. 서부영화 '브로큰 애로우'(broken arrow)에 보면 인디언들이 백인들로부터 끝까지 지키려고 노력했던 성지가 바로 세도나이다. 왜 이곳을 인디언들이 목숨을 내걸고 지키려고 했는가. 두말할 필요 없이 정신의 고향이었기 때문이다. 간단하게 말하면 엄청난 기도발이 받는 성산聖山이었다. 필자가 이곳에서 보름 정도를 머물렀는데 양기가 강한 벨락(Bell rock)과 음기가 강한 대성당 바위(Cathedral rock)를 비롯해서 주변 오십리의 산들이 100% 바위산들로 이루어졌다. 아주 기묘한 지역이다. 백인들로부터 일렉트릭 에너지(Electric energy)가 엄청나게 올라온다는 소문을 듣고 벨락을 등산해 보니까 아닌게 아니라 몸이 약간 뜨는 것 처럼 느껴질 정도로 기운이 올라오고 있다. 서양사람들이 말하는 일렉트릭 에너지를 우리말로 번역하면 양기이다. 한마디로 뻗치는 기운이다. 뻗치는 기운이 강한 벨락은 몸이 아픈 사람들에게 치유의 효과가 강하다고 입 소문이 나 있었다.

반대로 매그네틱 에너지(Magnetic energy)가 강하다고 알려진 대성당 바위는 자석처럼 내면을 향하여 흡수하는 기운이 강하였다. 메그네틱 에너지는 음기로 번역할 수 있다. 음기는 자기의 내면세계를 성찰하는 데 도움을 준다. 자기성찰이란 결국 관심을 내면으로 향하는 노력이다. 그래서 대성당 바위에는 여러 나라에서 온 명상가들과 도꾼들로 북적거렸다. 음기가 형성되기 위한 풍수적 조건은 물이 반드시 있어야 한다. 벨락에는 물이 없었지만 대성당 바위 주변으로는 냇물이 흐르고 있었다. 수행터는 바위와 물이 적절하게 배합되어야 이상적이다. 풍수가의 안목에서 보자면 벨락보다는 대성당 바위쪽이 수행터로 보다 적합한 곳이라는 결론이 나왔다. 주역으로 말하자면 수화기제격水火既濟格이라고나 할까. 세도나의 암산들은 세계 각국의 사람들을 불러모으고 있다. 그들은 이러한 기운을 볼텍스(Vortex)라고 표현한다. 볼텍스란 회오리 작용을 가리킨다. 에너지가 회오리 치는 지점을 볼텍스라고 하는데, 세도나의 이곳 저곳은 전형적인 볼텍스에 해당한다. 그 볼텍스에서 생활을 하면 어떤 효과가 있는가. 예술가는 영감을 얻고, 수행자는 삼매에 들어간다. 범인도 당장 꿈이 달라진다. 몸이 시원찮은 사람은 건강이 좋아진다. 그래서 세도나에는 3종류의 인간들만 산다. 은퇴한 억만장자들, 예술가들, 그리고 도꾼들이다. 세도나 말고도 미국에서 인디언 추장들이 기도했던 성지를 답사해 보면 어김없이 험한 악산들이다. 인디언도 알긴 알았던 것이다. 세계 어디를 돌아보아도 바위산이 있는 곳에는 종교적인 성지가 공통적으로 자리잡고 있다. 고로 기도발은 바위와 밀접한 함수관계가 있다.

한국 고대의 국가제사와 제사유적

최광식(고려대학교)

한국 고대의 국가제사와 제사유적

Ⅰ. 머리말

한국 고대의 국가제사는 대체로 고대사회의 신앙이라는 측면보다는 원시종교적인 면에서 다루어져 왔다. 그것은 종라 고대국가에 대한 기준이 집권화된 관료체제에 두어졌기 때문이었다. 즉 율령반포와 불교공인을 고대국가의 중요한 기준으로 설정하였기 때문에 고대국가와 고대사회의 지배적인 사상으로 불교를 인식하였던 것이다. 그러나 인류학적 지식이 바뀌고, 그에 따라 고대국가 형성시기가 상향 조정되었다. 따라서 종래 고대국가의 이데올로기라고 하였던 견해가 다시 중앙집권적 귀족국가의 지배이데올로기라고 수정되기도 하였다. 이와 같이 고대국가에 대한 개념과 그 시기가 바뀌게 됨에 따라 불교가 고대국가에서 차지한 영향력에 대한 재검토가 필요하게 되었다. 그리고 고대국가 형성시기와 불교의 공인시기를 비슷한 시기로 보았으므로 불교를 고대국가의 지배적인 이데올로기라고 하였으나 국가형성시기가 훨씬 앞선 것으로 밝혀짐에 따라 고대의 국가와 사회에 있어서 중심적인 사상이 무엇인가를 밝혀내는 작업은 매우 중요한 과제라 하겠다. 이에 불교가 수용되기 이전의 토착신앙에 대한 올바른 이해가 요청되는 것이다.

그러나 우리나라의 토착신앙에 대한 문헌 자료는 별로 남아 있지 않다. 다만 신화와 제의에 관한 자료만이 단편적으로 남아 있을 뿐이다. 그런데 신화가 신앙의 이론적 구조라고 한다면, 제의는 신앙의 실천적 형태라 할 수 있으며, 양자는 깊이 얽혀 유기적인 전체성의 부분을 이루고 있는 것이다. 따라서 우리는 남아 있는 제사의례를 통하여 토착신앙에 대한 이해에 접근할 수 있다. 한국 고대의 국가제사를 제천의례, 시조묘제사, 산천제사로 나누어 볼 수 있다.

한편 1990년대 이후 고고학적 발굴에서 제사유적이 발견되어 한국 고대의 제사의례를 입체적으로 조명할 수 있게 되었다. 1991년 전주박물관에서 부안 죽막동 제사유적을 발굴한 이후, 1993년 제주대박물관이 제주시 용담동 제사유적을 발굴하였으며, 1994년 목포대박물관이 영암 월출산 제사유적을 발굴하는 등 10여 곳에서 고대 제사유적이 발굴되었다. 앞으로 한국 고대의 제사유적에서 발견된 유적과 유물을 통하여 한국 고대의 제사의례에 대한 연구가 보다 심층적으로 이루어지리라 생각한다. 따라서 최근 발견된 고대 제사유적과 거기서 발굴된 유물에 대해 알아보기로 하겠다.

II. 제천의례 祭天儀禮

한국 고대의 제천의례로는 부여의 영고, 고구려의 동맹, 예의 무천, 삼한의 계절제 등이 있다.

부여의 영고는 제사대상이 하늘天로 되어 있으며, 그 규모는 국중대회로 거국적 행사였다. 제의과정에서 '연일 술마시고 노래하고 춤을 추었다連日飮食歌舞'는 것을 볼 때 고구려나 동예 및 삼한의 경우와 같이 축제의 성격을 띠고 있다. 그리고 이때 형옥刑獄을 판단하고, 수도囚徒를 해결한다고 하였으니 단순한 종교행사가 아니라 이러한 제의를 통하여 법률이 집행되고 있는 것을 알 수 있다. 율령이 반포된 이후에도 그 율령이 집행될 때 천신에게 제의를 행한 것이 최근 발견된 금석문을 통해서도 확인되었다.

며칠간 먹고 마시고 노래하고 춤추기 위해서는 많은 경제력을 필요로 하는데, 이러한 제의를 통하여 재분배가 이루어지고 이러한 재분배 과정을 통하여 왕권의 존엄성이 가시화되는 효과를 가져오는 것이다. 물론 음복과 같이 공동체적 유대감을 강화하고자 하는 의도가 내재되어 있음은 말할 필요도 없을 것이다. 이러한 제의는 전쟁이 일어날 때도 행해졌다.

군사와 관련된 일이 있을 때 제천의례를 행하는데 소를 죽여 그 발굽을 보아 점을 쳐서 갈라지면 흉하고 합쳐지면 길하다고 하였다. 제천의례시 살우殺牛하는 것은 최근 발견된 금석문에서 확인할 수 있다. 이것은 희생의례로서 의미를 갖는데 소는 대뢰로서 대사에 사용하는 희생물이다. 소의 발굽으로 전쟁의 승패를 점치는 것은 전쟁의 승리를 위한 하나의 이데올로기적 의의를 지니는 것으로 볼 수 있다.

한편 고구려에서는 10월 제천의례를 국중대회國中大會의 공회로서 거행하였는데 이름을 동맹東盟이라 하여 제천과 함께 국조신인 동명에 대한 제사가 함께 이루어진 것을 유추할 수 있다. 더구나 나라 동쪽 수혈에서 신을 맞이하여 온다고 하므로 지신에 대한 제사도 함께 이루어졌다는 것을 알 수 있다.

다른 한편 동예는 제천의례를 행하면서도 호신虎神을 숭배하여 토테미즘적 요소를 아직 극복하지 못한 면을 보이고 있다. 그러므로 제천의례를 행함으로써 어느정도 집권화된 성격을 보이면서도 종래의 부족신적인 호신을 숭배하고 있는 것은 국가발전

단계상의 한계점을 보여주는 것이라 하겠다.

무당과 제사장의 차이를 비교해 보면 삼한의 천군은 무당이라기보다는 제사장에 가깝다고 생각할 수 있다. 귀신에 대한 제사는 무당이 지낼 수 있지만 천신에 대한 제사는 국읍國邑에서 세운 천군天君 한 사람만이 지낼 수 있는 것이다. 이것은 국읍에서 사상적으로 일원화되어 나가는 모습을 나타내는 것이며, 다른 잡신은 천신을 상위로 하는 하이어라키 구조 아래 편성된 것이라 할 수 있다. 천신을 중심으로 하는 사회적이며 사상적인 갈등이 일어났다. 이에 소도蘇塗로 도망해가는 사람들이 나타났으며, 그것은 부도와 유사한데 행하는 바에 선악의 차이가 있다고 한 것이다. 부도란 불탑 이외에 부처, 불교, 사찰 등을 의미하는데 여기서는 공간적인 개념이므로 사찰로 보아야 할 것이다. 하여튼 국읍에서는 천신을 제사하는 제사권을 장악하여 제천의례를 행하고 이를 통해 지배이데올로기로서 활용하고자 하였다.

삼한의 여러나라는 종래 부족국가 단계나 성읍국가 단계 혹은 군장사회 단계 등 동질적인 사회단계로 파악하였으나 사실 대국大國과 소국小國은 다른 단계로 파악하여야 한다. 특히 국읍에서 천군을 세워 천신을 주제케 한 단계는 거의 국가형성 단계에 이른 것으로 볼 수 있다. 왜냐하면 천신은 하나이고 잡신은 여럿 존재하였는데, 천신을 중심으로 여러 신들이 위계화되어 가는 것은 중앙집권화되어가는 권력과 상관관계를 이루고 있다고 볼 수 있기 때문이다. 따라서 천신에 대한 제의는 단순한 종교적 의미만 있는 것이 아니라, 지배자의 정당성과 생산과 관련되어 경제적으로 뒷받침해주는 기반이 되는 지배이데올로기적 성격을 갖는데 그 정치적 의미가 있는 것이다. 그러나 삼한의 경우 별읍別邑에 아직도 귀신에 대한 제사가 잔존하고 있는 것을 볼 때 사상적으로 일원화되지 못한 것을 알 수 있다.

Ⅲ. 시조묘제사始祖廟祭祀

삼국은 각기 시조에 대한 신화를 갖고 있으며, 시조묘를 설치하여 여기에 제사의례를 행하였다.

고구려는 태조왕 이전에는 왕이 태후묘太后廟에 제사를 지냈으나, 태조왕 이후에는 졸본에 있는 시조묘제사가 주종을 이루었다. 한편 종묘는 시조뿐만 아니라 그 이후의 왕들을 함께 모신 사당이다. 따라서 사시로 행하는 제사는 종묘에서 행하고, 왕의 즉위의례 등 특별한 경우에 시조묘에 가서 제사를 지냈다.

백제의 시조묘는 동명묘東明廟와 구태묘仇台廟의 두 계통으로 전한다. 중국측 자료에서는 구태묘로, 한국측 자료에서는 동명묘로 기록되어 있다. 『책부원귀』를 보면 백제에서 4계절의 가운데 달마다 왕이 하늘 및 오제지신에게 제사를 지내고 시조 구태묘를 국성에 세워 1년에 네 번 제사를 지냈다고 기록되어 있다. 한편 『삼국사기』 제사지에는 여러 사서를 인용 비판하여 시조묘를 동명묘로 판단하였다. 즉 동명이 시조였다는 사적이 명백하므로 그 나머지는 믿을 수 없다고 하고, 「고기」를 인용하여 천지신에 제사한 기록과 함께 시조 동명묘에 대한 제사기사를 수록하였다.

신라의 시조묘제사에 대한 자료는 고구려나 백제에 비하여 풍부하다. 시조묘 이외에 조묘, 국조묘, 묘, 선조묘, 조고묘, 오묘 등을 설하여 조상을 숭배하였다. 신라의 시조묘는 제2대 남해왕 3년 정월에 처음으로 설치하였다. 시조묘는 시조 혁거세의 묘로게 하였다. 이후 제8대 아달라왕 17년(170) 2월에 시조묘를 중수하였는데 그 이유에 대해서는 아무런 언급이 없다. 한편 21대 소지왕대에 이르면 시조묘에 수묘守廟 20가를 증치하였다. 이때 수묘 20가를 증치한 것에 대한 확실한 이유에 대해서도 언급이 없어 잘 알 수가 없다. 다만 수묘 20가를 증치하였다는 것을 볼 때 이전에도 수묘 20가가 있었다는 것을 알 수 있으며 '수묘守廟'가 '수묘守墓'와 같은 의미로 쓰였을 가능성을 보여주고 있다.

신라의 경우에는 시조묘의 명칭과 제사의 명칭이 다양하게 나타나고 있는 것이 주목된다. 시조묘는 시조 박혁거세의 묘이나 단순히 박씨의 조상으로만 보아서는 곤란하다. 박혁거세는 박씨의 조상이기도 하지만 더욱 중요한 것은 신라의 국조라는 점이다. 따라서 시조묘 이외에 조묘와 국조묘가 함께 기록되어 있는 것이다.

계급사회로 들어서면서 지배자는 여러 신들 중에서 천신에 대한 제사의례를 통해 지배권을 확립하려 하였다. 여러 신들의 서열화 과정 속에서 천신이 정점을 이루게 되며 결국 수장사회단계에서 제천의례가 이루어졌다. 그러나 국가형성이 본격화되면서 지배자는 하늘의 자손이라는 의식을 강조할 필요성을 느끼게 되었다. 따라서 삼국은 각각 천강신화天降神話를 낳고, 그 하늘의 자손임을 강조하고 그 시조에 대한 묘를 세웠으며, 이에 대한 제사의례를 통하여 왕권의 강화를 꾀하였던 것이다. 이러한 제사의례를 내적인 지배이데올로기로 활용하고, 나아가 주변세력을 정복할 수 있는 배타적 지배이데올로기를 확립한 것이다.

시조묘제사는 고대국가 형성의 가장 중요한 징표의 하나이며, 『삼국지』한전에 보이는 대국에서만 볼 수 있는 것이다. 소국에서의 천신에 대한 제사가 마침내 대국에서는 하늘의 자손에 대한 제사로 발전된 양상이라 하겠다. 여기에 시조묘제사가 지니는 정치사적 의미가 있다.

고구려와 백제는 일찍부터 시조묘제사와 아울러 천지신제사가 함께 이루어졌으나 신라는 사료에 천지신에 대한 제사가 기록되어 있지 않다. 그러나 『삼국사기』 제사지 자료를 자세히 살펴보면 신라에서는 천지신에 대한 제사가 신궁에서 이루어졌다는 것을 알 수 있다.

소지왕 9년(467) 2월에 천지신을 모시는 신궁을 시조가 태어난 마을에 설치하고 나서 한달 뒤 3월 사방에 우역을 설치하고 소사에게 관도를 수리할 것을 명하고 7월에는 월성을 수즙하였다. 따라서 천지신을 모시는 신궁의 설치가 중앙 통치력 확대과정의 일환으로서 이루어졌다는 것을 알 수 있다. 이러한 국내의 체제정비 및 왕권강화와 대외적 국가의식의 성장은 지증왕대에 이르면 더욱 강고해진다. 천지신을 모시는 신궁의 설치는 대내적으로 국가체제의 정비에 따른 사상적 통일정책이라 할 수 있다. 이와 같이 지증왕대 신궁제사를 토착신앙 자체 내의 사상적 통일정책의 성공으로 간주한다면, 불교 공인 이전에 왕실의 노력으로 토착신앙 내의 사상적 통일을 자주적으로 이루었다고 할 수 있다.

IV. 산천제사 山川祭祀

『삼국사기』 고구려본기를 보면 산천제사에 대한 기록이 몇가지 산견된다. 시조 동명성왕의 출계를 밝히고자 하는 서두에서 부여왕 해부루가 태자인 금와를 얻게 된 과정에서 산천에 제사를 지낸 것을 알 수 있다. 해부루는 제사를 지낸 후에 이러한 신이한 일이 일어났으므로 하늘이 자기에게 내려준 것으로 이해하고 데려다 길렀으며, 신이하게 탄생한 그가 태자가 되었던 것이다. 물론 고구려의 것은 아니고 부여의 경우이기는 하지만 고구려의 경우도 마찬가지이다.

고구려의 산상왕도 자식이 없어 산천에 제사를 지내 아들을 얻었다. 산상왕 7년(203) 3월에 자식이 없어 산천에 기도한 것이 부여의 경우와 똑같다. 기도의 효험으로 꿈에 하늘이 소후로 하여금 아들을 낳게 하였다. 산천에 제사를 지내고, 하늘이 도와주는 구조도 마찬가지이다. 부여의 경우에는 아들을 찾게 되는 과정에 말이 길잡이가 되는데 여기서는 돼지가 길잡이가 된다.

제사에 희생물로 쓰이는 돼지가 도망간 것을 계기로 주통촌의 여자를 알게 되었고 그녀가 임신을 하여 아이를 낳았는데 아들을 낳았다. 이것은 5년 전에 산천에 기도하여 하늘이 꿈에서 이야기한 그대로이다. 더구나 소후의 몸에서 아들을 낳았다고 하는 것도 꿈의 내용과 같다. 산천에 대한 제사가 꿈에서 앞일에 대해 예언을 받게 되었으며, 제사에 쓰는 돼지가 여자를 만나게 하였으며, 아들을 낳고 왕태자가 되었다. 산천에 대한 제사가 얼마나 중요한 것인가를 알 수 있다.

평원왕대에는 가뭄이 들자 산천에 기도하였다. 평원왕 5년(563) 여름에 가뭄이 크게 들자 임금이 평상시보다 반찬의 가지수를 줄이고 산천에 기도하였다. 한편 고구려에서는 사냥을 하고 나서도 산천에 제사를 지냈다. 『삼국사기』 제사지에 고기를 인용하여 고구려에서는 매년 3월 3일에 낙랑의 언덕에서 모여 사냥을 하여 사슴과 돼지를 잡아 희생으로 하여 하늘과 산천에 제사한 것으로 기록되어 있다.

백제의 산천과 땅에 대한 제의는 하늘에 대한 제의와 함께 이루어졌다. 한편 하늘과 땅에 대한 제사를 지내고 중신을 임명하여 왕권의 정당성을 부여받은 후 인사권을 행한 것을 알 수 있다. 땅이나 산천에 대한 제사는 홍수나 가뭄이 들었을 때도 행하였다.

한편 무녕왕(501~523)의 사후 그의 장례를 치를 때 토지신에 대한 의례가 있었던 것 같다. 무녕왕릉에서 왕과 왕비의 지석이 출토되었는데 왕비의 지석에 매지권이 기재되어 있다. 돈 일만 문을 가지고 묘지 일건을 영동대장군 사마왕斯麻王이 토왕土王 토백土伯 토부모土父母 상하중관上下衆官에게 서쪽 땅을 사서 묘를 만들었으므로 증서를 만들어 분명하게 했으니 어떤 율령도 이 영역에는 미치지 못한다고 한 것이다. 왕과 왕비가 묘지를 쓸 때 토지신에게 땅을 사서 장례를 지내야 한다는 것을 알 수 있으며, 이는 율령보다도 앞선다는 것을 알 수 있다. 지금도 산소에 가면 먼저 토지신에게 제사를 지내며, 개토를 할 때도 토지신에게 개토제를 지내는 것을 볼 수 있다.

또한 백제에도 일산日山, 부산浮山, 오산吳山 등 三山이 있었다는 기록이 남아 있다. 『신증동국여지승람』 18, 부여현조에 의하면 이들 삼산은 부여에 위치하고 있어 신라의 삼산과 같이 왕경에 위치하고 있었다는 것을 알 수 있다. 즉 백제에도 명산대천에 대한 제사를 대사와 중 및 소사로 나누어 제의를 행하였다는 것을 유추할 수 있는 것이다.

신라의 경우 『제사지』에서 처음에 종묘의 제도에 대하여 논하고 3산 5악 이하 명산대천은 대사와 중사 및 소사로 나누어 구분하였다. 신라는 신라 영역내에 있는 명산과 대천을 세 가지로 구분하여 제사를 지낸 것이다. 대사인 3산은 경주의 명활산과 영천의 골화산 및 안강의 혈례산 모두 경주와 경주를 둘러싼 지역에 위치하여 결국 경주를 방호하는 기능을 하고 있는 것이다. 중사인 5악五嶽, 4진四鎭, 4해四海, 4독四瀆 등은 국토의 주위를 둘러가며 국경을 이루고 있는 양상을 보이고 있다. 소사의 위치는 모두 진산으로 그 지역 방호의 의미를 지니고 있다. 즉 대사의 제장은 왕실을, 중사의 제장은 국토방위를, 소사의 제장은 지역 방호를 위한 목적으로 배치한 것을 알 수 있다. 따라서 명산대천에 대한 대사와 중사 및 소사는 신앙적 의미뿐만 아니라 실제적으로 군사적 목적이 중요하였다는 것을 알 수 있다. 이는 고구려나 백제보다 잘 짜여져 있다는 것을 알 수 있으며, 이는 신라의 영토관념과 밀접한 관련을 갖고 있다. 『제사지』에 기록된 내용은 통일전쟁 이후에 체계화된 것이지만 통일전쟁 이전에도 이와 같은 제사체계는 존재하고 있었다.

통일전쟁 이전에는 3산 5악의 위치가 경주지방을 중심으로 이루어졌는데, 통일전쟁 이후에는 국토의 영역확대와 함께 전국적 규모로 변화하였다. 즉 3산 5악의 산신신앙은 신라전기 경주지방의 산신숭배신앙에서 통일전쟁 이후 전국에 걸친 지역의 산신숭배신앙으로 변화한 것이다. 이것은 단순히 숭배대상이 바뀐 것이 아니라 급격히 변화하는 당시 사회의 변화상을 반영한 것이라 하겠다.

V. 제사유적과 유물

산성의 연구에서 산성과 제사와 관련성이 있다는 견해는 이미 지적된 바가 있다. 이성산성의 발굴에서도 제사와 관련된 건물터가 발견되었다. 부안 죽막동 제사유적도 해상의 요충지에 위고 있다. 또한 익산 금마 오금산성에 위치한 백제의 보덕산성의 발굴에서도 성곽과 제사와의 관계가 밀접한 것이 밝혀진 바가 있다. 최근 발굴된 흑산도 상라산성에서도 철제마 3점을 비롯한 제사관련 유물이 많이 출토되었다. 상라봉에서 출토된 유물들을 살펴볼 때 상라봉은 고대사회에 흑산도를 통과하는 배들이 제사를 지내는 장소였다고 생각한다. 상라봉에서 수습된 많은 제기류의 자기편들과 철마는 이를 입증할 수 있는 중요한 자료들이다.

삼국시대의 유제를 이어받은 통일신라는 전국의 주요 산천을 지정하여 제사를 지냈는데, 호남지역에서는 지리산이라든지 무등산, 월출산, 금성산 등이 그 대표적인 곳이었다. 월출산 제사유적은 전남 영암군 영암읍 회문리 산 26 - 3번지의 천황봉 정상에 위치하고 있다. 이곳에서는 토제마와 철제마, 토기 그리고 청자와 백자 등 전시기의 다양한 유물들이 출토되고 있어 이 유적지가 오랜 역사를 간직하며 존속해 온 월출산 및 영암지역의 신성공간이었음을 잘 보여주고 있다. 월출산 제사유적은 『삼국사기』를 비롯한 여러 고문헌에 통일신라와 고려시대에는 국가에서 주관하여 소사를 지냈으며, 조선시대에는 군수로 하여금 제사를 지낸 것으로 기록되어 있다.

한편 해안이나 강가에도 제사를 지냈으니 영암의 남해신사나 완도 청해진 같은 경우가 이에 해당된다. 남해신사는 고려 현종 때부터 바다와 관련된 제사를 지냈던 곳으로 우리나라 3대 해신제 중의 하나로 알려져 있다. 그러나 남해신사 제사유적이 위치하고 있는 영암군 주변 일대에는 고대의 유적이 넓게 분포하고 있다. 완도의 청해진이 중사의 하나로 기록되어 있는데 청해진은 흥덕왕 3년(828)에 설치되었다가 문성왕 13년(851)에 폐지되

신라의 사전은 신문왕 5년(675)에서 성덕왕 34년(713) 전사서가 설치된 후 대사와 중사 및 소사에 대한 사전체계가 이루어졌다고 생각한다. 그 후 신라의 국가적 필요에 따라 하나씩 보입된 것이다. 청해진이 중사 맨 뒤에 기록되어 있는 것을 볼 때 신라의 사전은 청해진이 설치된 시기에 마지막으로 정비되었다고 할 수 있다.

VI. 맺 음 말

원시공동체사회에서는 하늘, 땅, 해, 산, 바람, 비, 동물 등 여러 자연신에 대한 신앙과 제의가 이루어졌다. 공동체가 해체되고 계급이 발생하고, 정치체가 형성되면서 여러 신들의 위계화가 이루어져 자연신의 하나인 천신이 여러 자연신의 최고 정점에 자리잡게 되었다. 고대사회의 지배자는 만신들의 하이어라키의 최고 정점에 위치한 천신을 자기와 동일시하여 천신을 지배이데올로기화하여 계급사회의 정당성을 사상적으로 보장받고자 하였다. 그후 고대국가가 발전하면서 시조묘를 세워 천신신앙과 조상숭배신앙을 결합시켜 다른 정치체보다 우월함을 보였으며, 정복전쟁을 수행하면서 그 지역신을 중앙집권적 구조속에 재편성하면서 천지신을 신앙하고 제의를 행하였다. 여기에 각종 산천신에 대한 위계화가 이루어져 대사, 중사, 소사로 나누어지게 된 것이다. 이러한 양상은 삼국의 국가제사에 있어 공통적인 것이라 할 수 있다.

그런 한편 삼국은 국가 특성에 따라 각각 국가제사에 있어 특징적인 면을 보이고 있다. 신라의 국가제사는 고구려와 백제의 제사에 비해 농경제의가 자세히 기록되어 있다. 고구려와 백제는 천신에 대한 제사가 명확히 기록되어 있으나 신라의 제사지에는 그렇지가 않다. 그러나 신궁의 주신이 천지신이라면 삼국 공통으로 천신에 대한 제사가 이루어졌다고 할 수 있다. 또한 신라는 명산대천에 대한 제사를 매우 중요시하였으며, 이는 신앙적일 뿐만 아니라 군사적 목적이 강하였다. 통일전쟁 이후에는 당제의 수용으로 당의 제사체계를 따르기는 하였으나 종래의 고유한 전통을 유지하였으며 유교식 제사를 중요시하지 않았다. 오히려 산천에 대한 제사가 주요한 제사로 자리잡게 되었던 것이다.

사료가 제한적인 고대의 토착신앙과 제의에 대한 연구는 여러 가지 어려움이 많다. 앞으로는 새로 발견된 고고학적인 유적과 유물을 통하여 토착신앙과 제의에 대한 심도있는 연구가 이루어져야 할 것이다. 1991년에 발견된 부안 죽막동 제사유적을 비롯하여 제주도 용담동 제사유적, 공주 정지산 제사유적, 흑산도 상라산성 제사유적, 영암 월출산 제사유적 등과 거기서 출토된 유물을 통하여 고대의 토착신앙과 제의의 구체적인 모습을 재구성할 수 있을 것이다. 아울러 중국과 일본의 고대 제사유적과 비교하는 작업도 필요하리라고 생각한다.

불교의 도입과 그 사상

김상현 (동국대학교)

불교의 도입과 그 사상

Ⅰ.

　인도에서 성립된 불교가 중국을 거쳐 우리나라에 전래된 것은 4세기 후반인 375년(고구려 소수림왕 2)의 일로, 대략 1630여 년 전의 일이다. 삼국이 한창 고대국가로 발전하고 있던 4세기는 한국 고대문화의 형성기에 해당한다. 따라서 불교는 한민족의 사상과 문화가 융합되어 발전하게 되었고, 이 때문에 불교는 외래 종교였음에도 불구하고, 민족문화와 융합되고 민족문화를 꽃 피운 민족종교가 되었다.

　한민족은 반만년의 유구한 역사를 자랑하지만, 그 긴 역사 중에서도 기록이 제대로 보이는 것은 삼국이 성립하던 기원 전후 시기부터이다. 역사에서는 기록 이전의 시대를 선사시대先史時代, 즉 역사 이전의 시대로 구분한다. 이때의 역사는 기록을 의미한다. 이처럼 역사에서는 기록을 중시한다. 그런데 삼국시대 중에서도 원삼국시대로 구분하는 300년경까지, 즉 삼국의 초기 기록들은 소략할 뿐만 아니라, 혼란도 많다. 이 사실에 유의하면, 불교가 전래된 4세기 이후가 되어야 역사 기록 또한 보다 풍부하게 되었음을 알 수 있다. 불교는 문자의 보급과 인쇄문화의 발달도 선도했던 것이다. 아무튼, 불교는 삼국이 고대국가 체제를 정비하던 무렵에 전래되어 정치, 사회, 문화 전반에 걸쳐서 영향을 주었던 것이다. 고대국가로의 발전 단계에 접어든 삼국 사회에서 종래의 원시종교인 무격신앙이나 조상 숭배 등으로는 사회 생활 전반을 이끌어 갈 수 없었을 것이다. 고대국가의 발전단계에서 야기되는 사회생활의 여러 문제들에 대하여 고등종교인 불교는 한 차원 높은 인간관과 세계관을 제시하고, 고대국가의 정신적 기반을 마련하여 준 것이었다. 초기의 불교 수용은 왕실에 의해서였고, 왕실의 도움을 받으면서 발전하였다.

삼국시대에 있어서 불교가 차지하는 역사적 기능과 공헌은 대단히 큰 것이었다. 무엇보다도 주목해야 할 것은 우리의 고대문화 발전에 끼친 불교의 공헌이다. 삼국시대는 우리 문화의 후진성을 극복하고 문화적 개성을 확립시켜 갔던 시기고, 그 토대를 불교가 구축했던 것이다. 불교는 각 지역의 토착신앙을 배제하지 않고 그것을 포섭하면서 전파되었던 특징을 갖고 있다. 불교가 이전의 전통문화를 그대로 인정하고 포섭함으로써 심각한 갈등을 격지 않았고, 전통문화를 파괴하지 않았다. 그리고 불교는 새롭고도 다양한 국제문화를 전해주었다. 이 시대 외국문화의 수용은 사신의 내왕과 더불어 구법승들에 의하여 이루어지고 있었다. 따라서 삼국은 불교를 통하여 당시의 국제문화를 폭넓게 접하게 되고, 다양한 문화를 확보하게 되었으며, 문화의 발전에 깊이와 폭을 더해 주었던 것이다. 중국문화뿐만 아니라 인도 및 중앙아시아문화까지도 전해줌으로써 중국문화에 기울어지는 것을 막아주기도 했던 것이다. 결국 불교는 우리 고대문화 발전의 선도였고 그 토대였던 것이다. 또 하나 주목해야 할 것이 있다. 삼국민 모두가 불교를 신앙하게 됨으로써 동질성을 형성시켰고, 이는 한 민족의 진정한 형성과 통합의 기초를 마련하게 된 것이다. 삼국은 7세기 동안이나 서로 분열·대립함으로써 사회와 문화 전반에 걸쳐 많은 이질성이 축적되었다. 그러나 불교라는 공통의 문화가 있어서 통일 이후의 민족 융합을 보다 쉽게 했던 것이다.

II.

수용 초기에 두루 알려진 불교 교리는 인과응보因果應報, 권선징악勸善懲惡, 수복멸죄修福滅罪 등이었는데, 이는 모두 업설로 요약될 수 있다. 법흥왕法興王은 사원寺院을 수복멸죄修福滅罪의 장소로 인식하고 있었다. 이러한 인식의 바탕에는 불교의 업설業說이 깔려 있다. 멸죄滅罪란 지난날의 잘못된 업보를 소멸하기 위한 참회 등의 행위로 나타나는 것이고, 수복修福이란 선업善業을 닦는 일이기에 그렇다. 인과화복지설因果禍福之說이 강조되었던 것은 고구려나 백제의 경우도 마찬가지였다. 순도順道가 고구려에 와서 인과因果로 교시敎示하고 화복禍福으로 설說했으며, 백제의 아신왕阿莘王이 "불법을 숭신崇信해서 복福을 구하라"고 했던 점으로 볼 때 그렇다. 원시적인 무속종교에서는 숨겨진 불확실한 힘이 있다고 믿었다. 그것이 자연이든, 운수든, 하늘의 뜻이든, 조상의 뜻이든, 그 무엇이 있어서 인간의 길흉화복吉凶禍福을 좌우한다고 생각하여, 이와 같은 힘에 의지하거나 빌어서 인간의 행복을 지원해 주도록 호소했다. 이에 비해 불교의 업설은 인간의 의지적 행위를 강조한다. 따라서 인간이 받는 길흉화복이 하늘의 뜻에 의해 좌우된다거나 운수나 운명의 힘에 있다고 하지 않는다. 신라의 풍속에는 매년 2월 8일부터 15일까지 서울의 남녀가 흥륜사興輪寺에 모여서 탑塔을 도는 법회法會가 개최되었다. 이를 복회福會라고 했다. 곧 수복修福을 위한 법회라는 의미였을 것이다. 다음은 향가鄕歌 〈풍요風謠〉다.

오다 오다 오다 / 오다 슬픔 많아라 / 슬픔 많은 우리 무리여 / 공덕 닦으러 오다.

선덕여왕善德女王 때 양지良志가 영묘사靈廟寺 장육상丈六像을 조성할 때, 성안의 남녀들이 다투어 불사에 참여하여 부르던 노래다. 존재의 근원적 슬픔을 공덕 닦는 일로써 극복 승화하게 되기를 희망적으로 노래한 것이다.

과거에 지은 악업惡業은 소멸시켜 가야 한다. 이것이 업장業障의 소멸이고, 멸죄滅罪다. 과거의 악업은 참회를 통해 그것이 내일로 연장되고 성장하는 것을 차단한다. 신라에는 일찍부터 점찰법회占察法會가 개최되곤 했다. 점찰법회는 과거에 지은 악업을 참회하는 것을 주로 했다. 원광圓光은 가슬사에 점찰보占察寶를 설치해 상규常規로 삼았고, 진평왕眞平王 때의 비구니 지혜智惠는 매년 춘추로 점찰회를 개최했다. 새로운 인생의 행로를 개척하기 위해서는 과거의 잘못에 대한 통렬한 자기 반성과 참회가 있어야만 한다. 원효는 "모든 악업의 장애는 참회로써 제거하는 것"이라고 했다. 참회로써 과거의 잘못된 행위 그 자체를 없앨 수는 없다. 다만 먼저 지은 업이 현재에까지 흘러서 영향 주는 것을 차단하려는 것이다.

Ⅲ.

자장慈藏은 7세기 전반 선덕여왕善德女王과 진덕여왕대眞德女王代에 주로 활동했던 대표적인 고승이다. 여왕女王이 통치하던 이 시기 신라는 대내외적으로 매우 어려운 상황에 처해 있었다. 특히 백제에게 대야성大耶城을 빼앗긴 선덕여왕 11년(642) 이후의 신라는 사직社稷의 보전까지 걱정해야 하는 위기에 몰렸다. 이처럼 어려운 시기를 맞아 자장은 불교로 교화하는 한편 정치 외교적인 자문도 해서 신라가 위기를 극복하고 삼국을 통일하는 데 크게 기여했다. 신라가 위기에 처하자 여왕에 대한 비판적인 여론이 다시 대두했을 뿐만 아니라, 당 태종에 의해서 제기된 여왕폐위론女王廢位論의 충격은 비담毗曇의 난亂으로까지 비화했다. 이에 자장은 국왕이 찰리종刹利種이라는 설을 유포하여 왕실 혈통의 신성함을 강조하는 한편, 황룡사에 구층탑을 세우도록 건의함으로써 왕권의 강화에 주력했다. 특히 그는 구층탑의 건립을 통해서 여왕폐위론으로 인해서 동요된 민심을 수습하고 호국의 의지를 유포하려 했고, 한 걸음 나아가 이웃 나라의 항복까지를 표방함으로써 위기의 극복을 삼국통일의 의지로까지 전환시키고자 했다.

고구려와 백제 두 나라의 공격을 받아 고립무원의 상태에 빠진 신라는 외교로써 이를 극복하려고 했다. 그러나 김춘추金春秋의 고구려 및 일본 방문 외교는 모두 실패했고, 친선 관계에 있던 당나라까지도 신라의 청병請兵에 쉽게 응하지 않음으로써 신라의 위기는 계속되었다. 오히려 당 태종은 여왕폐위론을 제안하는가 하면 신라의 독자적 연호年號 사용까지도 문제삼는 등 야욕을 드러내고 있었다. 이에 자장은 당의 복장服章과 연호年號를 받아들이면서라도 대당외교의 성공이 필요함을 건의했고, 이에 따라 조정에서는 김춘추를 당에 파견하여 나당군사동맹을 맺게 되었다. 이처럼 대당외교 성공의 배경에는 자장의 도움이 있었던 것이다. 대당외교의 성공이 신라 삼국통일의 중요한 토대가 되었음과 아울러 황룡사 구층탑의 의미에 유의할 때 자장의 정치외교적 역할이 갖는 의미는 크다고 하겠다. 특히 위기 상황을 통일의 기회로 활용한 그의 정치적 수완을 되새겨 볼 만 하다. 자장은 불교의 토착화를 위해 많은 노력을 했다. 그는 이를 위해 신라불국토설新羅佛國土說을 유포했다. 황룡사에는 과거불인 가섭불의 연좌석宴坐石이 있다는 설이나, 오대산에는 문수보살文殊菩薩이 상주설법常住說法한다는 설, 그리고 황룡사에는 호법룡護法龍이 수호한다는 등의 설을 유포했는데, 이들은 황룡사 장육존상丈六尊像의 조성연기설화와 더불어 신라가 불교와 매우 깊은 인연이 있다는 것을 강조하기 위한 것이었고, 이것은 곧 불교의 토착화를 위한 것이었다. 자장의 이와 같은 노력으로 신라의 국민 중 8 · 9할은 모두 불교에 귀의하는 성과를 이룩할 수 있었다.

IV.

원효는 삼국간의 전쟁과 통일이 있었던 격변의 7세기에 살았다. 경산에서 태어나 15세경에 출가했다. 수행과 학문에 매진하는 젊은 시절을 보냈고, 44세에 오도悟道했다. 이 무렵 그는 요석공주와 결혼하여 설총薛聰을 얻고 환속하여 소성거사小性居士로 자처했다. 그리고는 가무歌舞로 천촌만락千村萬落을 누비며 대중을 교화했고, 밤을 지새우며 학문에 몰두하기도 했다. 686년(신문왕 6) 3월 30일, 그는 70년의 빛나는 생애를 혈사穴寺에서 마감했다. 원효는 해방자였고 자유인이었다. 그는 인간이 온갖 사슬과 속박으로부터 해방되어 진정한 자유를 누려야 함을 이론적으로 밝혔을 뿐 아니라 온 몸으로 이를 구현했던 것이다. 원효는 대학자였다. 천부적 재능과 불같은 열정과 냉철한 비판안과 정확한 논리, 그리고 뛰어난 문장력을 갖춘 위대한 학자였고, 100여부 240여 권의 저서를 남긴 세계적인 저술가였다. 그는 경 · 율 · 론 삼장三藏과 대 · 소승 경전에 두루 통했던 웅대한 안목의 학자였다. 불교 사상을 새롭게 종합하고 체계화시켜 독창적인 사상을 천명해서 고금古今의 오류를 바로 잡았다. 그 체계화는 그의 독특한 교판敎判을 통해서 알 수 있다. 원효의 교학은 한국불교의 토대를 마련했을 뿐 아니라, 중국과 일본에 많은 영향을 미쳤다. 일찍이 의천은 원효에 앞서는 인물이 없다고 하면서 그를 제2의 붓다로 불리는 용수龍樹에 비견한 바 있다. 원효의 대중 교화는 그의 학문적 성과나 사상의 깊이에 못지 않게 중요한 의미가 있다. 원효의 사상에는 시대와 민족과 종교의 벽을 뛰어넘는 보편성이 있다. 그가 파헤쳐 보여주고 있는 마음의 세계와 화쟁의 논리, 그리고 자유인의 몸짓 등은 오늘날의 우리들에게도 중요한 의미로 다가선다. 세계문화사에 우뚝 솟은 봉우리인 원효, 그는 지금도 여전히 우리의 자존심이고 긍지며 자랑이다. 그리고 이 땅의 젊은이가 도전해 볼만한 높은 산이다.

원효元曉(617~686)는 다툼의 시대 7세기를 살면서도 오히려 그는 화해의 길을 모색했다. 곧 화쟁사상和諍思想이 그것이다. 원효는 화쟁사상을 전개함으로써 "백가百家의 이쟁異諍을 화합하여 지극히 공평한 불의佛意를 얻었다"는 평가를 얻었다. 논쟁은 집착에서 생긴다. 사람들은 흔히 자신의 안경으로 보고, 자신의 잣대로 재며, 자기 중심으로 인식하려 든다. 대상을 아전인수격으로 곡해하지 않기 위해서는 허심탄회해야 한다. 마음을 비우기란 참으로 어렵지만, "무념無念을 얻으면 상대방과 더불어 평등해 진다." 편협한 생각에 얽매여 일방적으로 한 면만을 고집하거나 한 가지 입장만을 절대화하고 독단화 하면, 이 경우 문제가 생긴다. 세상의 이치는 하나가 아니지만, 그렇다고 서로 다르기만 한 것도 아니다. 곧 비일비이非一非異다. "하나가 아니기 때문에 모든 방면이 다 의미가 있고, 다르지 않기에 그 어느 길로도 행복의 동산에 이를 수 있다. 由非一故 能堂諸門 由非異故 諸門一味”
“일체의 타의他義가 불교의 뜻이요, 백가의 설이 옳지 않음이 없
으며, 팔만법문이 모두 이치에 맞는 것이다. 一切他義 咸是佛意 百
家之說 無所不是 八萬法門 皆可入理” 이는 원효의 가르침이다. 언쟁
에는 말이 문제다. 말은 본래부터 달을 가르키는 손가락, 그러기
에 손가락은 보지말고 달을 보면 그만이다. 我寄言說 以示絶言之法
如寄手指 以示離指之月 말꼬리를 잡는 태도는 옳지 않다. 말이 내포
하고 있는 뜻을 살려서 듣는다면 허용하지 못할 어떤 것도 없다.
如言而取 所說皆非 得意而談 所說皆是 말꼬리를 잡는 태도는 손가락
끝만 보고 달이 아니라고 책망하는 꼴이다. 이상이 말에 대한 원
효의 생각이다. 사람 사는 세상에 인정人情과 도리道理가 상충할
때가 많다. 이런 경우에는 “같지도 않게非同 다르지도 않게非異
말하라”고 원효는 가르쳐 준다. 상대와 다르지 않음으로 말미암
아 그 사람의 정과 어긋나지 않고, 같지 않음으로써 도리에 위배
되지 않을 수 있다는 것이다. 인간은 온갖 사슬과 속박으로부터
마땅히 해방되어야 한다. 원효는 인간의 진정한 자유를 이론적
으로 규명했을 뿐만 아니라, 자신의 삶으로 이를 구현했다. 이 때
문에 그의 무애행은 중요한 의미를 갖는다. 원효는 일정한 범위
나 틀 속에 안주하기를 거부했다. 그가 「유방외遊方外」, 「초출방
외超出方外」 등의 표현을 즐겨 썼던 것도, 무애의 자유인으로 행
동했던 것도 이 때문이었다. “일체에 걸림이 없는 사람은 한 길
로 생사를 벗어나리一切無碍人 一道出生死.” 원효는 『화엄경』의 이
게송을 재발견했고, 이로부터 무애라는 용어를 취했었다. 무애
무의 춤사위에는 강한 상징적 의미가 내포되어 있다. 두 소매를
흔드는 것은 이장二障을 끊어야 한다는 손짓이었고, 다리를 세 번
들었다 놓는 것은 삼계三界로부터 벗어나야 한다는 발짓이었으

며, 몸을 움추린 것은 사람을 따른다는 시늉이었고, 그리고 등을 굽히는 것은 모든 것을 다 포섭한다는 표현이었다. 온갖 장애들이 우리의 발목을 잡지만, 번뇌장煩惱障과 소지장所知障의 두 가지 장애는 가장 근본적인 장애다. 인간을 구속하고 결박하는 두 가지 장애와 그것으로부터의 초극에 이르는 길을 원효는 『이장의二障義』를 통해서 규명했다.

V.

불국사, 이 절은 거친 사바 세계에 우뚝 선 불국 세계의 상징이다. 험한 세상 살아가는 사람들에게 희망을 주기 위한 배려에서 건설한 불교의 이상세계다. 그 나라는 높은 석축 기단 위에 건설되었다. 석단은 아래의 사바 세계와 위의 불국 정토로 구분했다. 석단 아래는 연못이 있어서 사바세계 차안此岸과 불국세계 피안彼岸으로 나누어 놓고 있다. 연못 속에는 불국 세계의 휘황한 누각과 탑이 아롱져 꿈결인 양 손짓하고 있었다. 화엄불국華嚴佛國은 온갖 꽃으로 장엄된 부처님의 나라다. 꽃은 행덕行德의 상징이다. 온갖 원행願行과 온갖 공덕功德이 모여서 꽃으로 피어난다. 잡화雜花 가운데에는 이름 모를 꽃도 있듯이, 크고 작은 공덕들이 모여서 아름다운 나라를 이룩하고 있는 것이다. 차안으로부터 피안의 세계로 건네 주는 6종의 다리가 있다. 포시布施, 지계持戒, 인욕忍辱, 정진精進, 선정禪定, 지혜智慧의 6파라밀六波羅蜜이 그 다리이다. 아름다운 불국세계로 향해 가는 길은 두 곳으로 나 있다. 백운교 청운교의 두 다리를 건너서 33계단을 차례로 올라 대웅전 앞의 자하문으로 향해 가는 길과, 연화칠보의 두 다리를 건

너고 연꽃 새겨진 계단을 밟고 안양문安養門을 지나 극락전極樂殿
으로 나아가는 길이 그것이다. 그 다리와 계단들은 인생의 수행
과 노력을 상징하고 있다. 아름다운 나라로 향하는 길은 공덕의
계단을 차례로 밟아 가는 것이며, 그 계단들은 공덕의 꽃을 스스
로 피워 가는 삶의 단계들을 상징하기도 한다. 행복으로 가는 다
리와 그 계단들은 땀 흘리며 오르는 노력에 의해 성취된다. 불국
佛國으로 가는 길은 공덕의 계단을 밟아 올라가는 것이며, 그것은
곧 스스로 공덕의 꽃을 피워 가는 것이기도 한 것이다.

VI.

인쇄술은 문화 발전의 중요한 척도였다. 많은 전적의 간행과
유포는 문화 전파의 중요한 수단이었기 때문이다. 한국의 인쇄
문화는 세계 어느 나라보다도 발전했다. 한국에는 세계에서 가
장 오래된 목판인쇄물이 전하고, 금속활자의 발명과 사용 또한
세계 최초였으며, 지금도 고려대장경은 세계 인쇄문화의 금자탑
으로 전해온다. 그런데 한국 인쇄문화 발전의 배경에 불교가 있
었음을 잊어서는 안 된다. 삼국시대에 수용된 불교는 문자의 보
급에 크게 기여했고, 종이를 만드는 기술도 승려들에 의해서 전
승되었다. 고려대장경은 더 말할 필요도 없지만, 목판인쇄물인
무구정경도 금속활자로 인쇄한 직지심경도 모두 불교전적이었
던 것이다. 무구정광대다라니경, 곧 무구정경은 8세기 중반인
751년 무렵에 간행되었다. 탑은 만드는 공덕을 강조한 이 경이
미타산과 법장에 의해 당나라에서 한문으로 번역된 것은 704년
경이었다. 그런데 이 경이 불국사의 석가탑 속에서 발견된 것은

1966년의 일이었다. 석가탑을 복원하기 위해 해체하였을 때, 여러 사리 장엄구와 함께 발견된 것이다. 이 목판인쇄물은 그 간행 시기가 명기되어 있지 않아서 정확한 간행 연대는 알 수 없지만, 김대성이 불국사를 창건한 751년 무렵에 간행되어 탑 속에 봉안된 것으로 이해하는 것이 학계의 일반적인 견해다. 이 경이 발견되기 전까지는 770년에 간행된 일본의 백만탑다라니가 세계에서 가장 오래된 인쇄물로 알려져 왔다. 그러나 한국에서 무구정광대다라니경이 발견됨으로써 이것이 세계 최초의 목판인쇄물로 수정될 수밖에 없었다. 목판본 무구정광대다라니경이 인쇄되던 8세기 중반경의 신라사회에는 많은 불전이 필요했다. 이 시기의 불교학은 세계적인 수준에 이르러 있었기 때문이다. 특히 화엄학과 유식학이 크게 유행했는데, 이 무렵에 활동한 학승 태현太賢은 50여 종의 저술을, 그리고 표훈表訓, 견등見登, 신림神琳 등도 여러 저서를 남겼다. 이처럼 신라 불교학의 융성은 이미 7세기 중반 원효元曉, 경흥憬興, 의적義寂 등으로부터 비롯된 것이었다. 원효는 100여 종, 경흥은 40여 종, 의적은 25종의 저서를 각각 남겼던 것이다. 이들 저술은 신라, 당, 일본 등지로 두루 유포되었다. 7·8세기에는 많은 불서가 필사되어 유통되기도 했겠지만, 필사의 어려움과 한계는 대량의 인쇄가 가능한 목판본을 발명하게 된 동기가 되었을 것이다. 8세기 중반 목판본 무구정광대다라니경의 간행은 이 시기 불교학이 융성과도 관련이 있다.

한국의 고대사원과 가람배치

한국의 고대사원과 가람배치

김성구(국립중앙박물관)

한국의 고대사원과 가람배치

Ⅰ

우리나라에 불교佛敎가 처음 전해진 것은 4세기 후반경으로 삼국三國 가운데 고구려高句麗(372년)가 가장 앞섰고, 다음이 백제百濟(384년)였으며, 고신라古新羅(최초의 전래는 눌지마립간訥祇麻立干이 재위在位한 5세기 전반경이었으나 이의 공인公認은 528년임)가 가장 뒤늦었다. 그런데 삼국三國이 불교의 전래에 따라 전반적으로 크나큰 변혁을 겪게 되는데, 불교가 당시의 치세이념治世理念과 합치되어 호국불교護國佛敎의 특성을 지니게 되고, 삼국의 미술활동에 주도적인 역할을 할 수 있게 됨으로써 많은 사원寺院의 조영과 함께 불교문화佛敎文化가 크게 융성하기에 이르렀다.

불교는 높은 철학체계와 포용적인 특성을 지니고 있어서 전파하는 과정에서 약간의 갈등이 있었으나 각국이 능동적 평화적으로 수용하게 되었으며 아시아 전체를 하나로 묶는 폭넓은 불교문화권을 형성하여 문화의 동질성과 통일성을 점차 이루어가게 되었다. 그리고 불교미술佛敎美術의 주요부분인 건축·조각, 공예, 회화가 본격적으로 전개되기 시작하여 당시의 우수한 불교문화의 수준을 엿볼 수 있게 되었다.

II

 가람伽藍은 범어梵語 Sangharama의 음역音譯인 승가람僧伽藍의 줄인 말로 승려가 수도하고 생활하는 장소인 절로서 사원寺院 또는 사찰寺刹이라고도 한다. 인도印度에서는 B.C. 2세기경부터 Ajanta와 Ellora석굴石窟같은 석굴사원石窟寺院이 조성됨에 따라 예배대상인 불사리佛舍利를 안치한 탑塔이 있는 탑원塔院과 승려의 수도처인 승원僧院을 서로 구별하였다. 우리나라의 고대사원古代寺院은 그 입지立地에 따라서 석굴사원石窟寺院, 평지사원平地寺院, 산지사원山地寺院 등으로 구분되고 있는데 시대적, 교리적인 상위相違이외에도 각 건물의 배치와 그 규모에 있어서도 많은 차이가 있었음을 알 수 있다.

 석굴사원은 천연의 바위를 뚫거나 인공적人工的으로 석재石材를 결구하여 석굴을 만들어 예배장소인 금당金堂(법당法堂)이나 주거장소로 하는 사찰로서 그 자체가 하나의 거대한 건축이며

군위 석굴사원 전경
(제2 석굴암)

단석산 마애불(신선사)

조각이라고 할 수 있다. 인도의 Ajanta석굴사원과 중국의 돈황敦煌, 운강석굴사원雲崗石窟寺院이 유명하며 우리나에서는 군위석굴軍威石窟, 경주慶州 석굴암石窟庵 등이 대표되고 있다. 그런데 우리나라에서는 승원僧院이 약화되고 불상만을 봉안하는 석굴이 위주가 되고 있는데 암벽을 조금 깎아 마애석불磨崖石佛을 마련하고 그 앞에 불전佛殿을 세우는 서산마애삼존불瑞山磨崖三尊佛과 같은 예도 많다.

평지사원은 국도를 중심으로 넓고 평평한 곳에 건립된 사찰로 넓은 사역寺域에 걸쳐 장엄한 건축물이 세워진다. 국가적인 차원에서 대부분의 사찰이 경영되어 호국성護國性을 지니며 대중불교의 성격이 짙은데 가람배치가 매우 정연하다. 고대국가의 왕도에 건립된 대부분의 사찰이 이에 속한다.

산지사원은 9세기경부터 선종禪宗이 유행하게 됨에 따라 심산유곡에 건립된 사찰로 지형에 따라 가람의 형태가 변화되고 있다. 교리위주의 법회나 대중교화에서 벗어나 개인의 안심입명과 수행을 위주로 하는 신앙형태로 바뀌며 설법의 주요건물인 강당講堂이 생략되기도 한다. 9세기 이후에 건립된 실상사實相寺, 동화사桐華寺, 해인사海印寺 등이 있으며 후에 구산선종九山禪宗이 성립되게 된다.

III

가람배치는 예배대상인 불사리를 안치한 탑과 불상을 봉안한 금당을 중심으로 강당·중문中門·종루鐘樓·경루經樓·회랑回廊·승방僧房 등의 위치, 규모, 거리 및 부지와의 관계를 형식화한 것으로 우리나라의 고대가람 중 국도에 건립된 평지사원에 잘 나타나고 있다. 대체로 가람배치는 특수한 예를 제외하고는 남북일선상南北一線上에 남향南向하여 (남대문南大門)·중문·탑·금당·강당의 순서로 배열하고 중문과 강당을 잇는 회랑廻廊을 설치하여 불탑과 금당(법당, 대웅전大雄殿)을 중심으로 부속건물 등이 배치되는 사역을 구성하는 방식이라고 할 수 있다.

서산 마애불

고구려高句麗는 성문사省門寺(375년)가 처음 건립된 이

예산 사면석불

태안 마애불

후 평양구사平壤九寺 등 많은 사원이 있었다고 기록되고 있으나 현재까지 조사된 것은 약간에 지나지 않고 있다. 일제시대에 조사된 3개의 사원지寺院址(평원平原 원오리사지元五里寺址, 평양平壤 청암리사지淸岩里寺址, 대동大同 상오리사지上五里寺址)와 그 이후에 조사된 2개의 사원지寺院址(평양平壤 정릉사지定陵寺址, 봉산鳳山 토성리사지土城里寺址) 등이 확인되어 충분하지는 않지만, 당시의 가람배치와 사원의 규모, 그리고 출토유물의 상태를 살필 수가 있게 되었다. 고구려의 사원은 평양의 정릉사지定陵寺址와 청암리사지淸岩里寺址(금강사金剛寺 : 498년), 그리고 대동大同 상오리사지上五里寺址의 조사결과에 의하면, 목탑지木塔址로 추정되고 있는 팔각탑八角塔을 중심으로 동·서·북의 세 방면에 금당이 있고 북쪽의 금당 뒤에는 강당이 있는 단탑삼금당식單塔三金堂式의 가람배치를 하고 있다. 그런데 이와같은 가람배치는

성주사

약간의 변천을 거쳐 고신라古新羅의 경주慶州 황룡사皇龍寺와 분황사芬皇寺, 그리고 일본日本의 나라奈良 아스카데라지飛鳥寺址에도 나타나고 있어서 그 영향을 살필 수가 있다.

백제百濟의 사원은 공주公州와 부여扶餘, 그리고 기타지역에서 40여 개소가 확인되고 있는데 현재까지 백제사원百濟寺院에 대한 발굴조사는 10여 개소에 걸쳐 실시되었다. 가람배치와 그 규모 등이 어느정도 밝혀진 것은 부여 군수리사지軍守里寺址, 금강사지金剛寺址, 정림사지定林寺址, 부소산폐사지扶蘇山廢寺址, 용정리사지龍井里寺址, 능산리사지陵山里寺址, 익산益山의 미륵사지彌勒寺址 등이고, 태안泰安의 마애삼존불磨崖三尊佛과 예산禮山의 사면석불四面石佛이 있는 불적佛蹟은 목조와가木造瓦家가 설치된 것이 밝혀져, 백제사원百濟寺院에 대한 새로운 진척이 이루어지고 있다.

백제의 사원은 중문, 탑, 금당, 강당을 남북일선상으로 배치하고, 회랑이 중문과 강당을 연결시키고 있는 단탑일금당식單塔一金堂式의 가람배치가 기본이 되고 있다. 이와같은 가람배치는 사비도읍기泗沘都邑期(538~660년)에 가장 성행한 형식으로 일본의 사천왕사식四天王寺式의 선례先例가 되고 있다. 그런데 부여의 부소산폐사지扶蘇山廢寺址와 같이 강당이 생략되기도 하고, 금강사지金剛寺址와 같이 당탑堂塔이 남북일선상이 아닌 동서일선상으로 배치되기도 하며, 익산益山 미륵사지彌勒寺址와 같이 삼원병립식三院竝立式(삼원일사식三院一寺式)의 또다른 거대한 가람형태로 변화하기도 한다.

삼국시대 신라新羅, 즉 고신라古新羅에서는 불교가 공인된 후 흥륜사興輪寺(635년) 등의 대표적인 사원이 건립되어 불교문화가 급속하게 발전하게 된다. 그리고 신라가 백제와 고구려를 멸滅하고 삼국을 통일한 통일신라시대統一新羅時代에는 사천왕사四天王寺(679년), 인용사仁容寺(661~681년), 감은사感恩寺(682년), 망덕사望德寺(685년), 불국사佛國寺(751년), 석불사石佛寺(석굴암石窟庵) 등의 많은 사원이 7세기 후반부터 계속 조영되어, 당시 찬란한 불교문화의 수준을 잘 보여주고 있다. 신라의 사원지寺院址는 전국에 걸쳐서 수백 개소가 분포하고 있으나, 이제까지 사역寺域의 일부 또는 그 전체가 조사된 것은 30여 개소에 지나지 않아 잘 파악되지 않고 있다.

그런데 신라의 사원은 그 가람배치가 단탑삼금당식單塔三金堂式과 단탑일금당식單塔一金堂式으로 구분되어 매우 다채롭다. 단탑삼금당식單塔三金堂式은 고신라시대에 창건한 황룡사지皇龍寺址의 발굴조사에서 새롭게 밝혀졌다. 중문, 탑, 중금당, 강당이 남북일선상으로 배치되고, 중금당의 좌우에 서금당과 동금당이 있고 탑의 전방좌우에 종루鐘樓와 경루經樓가 있으며, 복곽複廊으로 이루어진 회랑이 중문과 강당좌우의 건물에 연결되고 있는 배치방식이다. 그런데 최근에 발굴조사된 분황사芬皇寺는 창건가람創建伽藍이 단탑삼금당식單塔三金堂式임이 확인되었는데 황룡사皇龍寺의 중건가람重建伽藍의 배치방식과 다른 모습을 보여주고 있다. 분황사芬皇寺의 창건가람創建伽藍은 석탑을 앞에 두고 삼금당三金堂이 「品」자형字形으로 배치되고 있어서 황룡사皇龍寺 중건가람重建伽藍의 동서일선상東西一線上의 삼금당三金堂의 배치방식과 차이를 보이고 있다. 단탑일금당식單塔一金堂式은 고신라시대에도 많았을 것으로 생각되고 있으나, 발굴發掘조사 예가 거의 없어 잘 알 수 없으며 통일신라 직후인 7세기 후반경에 조영된 고선사高仙寺를 비롯하여 나원리사지羅原里寺址, 황복사皇福寺(692년) 등에서 확인되고 있다. 그런데 고선사高仙寺는 협소한 지리 때문인지 중문다음에 금당과 강당을 배치하여 회랑으로 둘러싸고 있으며, 탑은 서쪽에 독립된 회랑을 별도로 갖고 놓여져 있어서 이채롭다.

그리고 7세기 후반인 통일신라 초기에는 금당 앞의 단탑單塔이 동·서의 쌍탑雙塔으로 바뀌어 쌍탑일금당식雙塔一金堂式의 새로운 가람배치를 보이면서 9세기까지 크게 성행하게 된다. 쌍목탑雙木塔인 경우는 경주慶州 사천왕사지四天王寺址(679년)를 시원始原으로 망덕사지望德寺址(685년)가 있고, 쌍석탑雙石塔의 경우는 경주慶州의 감은사지感恩寺址(682년), 불국사佛國寺, 장항리사지獐項里寺址, 남산리사지南山里寺址 등과 남원南原의 실상사實相寺, 장흥長興의 보림사寶林寺 등이 잘 알려져 있다. 그런데 이와같은 배치방식은 8세기까지는 중문과 강당을 잇는 회랑 외에 금당의 좌우에 익랑翼廊이 있고 불국사佛國寺의 회랑과 같이 복랑으로 변하기도 하지만, 9세기 이후부터는 선종禪宗의 영향으로 산지가람山地伽藍이 조영되기 시작하면서, 지세地勢의 제약을 받아 점차 무너지게 된다.

조선시대朝鮮時代는 억불숭유정책으로 사원이 퇴폐하게 된다. 산지가람山地伽藍이 대부분이며, 불상이 봉안된 법당이 중심 예배대상禮拜對象이 되어, 탑의 규모는 작아지고 약화된다. 그리고 탑이 금당의 중앙선中央線 밖으로 옮겨지거나, 심지어는 성역聖域 밖으로 밀려나서 사원의 한 장식품裝飾品으로 변하기도 한다. 이러한 것은 신륵사神勒寺, 수종사水鐘寺, 낙산사洛山寺, 내소사來蘇寺, 선운사禪雲寺 등에서 잘 살펴볼 수 있다. 그리고 후기에 들어서면서 금당의 좌우에는 승방 등이 놓이고, 금당 앞으로 누각樓閣, 천왕문天王門, 금강문金剛門, 일주문一柱門의 순서로 배치된다. 회랑은 아예 없어져 성역聖域과 사역寺域의 구별이 사라지며, 산곡山谷 전체가 사찰화寺刹化되어, 옛 남문에 해당하는 일주문一柱門에 의해서 그 사역寺域이 시작되고 있음을 알 수 있다.

1. 평양平壤 청암리폐사지清岩里廢寺址

평양시平壤市의 동남東南쪽 대동강안大洞江岸의 대지에 위치하고 있는 사지로, 498년에 창건創建되었다고 하는 금강사金剛寺로 추정推定되고 있다. 1938년과 1939년에 발굴되었는데 중앙에 목탑을 두고, 그 북쪽과 동·서의 양쪽에 탑을 향하고 있는 금당을 각각 배치하고 있는 사지로 일탑삼금당식가람형식一塔三金堂式伽藍形式임을 알 수 있다.

목탑지木塔址는 풍화암반風化岩盤을 팔각대상八角台狀으로 깎아

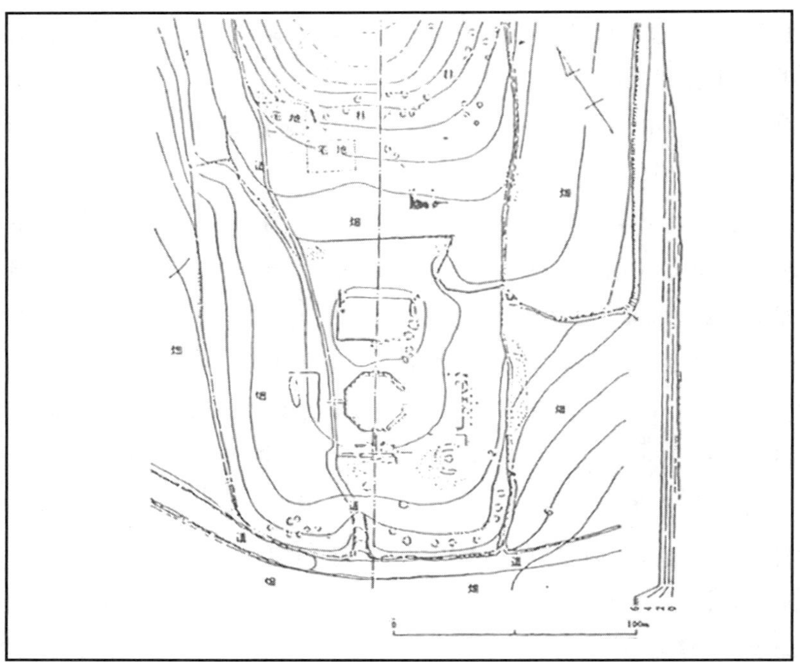

평양 청암리사지 도면

내어 그 주위에 석재를 사용하여 기단을 만들었는데 일변一邊 약 9.5m가 되고 있다. 그런데 기단의 외주外周에는 구멍을 지닌 대석 台石을 배치하고 그 주위에는 면이 고른 할석을 병치竝置시키고 있다. 그리고 외측에는 폭 0.7m가량의 작은 돌이 깔려진 낙수구 落水溝가 있었다. 그런데 기단의 남면과 서면의 중앙에는 계단지 階段址가 있었고, 폭 2m가량의 작은 돌이 깔려진 보도步道가 남쪽 은 중문지中門址까지, 서쪽은 서금당지西金堂址 중앙까지 도달하 고 있다. 이와 같은 계단지階段址와 작은 돌이 깔려진 보도는 기단 의 동면과 북면에도 그 흔적痕迹이 남아 있었다.

　목탑지木塔址의 북쪽에는 상부上部에 고려시대高麗時代의 와류

瓦類가 있는 큰 건물지가 있고, 그 밑에는 약간 어긋나 정면 32m, 측면 19m가량의 고구려의 건물지 기단이 있었는데 탑지의 기단 주변基壇周邊과 비슷하였다. 또 목탑지木塔址의 동쪽과 서쪽에도 이를 향한 정면 23.5m 가량의 건물지 기단이 있었고, 그 주위에 작은 돌이 깔려진 낙수구가 있었다. 그리고 탑지의 남면 중앙에서 중문지와 연결되는 작은 돌이 깔려진 보도가 있었고, 중문지의 양단兩端에는 회랑이 있었다. 따라서 중문 · 목탑 · 중금당 · 대지의 북쪽에 있는 강당이 남북일렬로 배치되고 탑塔의 좌우에는 동금당東金堂과 서금당西金堂으로 생각되는 두 건물지가 있고, 회랑이 이를 감싸고 있다.

그런데 목탑지의 기단외주基壇外周에 배치된 대석台石을 통하여 목탑지의 기단은 상하로 구성된 이중기단二重基壇임을 추측할 수 있는데, 이 대석은 차양용의 초석礎石으로 보인다.

2. 평양平壤 정릉사지定陵寺址

평양시平壤市의 동남쪽 22km지점에 위치하고 있는데 전동명왕릉傳東明王陵에서 남쪽으로 120여m가량 떨어져 있다. 그런데 고구려가 427년 평양平壤으로 천도遷都했을 때 시조왕릉始祖王陵인 동명왕릉東明王陵을 이장移葬하고 이를 숭배崇拜하기 위하여 정릉사定陵寺를 건립했다고 한다. 1974년에 발굴되어 많은 유구가 확인되었는데 18개소의 건물지와 여러 회랑이 검출되었다.

정릉사지定陵寺址는 남북의 회랑에 의하여 5구역區域으로 구분區分되고 있는데 중앙구역中央區域은 중문 · 탑 · 금당 · 강당 등이 있는 사원의 중심부가 되고 있다. 그리고 이 외의 구역에서는 여

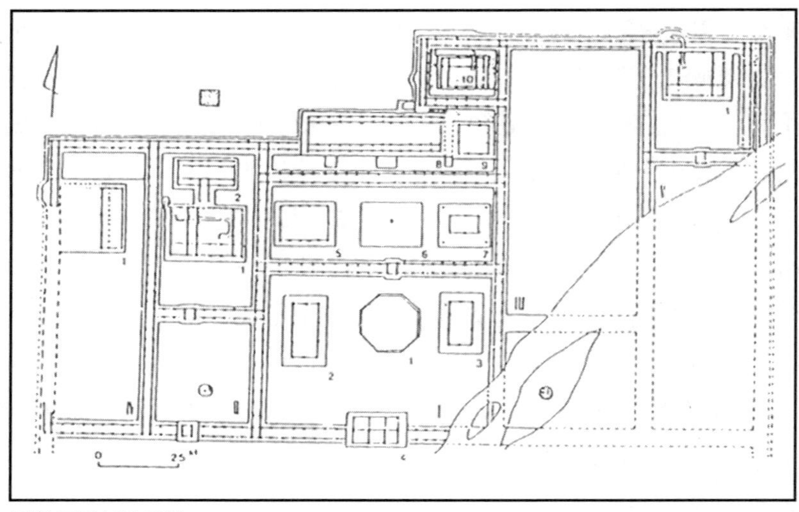

평양 정릉사지 도면

러 건물지와 유구가 검출되었으나 동쪽의 구역에서는 회랑만이 확인되었다.

목탑지木塔址는 평면팔각형平面八角形으로 돌을 깔아 기단基壇을 만들고 있으나 초석은 남아 있지 않았다. 기단의 각 변은 7.3m가량인데 그 외주에는 작은 돌이 깔려진 낙수구가 남아 있었으며 기단사면基壇四面의 중앙에는 석조계단石造階段의 흔적이 있었다.

중금당지中金堂址는 동서로 가로 놓인 회랑을 사이에 두고 탑지의 북쪽에 위치하고 있는데 동서 17.8m, 남북 14.8m가량의 기단이 있다. 그리고 동·서금당지東·西金堂址는 탑지에서 동·서쪽으로 각각 5.5m와 9.2m가량 떨어져 있는데 그 기단이 각각 동서 13.4m, 남북 20.05m, 그리고 동서 13.8m, 남북 22.8m 가량이 되고 있다. 그런데 중금당지中金堂址의 동쪽과 서쪽에는 종루鐘樓

와 경루經樓로 추정되는 건물지建物址가 있다. 강당지講堂址는 중금당中金堂의 북쪽에 동서로 가로놓인 회랑 사이에 있는데 그 기단이 동서 44m, 남북 14.5m 가량이 되고 있다.

그리고 회랑은 단랑單廊인데 중문의 좌우에 남회랑이 있고 동회랑과 서회랑이 일곽을 이루고 있는데, 탑지와 중금당지, 그리고 중금당지中金堂址와 강당사이에 동서로 가로놓인 별도의 회랑이 있어서 특이하다.

1976년에 발간된 보고서報告書에 의하면 정릉사定陵寺가 497년에 창건된 금강사金剛寺(청암리사지淸岩里寺址)보다 앞선 시기에 건립되었다고 보고 있다. 그러나 정릉사지定陵寺址의 가람배치도를 보면 동·서금당지의 건물규모가 다르고, 탑지와 금당 사이, 그리고 중금당지와 강당 사이에 동서방향의 회랑이 있는 점을 고려하면, 창건당시의 가람형식이 아닌 중건개조重建改造된 후대의 가람형식인 것으로 생각되고 있다.

3. 부여扶餘 군수리폐사지軍守里廢寺址

궁남지宮南池의 서방 낮은 구릉지에 위치하고 있는데, 1935년과 1936년에 발굴조사되었다. 그리고 발굴결과 중문·탑·금당·강당을 남북일선상에 배치하고 회랑이 중문에서 나와 강당 좌우의 종·경루鐘·經樓로 보이는 건물에 연결되는 일탑일금당식一塔一金堂式임이 밝혀졌다. 그러나 동·서회랑의 외측에 있는 건물지를 동·서금당으로 간주하여 고구려의 일탑삼금당식가람배치一塔三金堂式伽藍配置의 변형으로 보는 견해도 있다.

탑지에서는 일변 13.9m가량인 전축塼築의 방형기단方形基壇이 확인되었는데 탑지의 중심지표하中心地表下 1.8m의 깊이에서는

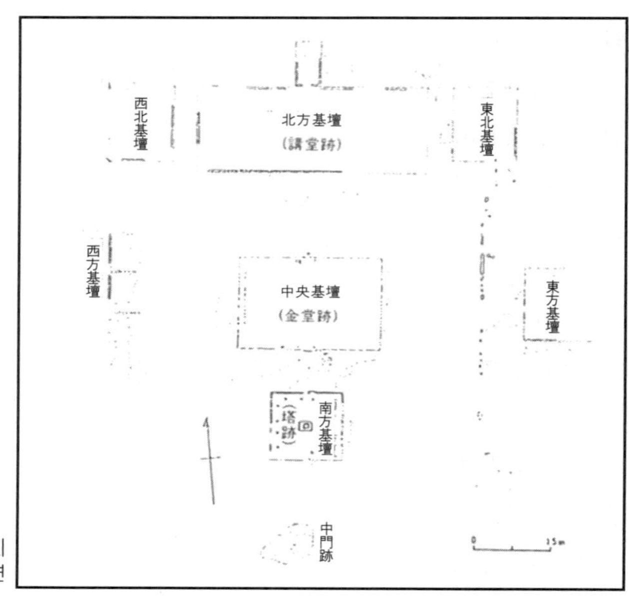

부여 군수리사지
도면

방형의 심초석心礎石이 발견되었다. 그런데 심초석心礎石의 상부
에서는 금동불상金銅佛像 · 석불상石佛像 · 토제광배편土製光背
片 · 금환金環 · 소옥小玉 등의 지진地鎭 또는 공양적供養的인 성격
을 지닌 많은 유물이 출토되었다.

금당지金堂址에서는 동서 27.3m, 남북 18.1m 가량의 와적기단
瓦積基壇이 나타났는데 동 · 북 · 서의 삼방三方에서는 평와平瓦를
세워 쌓았으나, 남방에서는 평와平瓦를 옆으로 중첩重疊하여 쌓
고 있어서 서로 다른 차이를 보이고 있다. 그리고 강당지講堂址에
서도 와적기단瓦積基壇이 검출되었다. 그리고 강당지의 북변 중
앙에는 통로가 있었고 강당지의 좌우에는 종루鐘樓와 경루經樓로
추정되는 건물지가 발견되었다. 그리고 탑지의 남방에서는 중문
지로 보이는 유구와 회랑지도 확인되었다. 그런데 동 · 서회랑의
외측에서는 금당지와 거의 일직선상에 별도의 건물기단建物基壇

이 있었는데 와적기단瓦積基壇임을 알 수 있다.

군수리폐사지軍守里廢寺址의 각 건물의 기단은 탑지의 전적기단塼積基壇을 제외하고는 모두 와적기단瓦積基壇이다. 그런데 기단을 축조하는 방법에 차이가 있다. 탑기단塔基壇은 장방형전長方形塼을 세워서 쌓았고, 금당기단金堂基壇은 남변에서는 수매數枚의 평와平瓦를 포개어 합장식合掌式으로 쌓았는데, 동·서변과 북변에서는 평와平瓦를 간략하게 세워서 쌓고 있다. 그리고 강당기단講堂基壇은 평와平瓦를 옆어서 포개 쌓고 있어서 서로 다른 모습을 보이고 있다.

4. 부여扶餘 정림사지定林寺址

부여읍扶餘邑의 중심가中心街인 동남리東南里에 위치하고 있다. 현재 강당이 복원되고 잘 정비되고 있는데 1기基의 오중석탑五重石塔(국보國寶 제9호)과 고려시대의 석불좌상石佛坐像(국보國寶 제108호) 1구軀가 남아 있다.

1942년에 부분적인 발굴조사가 있었고, 1979년부터 1984년까지 가람전체가 발굴되어 전모가 밝혀지게 되었다. 이 사지는 중문·탑·금당·강당이 남북일선상에 배치되고 회랑으로 둘려 쌓여 있는 일탑일금당식一塔一金堂式을 보여주고 있는데, 중문 앞의 좌우에는 방형의 연지蓮池가 설치되어 백제의 조경시설造景施設로서 매우 중요시되고 있다.

오중석탑五重石塔은 높이가 8.33m인데 기단基壇은 이중기단二重基壇으로 4매枚의 우주隅柱와 각면 2매씩의 판석板石으로 조립組立된 탑신塔身 위에는 옥개석屋蓋石이 얹혀져, 목조가구木造架構와 같은 단아端雅한 모습을 보여주고 있다.

　금당지金堂址는 석조石造로 이루어진 이중기단二重基壇으로 간주되고 있는데 상층기단上層基壇은 이미 삭평削平되어 거의 파괴되었다. 그런데 하층기단下層基壇위에 남아있는 차양용의 초석礎石밑의 적심석積心石에 의하여 상층기단上層基壇위에 세워진 건물의 주간柱間이 정면 5간, 측면 3간이고, 기단의 규모가 동서 15.2m, 남북 10.2m 가량임을 알 수 있었다.

　강당지는 목조와가木造瓦家가 복원되었는데 비로자나불상毘盧舍那佛像으로 생각되고 있는 석불좌상石佛坐像이 안치되고 있다. 그런데 기단토基壇土는 창건기단토創建基壇土와 중건기단토重建基壇土로 구분되고 있는데, 창건기단토創建基壇土는 생토층生土層을 그대로 이용하고 있으나, 중건기단토重建基壇土는 그 위에 약

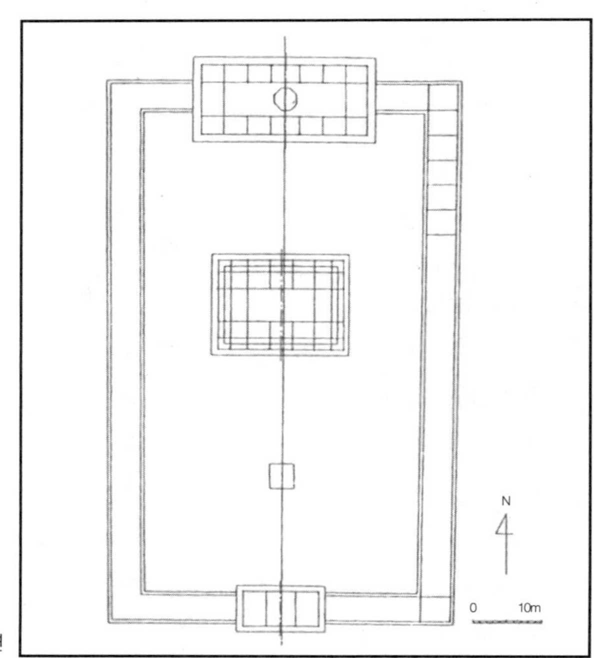

부여 정림사지 도면

3.5m의 두께로 흙을 다져 보축補築하고 있다. 그런데 창건기단創建基壇 규모는 동서 27m, 남북 13.1m 정도로 추정하고 있다. 그리고 중문지는 주간柱間이 정면 3간, 측면 1간으로, 기단토基壇土는 단순히 성토盛土되고 있는데 기단基壇의 규모는 동서 13.1m, 남북 7.1m 가량이 되고 있다.

각 건물의 기단은 석조기단石造基壇으로 생각되고 있는데, 서회랑西回廊의 기단외랑基壇外廊에는 와편瓦片이 겹쳐서 배열되고 있어서 일종의 와적기단瓦積基壇으로 간주되고 있고, 강당지의 서편에서도 와적기단瓦積基壇의 일부가 검출되었다.

한편 연지蓮池는 동서로 2.1m의 간격을 두고 있는데, 두곳 모두 돌로 쌓았거나 자연제방自然堤防을 이용하여 축조하고 있다. 그리고 「정림사定林寺」라는 사명寺名은 중건당시에 제작되어 사용된 평와平瓦에 타흔打痕된 명문銘文〔태평팔년(1028년) 무진년 정림사 대장당초太平八年戊辰年定林寺大藏當草〕에서 비롯된 것으로, 아직 창건당시의 백제시대의 사명寺名은 파악되지 않고 있다.

5. 부여扶餘 능산리폐사지陵山里廢寺址

부여읍扶餘邑 능산리陵山里의 능산리고분군陵山里古墳群과 나성羅城사이에 위치하고 있다. 국립부여박물관國立扶餘博物館에서 1992년부터 발굴조사를 실시하여 새롭게 확인된 사원지寺院址로 그동안 금동대향로金銅大香爐(국보國寶 제287호)와 창왕명석조사리감昌王銘石造舍利龕(국보國寶 제288호)이 출토되어 많은 주목을 받았다. 이 사원지寺院址는 남북일선상에 중문·탑·금당·강당을 배치하고 그 주위를 회랑으로 둘러싸고 있는 일탑일금당식一塔一金堂式의 가람형식을 하고 있는데, 동·서회랑의 북단에는 공방 등의 건물이 배치되고 있어서 특이하다.

탑지는 이중기단二重基壇으로 일변이 11.73m인데 주간柱間이 3간씩으로 평면방형이다. 탑지의 중앙에는 심초석心礎石이 깊이 1.14m에서 노출되었는데 석조사리감石造舍利龕은 심초석心礎石 위에 뉘어진 채 발견되었고 그 옆에는 절단切斷된 심주心柱가 남아 있었다. 그런데 심초석의 주변에서는 지진구地鎭具 또는 공양구供養具로 생각되는 금판金板·금사金絲·금환金環·금동령金銅鈴·유리옥琉璃玉·소조불塑造佛 등 많은 유물이 출토되었는데 공양사리供養舍利는 이미 도굴盜掘되었다. 탑지의 기단토基壇土는 성토하여 조성하였는데 심초석心礎石은 성토된 기단토를 다시 파내어 지하에 마련하고 있다. 원래 이 사지가 위치했던 이곳은 소택지小澤地로서 대부분이 성토되어 대지가 조성되었다.

금당지金堂址는 상면床面이 거의 삭평削平되었는데 주간柱間이 정면 5간, 측면 3간이다. 기단은 이중기단二重基壇인데 상·하층기단上·下層基壇의 규모는 각각 동서 19.94m, 남북 14.48m와 동서 21.6m, 남북 16.16m가량이 되고 있다. 그런데 잔존된 상층기단上層基壇의 갑석甲石에는 면석을 세우기 위한 턱이 마련되어 있고, 남·북면의 기단 중앙에는 계단의 흔적이 남아 있다.

금당지는 할석으로 이루어진 기단을 보여주고 있는데 동서 37.4m, 남북 18m 가량이 되고 있다. 그런데 중앙의 통로를 기준으로 동실東室과 서실西室의 2개의 방房으로 구분되고 있어서 특이하다. 동실은 3간, 2간의 초석열礎石列이 있을 뿐 별다른 시설은 없었으나, 서실은 북벽과 서벽의 일부에 온돌시설溫突施設이 남아 있어서 중요시되었다. 중문지는 정면 3간, 측면 1간의 주간柱間이 확인되었는데 기단은 동서 11.6m, 남북 7.5m 가량이 되고 있다.

그리고 회랑 이외에도 공방지工房址와 약간의 건물지建物址가 검

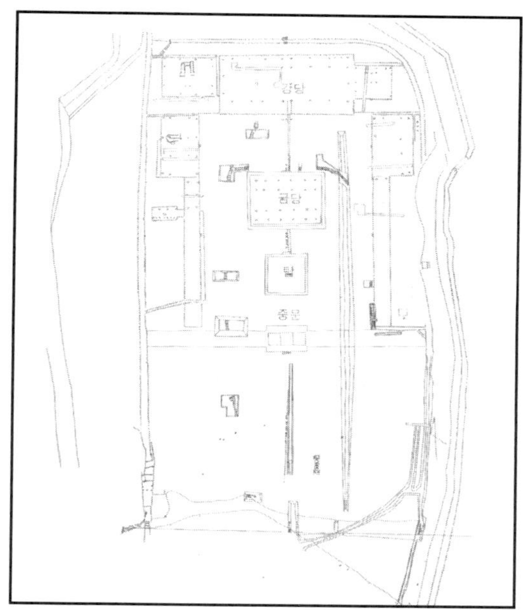

부여 능산리폐사지 도면

출되었다. 공방지는 서회랑과 강당의 서편에서 발견되었는데, 3개 또는 2개의 방房으로 구획되어 로爐 또는 화구시설火口施設이 각각 설치되어 있다. 그런데 서회랑의 공방지工房址에서는 금동대향로 金銅大香爐가 출토되어 주목되었는데 이외에도 금동제광배편金銅製 光背片·금동투조장식품金銅透彫裝飾品·수정옥水晶玉·유리옥琉璃 玉 등이 출토되었다. 이 공방工房의 기단은 남북 15.3m, 동서 11.6m 가량이 되고 있다. 그리고 서배수로西排水路에서는 동회랑지東回廊 址 서단西端의 남쪽에서 약 33m와 35.3m 떨어진 지점에서 목교木橋 의 하부시설과 석교石橋가 발견되었는데, 동쪽의 동배수로東排水路 에서도 서쪽의 석교石橋와 대칭되는 석교石橋가 또 발견되었다.

금동대향로金銅大香爐는 위급한 상황에서 목곽수조木槨水槽에 매납埋納된 것으로 높이가 64m인데 대족台足·동체胴體·개부蓋 部의 3부분으로 이루어지고 있다. 대족台足은 용龍의 형상形象이며 동체胴體는 연뢰형蓮蕾形이고 개부蓋部는 박산형博山形인데, 개부蓋部의 꼭대기에는 봉황鳳凰 한 마리가 있다. 그런데 이 향로香爐는 중국향로中國香爐의 형식을 따르고 있으나 그 조형성造形性이나 독창성獨創性, 그리고 회화적繪畵的인 구도構圖는 백제인百濟人의 탁월卓越한 예술적藝術的 감각感覺이 발휘發揮된 것이라고 할 수 있는데 600년경에 제작된 것으로 보인다.

사리감舍利龕은 감실龕室이 마련되고 그 양면에 「백제창왕십삼년태세재정해매형공주공양사리百濟昌王十三年太歲在丁亥妹兄公主供養舍利」의 명문銘文이 새겨져 사원寺院의 창건년대(567년)는 물론 그 배경 또는 사원의 성격 등을 규명할 수 있어서 중요시되었다. 『삼국사기三國史記』에 의하면 창왕昌王은 백제 위덕왕威德王이며 성왕聖王의 태자太子로서 서기西紀 554년에 왕위에 오르는데, 이 사리감舍利龕은 부왕父王인 성왕聖王의 위업을 기리기 위하여 위덕왕威德王의 누이 또는 누이 부부夫婦에 의해 567년에 조성되었으며, 사원의 창건이 왕실王室과 밀접密接한 관련關聯이 있음을 보여주고 있다. 따라서 이 사지가 왕릉군王陵群으로 추정되고 있는 능산리고분군陵山里古墳群과 인접隣接되고 있기 때문에 단순한 불교사원佛敎寺院이 아닌 기원사찰祈願寺刹 또는 능사적陵寺的인 특성을 지녔을 것으로 생각되고 있다.

6. 부여扶餘 부소산폐사지扶蘇山廢寺址

부여읍扶餘邑 부소산扶蘇山의 서록西麓에 위치하고 있는데 종래는 서복사지西腹寺址로 불리웠다. 발굴조사는 1924년과 1980년도 2차에 걸쳐 실시되었는데 현재는 사역寺域이 잘 정비되고 있다. 그런데 이 사지는 중문·탑·금당이 남북일선상南北一線上에

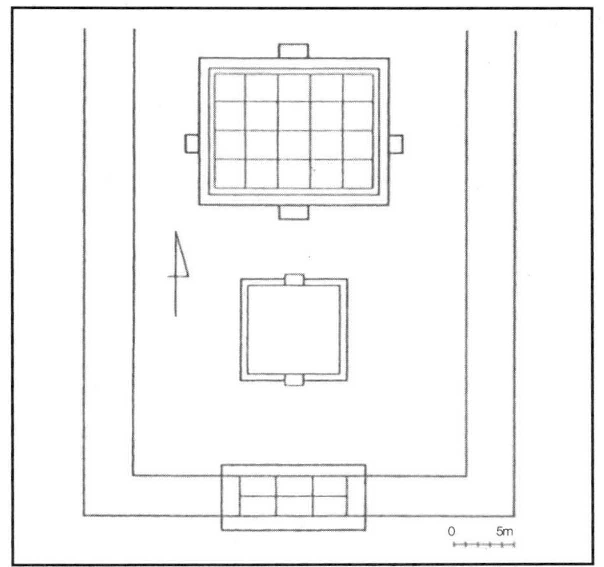

부여 부소산폐사지 도면

놓여진 일탑일금당식가람배치一塔一金堂式伽藍配置를 보여주고 있는데 백제사원百濟寺院으로서는 유일하게 강당이 생략되고 있어서 특수하다. 그런데 이와 같이 강당이 설치되어 있지 않은 점은 부소산성내扶蘇山城內에 위치한 이 사원이 궁성 가까이 인접되고 있는 관계로, 백제의 왕실과 관련이 깊은 내원사찰內願寺刹로 간주되고 있기 때문인 듯하다.

탑지는 금당지의 레벨보다 약 40~50cm 가량 낮은데 기단은 일변이 약 8.05m가 되고 있다. 그런데 탑지의 기단은 금당지金堂址의 기단과 같이 풍화암반風化巖盤을 삭토정면하여 조성하였는데, 그 외곽에서는 지대석地臺石을 놓기 위하여 폭 50cm, 깊이 15~20cm 크기로 파돌렸다. 탑의 심초석은 없어졌으나 그것이 놓였던 구덩이가 직경 100cm, 깊이 30cm의 크기로 탑지의 중앙부에 남아 있었다. 그리고 탑지의 남북기단의 중앙에는 1개소씩 계단

階段을 두었던 흔적이 남아 있다.

금당지는 목탑지木塔址와 같이 풍화암반風化巖盤을 삭평하여 기단내부基壇內部로 이용했는데 부분적으로는 성토되기도 하였다. 그런데 기단석은 하나도 남아 있지 않았으나 지대석地臺石을 놓기 위한 구덩이가 단을 이루고 있어서, 금당지金堂址의 기단이 이중기단二重基壇이었을 것으로 추정되고 있다. 기단의 규모는 지대석地臺石을 놓기 위하여 파낸 구덩이의 내측면內側面을 중심으로 동서 16m, 남북 12m 가량이 되고 있는데, 기단의 4변 중앙에는 1개소씩 계단지가 각각 남아 있다.

중문지는 원래 경사진 지역으로 그 일부를 성토하여 조성하였는데 목탑지인 기단전면基壇前面에서 약 16m가량 떨어져 있다. 중문지는 탑지보다 일단 낮은 곳에 있는데 이의 동·서쪽에서는 석축石築이 확인되어 남회랑지南回廊址로 간주되고 있다. 회랑지回廊址는 기단의 지반地盤이 대부분 판축版築되고 있는데 서회랑지西回廊址만은 풍화암반風化巖盤을 30cm깊이로 파내고 그안에 점토를 기와사이에 충진하여, 평와平瓦를 5~7열로 중첩重疊시키고 있는 와적기단瓦積基壇을 만들고 있다. 그런데 동·서회랑의 북단은 금당지金堂址의 북쪽 기단에서 북으로 3.5m지점에 이르러 끝나고 있는데, 동·서회랑은 서로 연결되지 않고 있음을 알 수 있다.

이 사지는 강당이 생략되고 있는 점이 중요한 특징이라고 할 수 있는데, 금당지의 후면이 경사를 이루고 있는 지역이기 때문에 건물이 들어설만한 충분한 공간이 없으며, 1980년도에 실시한 발굴조사중에 탐색TR을 넣어 이곳을 시굴한 결과, 표토하表土下는 단단한 암반巖盤임을 확인할 수 있었다.

7. 부여扶餘 금강사지金剛寺址

　부여군扶餘郡 은산면恩山面 금공리琴公里에 위치하고 있는데 1964년과 1965년 2차에 걸쳐 발굴하여 가람형식과 그 규모가 밝혀졌다. 그런데 가람형식은 일탑일금당식一塔一金堂式인데 그 중심축이 남북일선상南北一線上이 아니고 동서일선상東西一線上의 동향가람東向伽藍으로 변화하고 있다.

　탑지塔址는 초창初創의 기단토基壇土가 굴광판축掘壙版築에 의해 구축되었으나 최종건물最終建物의 기단은 잡석으로 축조되고 있는데, 창건시創建時의 기단은 일변 14.2m 가량이 되고 있다. 심초석은 판축기단版築基壇의 최저부最低部인 깊이 0.7m 가량에서 풍화암반風化巖盤을 원형초석圓形礎石과 같이 깍아내어 만들고

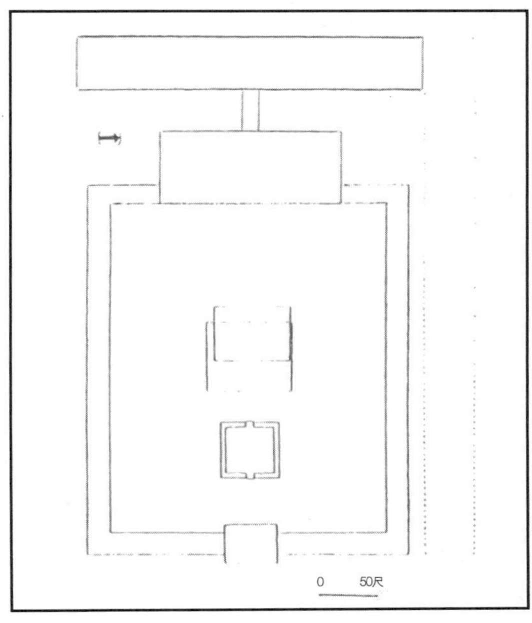

부여 금강사지 도면

있는데, 심주心柱를 세웠던 흔적이 남아 있다.

금당지金堂址는 여러차례 중건重建되고 있다. 창건금당創建金堂의 기단토는 판축되었는데 기단은 남북 21.2m, 동서 15.1m 가량이며, 후대에 중건한 금당지金堂址는 그 위치를 서북방으로 옮겨 세웠는데, 규모가 남북 19.0m, 동서 13.9m 정도가 되고 있다.

그리고 금당지에는 통일신라의 것으로 보이는 기단 일부가 남아 있었는데, 기단의 외장外裝은 지대석地臺石 위에 면석面石과 갑석甲石을 올린 단층기단單層基壇으로, 사우四隅에는 우주隅柱을 세우고 있다.

강당지講堂址는 삭토되고 있으나 판축版築되지 않고 생토층生土層까지 깎아내 기단토基壇土를 조성했는데, 기단은 남북 45.5m, 동서 18.1m 가량이 되고 있다. 그리고 중문지는 기단토基壇土가 판축되었는데 그 규모가 남북 약 10.6m, 동서 약 13.3m이다. 회랑은 중문좌우의 중앙에서 강당의 전면기단前面基壇에 연결되고 있다.

승방지僧房址는 강당의 서쪽과 북쪽에서 각각 확인되었는데 서승방지西僧房址는 남북 88.5m, 동서 13.9m가량이 되는 큰 건물지이다. 그런데 서승방지西僧房址와 강당지講堂址 사이에는 통로가 있고 이를 횡단橫斷하는 배수구排水口가 검출되었다. 그리고 북승방지北僧房址는 기단의 존재만 파악되어 규모를 알 수 없었다. 그런데 가람의 남쪽은 토사土砂의 유실이 심하여 북승방지北僧房址와 대응하는 유구遺構는 찾지 못했으나, 남쪽에도 승방僧房이 있었을 것으로 예상되어, 소위 삼면승방三面僧房이 이 가람에서 채용되었을 것으로 생각되고 있다.

금강사지金剛寺址는 탑·금당·중문의 기단토基壇土가 굴광판축掘壙版築의 공법工法에 의해 구축되고 있어서 중요시되고 있다. 그리고 탑심초塔心礎는 석제石製가 아니고 생토生土인 풍화암반風化巖盤을 깎아내어, 상면을 둥글게 만들고 그 중앙에 사리공舍利孔

으로 보이는 원형공圓形孔을 새기고 있어서 주목되고 있다. 그리고 강당지에는 기단의 외장일부外裝一部가 남아 있는데 지대석地臺石 없이 방형의 판석板石을 지하地下에 묻어 세우고 있다. 따라서 갈석葛石도 없어던 것 같은데 기단의 우각부隅角部에는 사각석주四角石柱를 세워 우주隅柱를 삼았다. 그리고 「금강사金剛寺」라는 사명寺名은 고려시대에 제작된 문자와文字瓦에서 확인된 것으로 이 사명寺名이 백제시대의 사찰명寺刹名인지는 알 수가 없다.

8. 익산益山 미륵사지彌勒寺址

전라북도全羅北道 익산군益山郡 금마면金馬面 기양리箕陽里에 있는 사지寺址로 그동안 수차례에 걸쳐 발굴조사를 거친 이후 사역

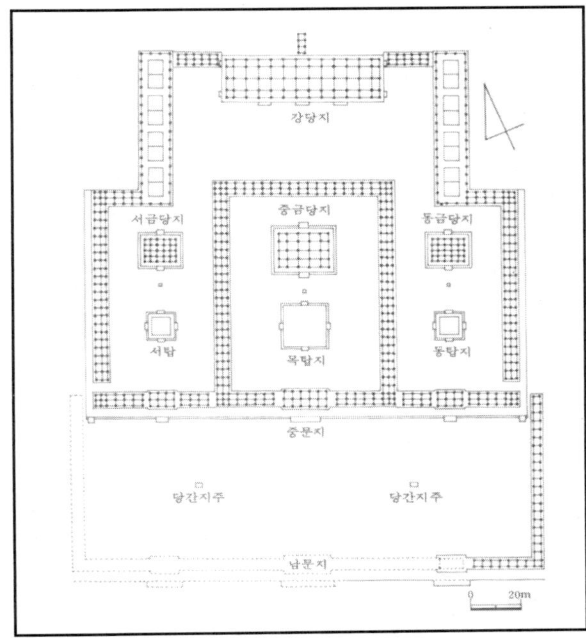

익산 미륵사지 도면
(가람배치)

미륵사지 전경

寺域이 잘 정비되고 있다. 발굴조사의 결과, 동서방향으로 삼탑三塔과 삼금당三金堂이 나란히 배열되고 각기 회랑을 둘러, 강당을 후면에 크게 배치하고 있는 삼원일사식三院一寺式(삼원병렬식三院竝列式)의 가람배치伽藍配置임이 확인되었다.

미륵사지彌勒寺址는 동원東院과 중원中院, 그리고 서원西院으로 구획되고 있는데 각 원院에는 중문과 탑, 그리고 금당을 1동棟씩 두고 있는 일탑일금당식가람一塔一金堂式伽藍을 동서축선상東西軸線上에 나란히 배치하고, 강당은 중원의 후면에 1동만을 두고 있다. 그런데 중원中院의 탑은 동·서원의 석탑과 달리 목탑이었으며 금당의 규모도 동·서원의 것보다 크다. 회랑 내곽의 규모는 동서 172cm, 남북 146cm의 거대한 가람임을 알 수 있다. 그리고 동원과 서원의 중문지中門址 앞에는 계단이 있고 그 남쪽에는 당간지주幢竿支柱가 서로 대칭되는 위치에 놓여 있다. 또한 당간지주幢竿支柱의 남쪽에는 남문지南門址가 있는데 이의 회랑은 중심곽中心廓의 회랑과는 달리 단곽單廓으로 통일신라의 유구로 생각되고 있다. 한편 강당지講堂址 북편北便에는 석축단石築段이 있고 그 후면에는 동서 약 134m, 남북 약 14m가 되는 대형승방지大形僧房址가 검출되었다.

탑은 동·서원에는 석탑을, 중원에는 목탑을 세웠으나 서원의 석탑만이 잔존하고 있다. 그런데 최근에 동원의 석탑이 9층層까지 복원되었다. 서원의 석탑은 현재 높이가 14.24m로 반파되어 6층層까지 남아 있는데, 목탑형식木塔形式을 충실히 모조한 방형 석탑으로 한국의 석탑 가운데 가장 큰 편에 속한다. 기단은 이중기단二重基壇의 형식인데 한 변의 길이가 10.4m 정도이다. 중원의 목탑지木塔址는 지대석地臺石과 면석面石, 그리고 갑석甲石을 갖춘 기단의 한 변 길이가 약 18.5m 정도가 되고 있다.

동·서원의 금당지는 규모와 구조가 같았고 탑지와 같은 이중기단二重基壇인데, 기단이 동서 12.7m, 남북 9.1m 가량이 되고 있다. 초석礎石은 높이가 1m가 되고 있어서, 마루 밑에 지하공간地下空間이 생길 수 있는데 주간柱間이 정면 5간, 측면 4간이 되고 있다. 중원에는 높은 초석礎石이 이미 유실되었고 그것을 받치는 반석盤石만이 남아 있는데, 기단은 이중기단二重基壇으로 동·서원과 같이 사방에 각각 계단이 설치되고 있다.

강당지講堂址는 기단의 규모가 동서 65.9m, 남북 20m가량으로 주간柱間이 정면 13간, 측면 4간이다. 기단은 지대석地臺石과 면석面石, 그리고 갑석甲石이 높게 마련된 단층기단單層基壇으로, 전면에 3개소, 측면에 각 2개소씩 계단階段이 설치되고 있다. 중문지中門址는 유실되었으나 주간柱間이 정면 3간, 측면 2간인데 기단은 동서 12.2m, 남북 7.9m 가량이다.

회랑지回廊址는 기둥을 3열로 배열한 복곽複廊으로, 면석面石과 갑석甲石으로 이루어진 기단이 있다. 그리고 강당의 양쪽 전방에는 길다란 승방僧房이 있는데 가람외곽伽藍外廓을 두른 회랑과 연결되어 있다. 그런데 미륵사지彌勒寺址는 창건기록創建記錄과 출토유물出土遺物을 통하여 백제시대부터 조선시대朝鮮時代 중기中期까지 그 법등法燈이 계속된 듯하다.

9. 경주慶州 황룡사지皇龍寺址

경주시慶州市의 구황동九黃洞에 있는 신라최대新羅最大의 사원적寺院跡으로 1976년에서 1983년까지 발굴되었다. 그 결과 가람의 형식은 크게 네 번이나 바뀌었는데 창건가람創建伽藍은 일탑일금당식一塔一金堂式이었으나 중건가람重建伽藍은 모두 일탑삼금당식一塔三金堂式이었다.

창건가람創建伽藍은 신궁神宮을 사찰寺刹로 변경하면서 566년에 완성되었고, 이차가람二次伽藍은 삼금당三金堂이 건립建立(584년)되고 구중목탑九重木塔이 완성(645년)되는 기간의 가람이다. 그리고 삼차가람三次伽藍은 황룡사대종皇龍寺大鐘이 745년에 주성鑄成되면서 구중목탑九重木塔의 전면좌우에 종·경루鐘·經樓가 배치되는 가람이다. 그런데 이 시기에 남회랑南回廊은 중문과 함께 남측으로 옮겨졌고, 동·서승방지東·西僧房址도 복곽複廊의 회랑回廊으로 변화하였다. 그리고 사차四次의 최종가람은 1238년 몽고침입蒙古侵入으로 당탑堂塔이 소진되었을 때까지의 개축改築된 가람이다.

창건가람創建伽藍은 중건가람重建伽藍 밑에 흔적만 남아 있었는데 동·서·남면을 단랑單廊으로 구획區劃하고, 동·서회랑의 좌우외곽左右外廓에 승방僧房이 배치되고 있는 일탑일금당식一塔一金堂式의 가람이다. 그런데 탑과 금당金堂은 중건가람重建伽藍이 세워질 때 이의 굴광판축掘壙版築에 의하여 이미 소멸되었다. 그

황룡사 절터

런데 창건당시創建當時는 독립된 강당이 없었던 것 같다.

중건가람重建伽藍은 탑 · 중금당 · 강당이 남북일선상南北一線上에 배치되고, 중금당의 좌우에 동서 · 금당이 있고, 탑의 전방좌우에는 종 · 경루鐘 · 經樓도 세워지고, 복곽複廓인 회랑이 중문에서 나와 강당 좌우에 연결되고 있는 일탑삼금당식一塔三金堂式의 가람이다.

탑지塔址는 일변 29.1m로 7간의 정방형건물正方形建物이다. 기단은 단층기단單層基壇이며 그 상면에 초석이 잘 남아있다. 중앙에는 심초석이 있고 심초석 밑에서는 금동제용기류金銅製容器類, 동경銅鏡, 이식耳飾 등의 진단구鎭壇具가 출토되었다. 기단의 정면 3곳과 다른 삼변의 중앙에 석조계단이 있었고, 기단 주위에는 석재를 이중二重으로 돌린 탑구塔區가 나왔고, 안쪽 탑구塔區에는 전박을 깔고 있다. 그런데 탑기단토塔基壇土는 삼금당三金堂의 기단토基壇土와 같이 굴광판축掘壙版築에 의해 구축되고 있다.

삼금당三金堂의 기단은 모두 이중기단二重基壇인데 하층기단下層基壇의 상면床面에는 차양용의 초석이 있다. 그런데 중금당의 상층기단上層基壇의 상면床面에는 많은 초석과 장육존상丈六尊像

황룡사 복원 모형

을 비롯한 여러 불상의 석조대좌石造台座가 남아있다. 중금당은 정면9간, 측면4간의 건물인데 하층기단下層基壇의 정면3곳과 후면중앙에 석조계단石造階段이 있다.

강당은 중건가람重建伽藍에서 처음 세워졌는데 정면 10간, 측면 4간의 큰 건물지建物址임을 알 수 있다. 기단은 낮은 편으로 단층기단單層基壇인데 지대석地臺石, 면석面石, 갑석甲石의 구분區分이 없는 장대석長大石을 돌렸다. 그리고 종루鐘樓와 경루經樓는 754년에 세워졌는데 이때에 동·서금당도 개조되어 차양이 없어지게 되었다.

10. 경주慶州 분황사芬皇寺

경주시慶州市 구황동九黃洞에 위치하고 있는데 황룡사지皇龍寺址에서 북방으로 400m 가량 떨어져 있다. 현재 모전석탑模塼石塔

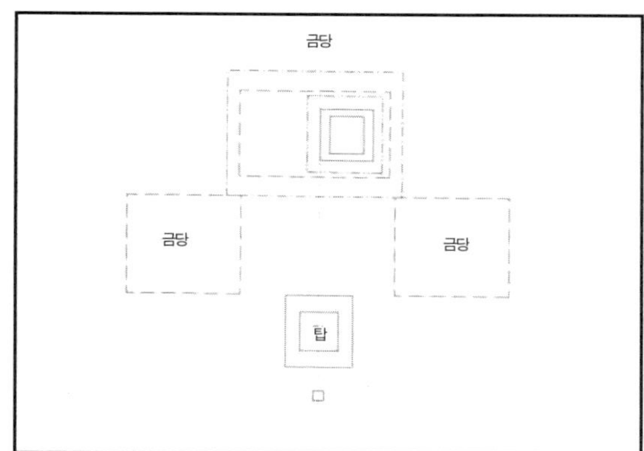

경주 분황사 도면

(국보國寶 제30호) 1기基가 남아있고 조선후기朝鮮後期에 세워진 금당(보광전普光殿)이 서향하고 있다. 분황사芬皇寺는 634년에 창건創建되어 지금까지 법등法燈이 계속되고 있는데, 1990년부터 발굴되어 가람형식이 약간이나마 밝혀지고 있다.

분황사芬皇寺는 그동안 3차의 중건重建을 거치면서 가람도 변화하고 있다. 창건가람創建伽藍은 일탑삼금당식一塔三金堂式으로 고구려의 영향을 받고 있으나 금당의 배치에 있어서 차이를 보이고 있고, 중건가람重建伽藍은 일탑삼금당식一塔三金堂式에서 일탑일금당식一塔一金堂式으로 바뀌고 있는데, 정면이 남향이거나 서향인 차이를 보이고 있다.

모전석탑模博石塔은 현재 높이가 9.3m로 잡석으로 이루어진 단층기단單層基壇임을 알 수 있다. 그러나 석탑주위石塔周圍는 교란攪亂되어 창건당시創建當時의 기단이 아닌 것으로 조사調査되었다.

금당지金堂址는 창건금당지創建金堂址와 중건금당지重建金堂址로 구분되고 있는데 중건금당重建金堂은 3차에 걸쳐 건립되었다. 그런데 창건금당創建金堂은 탑을 앞에 두고 금당이 「品」자형으로 3개소에 배치되고 있는데 가람형식이 일탑삼금당식一塔三金堂式

이다. 그런데 고구려의 일탑삼금당식一塔三金堂式은 동·서금당이 마주보고 정면이 탑을 향하고 있으나, 분황사芬皇寺의 가람형식은 탑을 전면에 두고 남향하고 있는 금당을 배치하고 있어서 차이를 보이고 있다. 이와같은 창건가람創建伽藍은 약사동상樂師銅像이 주성鑄成(755년)된 8세기 중엽까지 유지된 것으로 생각되고 있다.

분황사(탑)

　중금당지中金堂址는 기단토基壇土가 굴광판축掘壙版築으로 구축되었는데 이중기단二重基壇으로 하층기단下層基壇만 남아있다. 그 규모가 동서 26.6m, 남북 15.4m 가량이 되고 있다. 동금당지東金堂址는 그 남면이 석탑의 북측기단北側基壇의 북면과 대칭되고 있다. 동·서금당지東·西金堂址의 기단은 모두 동서 20.3m, 남북 18m 가량의 규모인데 기단토基壇土는 굴광판축掘壙版築에 의해 구축되었다.

　이차가람二次伽藍은 일탑일금당식一塔一金堂式으로 금당金堂이 1개인데, 창건가람創建伽藍의 삼금당三金堂이 일금당一金堂으로 바뀌면서 가람형식이 변화하게 된다. 주간柱間이 정면 7개, 측면 6간인데 기단의 규모가 동서 28.4m, 남북 20m 가량이 되고 있다. 그리고 삼차가람三次伽藍은 서향한 건물지建物址로 동향하였던 이차가람二次伽藍의 금당을 축소하여 건립하였다. 그런데 주간柱間이 정·측면 3간씩인데 사차가람四次伽藍의 보광전普光殿보다 큰 편이다. 사차가람四次伽藍은 금당이 현재의 보광전普光殿인데 그 정면이 서향하고 있고 임진왜란壬辰倭亂 이후에 건립된 것으로 보인다.

한편 평지사원平地寺院의 남북일선식南北一線式 가람배치의 일반적인 형식에 의하여 금당지金堂址 북쪽을 강당지講堂址로 추정하고 정밀조사精密調查를 실시했으나 찾지 못하였다. 따라서 평지사원平地寺院의 일반적인 형식을 벗어난 특수한 예에 속하고 있다. 그러나 아직까지 현경역現境域의 동서양방東西兩方의 조사가 끝나지 않았기때문에 잘 알 수 없는 상태이다.

11. 경주慶州 고선사지高仙寺址

경주시慶州市의 암곡동暗谷洞의 계곡溪谷 속에 위치位置되고 있었는데, 덕동德同댐 공사工事로 사지가 수몰되자 1975년 발굴되어 이중석탑三重石塔(국보國寶 제38호)은 국립경주박물관國立慶州博物館으로 이건移建하였다. 가람의 형식은 일탑일금당식一塔一金堂式이나 동쪽의 금당원金堂院과 서쪽의 탑원塔院으로, 회랑에 의해 분리독립分離獨立되고 있는 배치방식을 보여주고 있다.

금당원金堂院은 중문·금당·강당이 일직선상에 배치되어 있고, 중문과 강당이 회랑으로 연결되고 있다. 중문지中門址와 남회랑南回廊의 전면은 급한 경사를 이루고 있는데, 중문지中門址의 서쪽에 치우쳐 석조계단지石造階段址가 있다. 금당지金堂址는 동서 17.3m, 남북 15.3m의 기단이 검출되었는데 지대석地臺石이 약간 남아있고, 기단외주基壇外周에는 폭 40m로 부전敷塼한 포도鋪道가 있었으며 그 외선外線을 장대석長大石으로

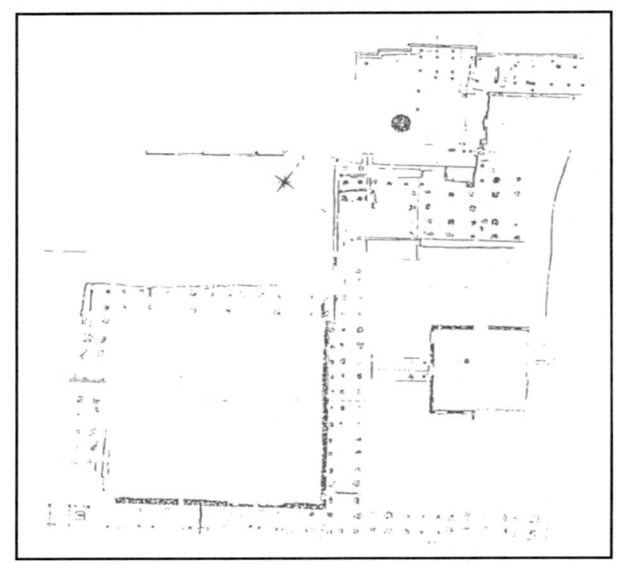

경주 고선사지 도면

구획하였다. 금당지金堂址의 좌우에는 익랑翼廊이 있었고 기단基壇의 4변 중앙에는 석계石階가 있었으나, 기단상면基壇上面이 삭토되어 건물의 규모나 주간柱間을 알 수 없었다.

강당지講堂址는 기단이 동서 23.3m, 남북 14.7m가량인데 지대석地臺石과 면석面石이 남아 있어서 석조기단石造基壇임을 알 수 있다. 강당 북쪽에는 한 단이 높아지면서 건물지 2개소와 작은 연지蓮池인 듯한 유구가 검출되었다.

탑원塔院은 금당원金堂院보다 좁은 편인데 그 규모가 동서 44.17m, 남북 35.3m가량이다. 탑원塔院의 남회랑南回廊은 금당원金堂院의 남회랑南回廊과 일직선一直線을 이루고 있고, 탑원塔院과 금당원金堂院 사이는 회랑으로 구획되고 있는데, 금당원金堂院의 익랑翼廊과 접촉接觸되는 부분은 복랑형식複廊形式으로 특이하다. 석탑은 일반형석탑一般形石塔에 속하고 있는데 높이가 9m

가량이 되고 있다. 기단은 이중으로 장중한 모습인데 옥신屋身의
사면에는 문비형門扉形을 모각模刻하고 있다.

고선사지高仙寺址는 원효대사元曉大師가 주거住居하였고 그의
입적入寂이 686년이므로 고선사高仙寺의 창건創建은 686년 이전
이라고 할 수 있다. 따라서 고선사高仙寺의 창건시기創建時期는
석탑의 형식과 규모, 그리고 고식의 와류瓦類가 출토하지 않은
점을 통하여 감은사感恩寺의 창건創建(682년)보다 약간 뒤늦은
것으로 생각되고 있다.

12. 경주慶州 감은사지感恩寺址

경주시慶州市 양북면陽北面 용당리龍堂里에 있는 통일신라 초기
의 사지로, 2기의 삼중석탑三重石塔(국보國寶 제112호)이 남아 있

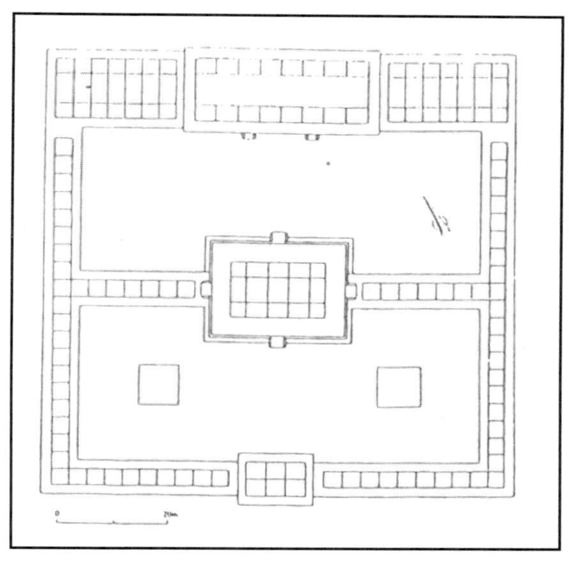

경주 감은사지 도견

감은사

다. 1959년과 1979년에서 1980년까지 2차에 걸쳐 발굴되어 가람의 규모가 밝혀지게 되었다. 감은사感恩寺는 문무왕文武王의 원찰願刹이라고 할 수 있는데, 가람의 형식이 금당 앞에 동서의 쌍탑雙塔을 두고 있는 이탑일금당식二塔一金堂式으로 682년에 완공完工되었다.

삼중석탑三重石塔은 신라석탑新羅石塔에 있어서 전형양식典型樣式의 조형祖形으로 높이가 각각 13.4m가량이다. 탑기단塔基壇은 이중으로 하층기단下層基壇의 외주外周에 폭 약 1m의 판석板石으로 된 탑구塔區가 있다.

금당지金堂址는 주간柱間이 정면 5간, 측면 3간으로 이중기단二重基壇인데, 하층기단下層基壇의 규모는 동서 24m, 남 17.3m이고 상층기단上層基壇의 규모는 동서 22.6m, 남북 16.1m가 되고 있다. 기단의 높이는 1.45m 정도로 복원되고 있는데, 금당상면金堂上面의 하부下部에는 석재石材로 결구結構되고 있는 공간空間인 공동시설共洞施設이 있고, 이의 출입구出入口인 용혈龍穴이 동익랑東翼廊의 북변과 서익랑西翼廊의 남변에 뚫려 있다. 그리고

금당기단金堂基壇의 전·후면 중앙에는 석조계단石造階段이 있고 측면 중앙에는 익랑翼廊이 있다. 금당기단金堂基壇의 외장外裝은 하층기단下層基壇이 일변 약 30cm의 단면방형斷面方形의 장대석長大石으로 만들어졌고, 상층기단上層基壇이 지대석地臺石, 면석面石, 우주隅柱 및 갑석甲石을 갖추었다.

강당지講堂址는 주간柱間이 정면 8간, 측면側面 4간인데, 기단은 동서 31.2m, 남북 14.1m 규모의 단성기단單成基壇이다. 강당의 좌우에는 건물지建物址가 있는데 동·서회랑은 이 건물의 외단전면外端前面에 접근接近하고 있다. 그런데 강당기단講堂基壇도 지복석地覆石, 우목석羽目石, 갈석葛石 및 우주隅柱를 갖추고 있는데 전면 2개소에 석조계단石造階段이 있다.

13. 경주慶州 불국사佛國寺

경주시慶州市 불국동佛國洞 토함산록吐含山麓에 위치하고 있는데, 751년 김대성金大城이 현세의 부모를 위하여 중창重創하였다고 한다. 석탑石塔과 석조유구石造遺構는 당시의 것이나 목조건물木造建物은 임진왜란壬辰倭亂 때 불타 없어졌는데 그후 대웅전大雄殿, 극락전極樂殿 등이 복원되었고, 1969년 발굴조사를 거쳐 무설전無說殿, 관음전觀音殿, 비로전毗盧殿, 경루經樓, 회랑 등이 건립되었다.

가람형식은 독특한 편인데 동쪽에 이탑일금당식가람二塔一金堂式伽藍을 배치하고, 그 서쪽에 극락전極樂殿을 중심으로 한 별도의 가람을 병치하여, 하나의 사원寺院으로 구성하고 있다. 동편의 이탑일금당식二塔一金堂式은 자하문紫霞門(중문)·대웅전大雄殿(금당)·무설전無說殿(강당)이 남북일선상南北一線上에 배치

불국사 다보탑

불국사 석가탑

되고 대웅전大雄殿 전면의 동·서에 다보탑多寶塔(국보國寶 제20호)과 석가탑釋迦塔(국보國寶 제21호)을 두고 있다. 그리고 회랑은 중문에서 나와 강당에 연결되고, 금당 좌우에 이어지는 별도의 익랑翼廊이 있는데 단랑單廊임을 알 수 있다. 그리고 서편의 극락전極樂殿은 동편가람東便伽藍의 서회랑西回廊보다 한 단 낮은 곳에 위치하고 있다.

그런데 불국사佛國寺는 크고 작은 돌로 쌓아올린 석단石壇에 의해, 부처의 세계인 불국佛國과 속세俗世인 이승의 세계世界로 구분되고 있다. 그리고 석단石壇에 의하여 대웅전大雄殿으로 향하는 청운교靑雲橋·백운교白雲橋(국보國寶 제23호)와, 극락전極樂殿으로 향하는 연화교蓮華橋·칠보교七寶橋(국보國寶 제22호) 등의 석교石橋가 있어서, 각각 석가釋迦의 화엄정토華嚴淨土의 세계로, 아미타阿弥陀의 서방극락정토西方極樂淨土의 세계로 이어지는 신라인新羅人의 높은 불성佛性을 짐작할 수 있다.

그리고 불국사佛國寺의 북측서편에는 비로전毗盧殿이 있고, 동편의 높은 축대築台 위에는 관음전觀音殿이 있는데 통일신라의 유구 위에 복원된 것이다.

불국사佛國寺의 각 건물의 기단은 비교적 잘 남아있다. 대웅전大雄殿의 기단은 동서 18.5m, 남북 16.9m, 높이 약 1.2m가량인데 지대석地臺石·면석面石·우주隅柱 및 갑석甲石을 갖추었고, 면석 사이에 탱주撑柱를 둔 전형적인 단층기단單層基壇이다. 기단의 전·후면과 측면중앙에는 석조계단石造階段이 있고, 계단측석階段側石은 지대석地臺石과 면석面石, 갑석甲石을 일매의 석재로 각출刻出하고 있다. 무설전無說殿의 기단은 동서 약 32.2m, 남북 약 14.2m, 높이 0.96m 가량인데 기단은 대웅전大雄殿과 같았다. 그런데 기단의 전면 4개소와 후면의 일 개소에 석조계단石造階段이 있다.

한국의 불상
우리의 숨결과 정서가 담긴 진리의 혼

곽동석 (국립중앙박물관)

I. 우리 예술의 바탕, 불교

불교가 4세기 후반에 이 땅에 들어오면서 삼국은 모두 이를 적극적으로 받아들여 국가통치의 이념으로 삼는다. 그래서 세 나라가 각각 거대한 규모의 절을 지으면서 이 땅에 본격적인 조형활동이 활발히 전개되어 수많은 건축과 조각, 공예 등 예술작품들을 남기게 되었다. 이처럼 불교의 세계관과 인생관은 한국문화의 밑바탕을 이루게 된 것이다.

당시 불교는 동아시아를 휩쓴 위대한 사상이자 새로운 신앙이었던 만큼 우리 민족도 예외일 수 없었다. 그것은 선택의 여지가 없었으며 이에 따라 이루어진 문화도 불교적인 성격을 띠지 않을 수 없으니, 오늘날 우리의 고대 문화에서 불교적이 아닌 것을 찾기란 불가능하다. 더욱이 우리 국민들에게 새로운 철학을, 나아가 죽음과 내세의 문제를 인식시키는 계기가 되었다는 점에서 불교가 우리의 정신문화에 끼친 영향은 실로 지대하였다.

II. 우리 예술의 단면, 불상

고구려 · 백제 · 신라의 삼국은 처음부터 세 나라로 나뉘어서 독립적으로 형성되었기 때문에 민족 구성과 풍토성과 지정학적 조건이 서로 달랐고 따라서 불교문화의 수용방법도 각기 달랐다.

고구려는 372년에, 백제는 384년에 불교를 처음 받아들였고, 신라는 이 보다 150년이나 늦은 528년에 비로소 불교를 공인하였다. 그래서 흔히 신라가 고구려와 백제에 비하여 매우 후진성을 면치 못했다고 생각하기 쉽다. 그러나 고구려와 백제는 왕실에서 먼저 불교를 받아들인 것이고 신라는 왕실에서 이를 거부하다가 매우 늦게 공인했을 뿐이다. 고구려와 백제는 왕실에서 불교를 받아들인 뒤 민중 속으로 서서히 확대된 반면, 신라는 민중 속에서 불교가 확대되면서 어쩔 수 없이 왕실에서 이를 공인하게 된 것이다. 백제와 마찬가지로 신라에서도 6세기 중엽에 이미 흥륜사興輪寺와 황룡사皇龍寺 같은 대사찰이 건립되는 것도 불교의 공인은 늦었지만 민중 속에는 뿌리를 내리고 있었기 때문에 가능하였다.

그러나 불교가 토착화되기까지 상당한 시간이 걸렸기 때문인지 현재 지상에 남아 있는 우리의 불상은 대부분이 500년대 이후에 만들어진 것들이다. 이처럼 삼국시대의 불교조각이 6세기부터 그 전개 과정이 뚜렷이 드러나기 시작하는 것은 곧 6세기에 이르

서산 마애삼존불
백제 7세기 초, 본존불 높이 2.8m(국보 84호)

러 비로소 불교가 민중 속에 뿌리를 내렸음을 뜻한다. 당시 불교 미술을 주도했던 계층은 왕실이었겠지만 그 전개와 발전은 긴중의 호응 없이는 불가능하였을 것이다.

오늘날 남아 있는 우리의 고대 유물 가운데 불상만큼 오랜 시대에 걸쳐 남아 있는 미술장르는 드물다. 목조건축은 기껏해야 고려 말기의 것이 몇 있을 뿐이고 조선시대의 건축도 후기 것이 대부분이다. 회화도 고구려 고분벽화를 제외하면 조선 중기 이후 것이 대부분이다. 불화는 고려 것이 있으나, 역시 일반회화와는 뚜렷이 구별되어 장식화의 성격이 강하다. 이에 비하여 조각은 삼국시대부터 조선시대에 이르기까지 상당히 많은 예가 남아 있어 전체의 변화과정과 특색을 규명하기가 상대적으로 유리한 편이다.

한 나라 미술의 고유한 특징을 명확하게 규정하기란 불가능하다. 마찬가지로 한국 불상의 특색을 한 마디로 정의할 수는 없다. 조형언어로 이루어진 조각 작품의 특징을 문자나 언어로 규정하려는 시도 자체가 무의미할지도 모른다. 또 현재 남아 있는 불상들도 각각의 시대를 대변하기에는 부족한 점이 많다. 그럼에도 우리의 불상에는 인도와 중국, 나아가 일본의 불상과 뚜렷이 구별되는 한국적인 특징이 고스란히 담겨 있다.

III. 한국적 조형언어

중국이 인도와 서역으로부터 불교와 불교미술을 받아들이자마자 중국적으로 변형시켰듯이, 우리나라도 불교미술에서의 중국적 요소를 곧 우리 식으로 변형시켰다. 그 중심적 역할을 당시 선진이었던 고구려가 담당하였다. 고구려는 모든 면에서 백제와 신라에 결정적인 영향을 주었을 뿐만 아니라 일본에까지 영향을 미치어 동아시아의 맹주 노릇을 하였다. 그러므로 고구려 문화를 모르면 동아시아 미술의 대세를 파악할 수 없다. 고구려 불상은 힘이 넘치고 아름다워 고구려 나름의 미술 양식을 완성하였으니, 연가7년延嘉七年(539)명銘 금동불은 이러한 사정을 웅변으로 대변한다.

이 금동불은 서기 539년에 고구려의 동사東寺라는 절에서 천불상千佛像의 하나로 만들어 신라 지역에 전파했던 것이다. 어떤 이유로 이 불상이 당시 신라땅이었던 저 멀리 경상남도 의령에서 발견되었는 지는 알 길이 없다. 불신과 광배와 대좌가 함께 주조된 것으로, 도금이 두껍게 베풀어져 전체가 생생한 금빛으로 휘황찬란하다. 그런데 대좌까지 합한 전체 높이가 16cm에 불과한 조그만 불상인데도 마치 수십 미터의 대형 불상을 보는 듯 우람하다.

얼굴은 북위北魏시대 금동불이나 운강雲崗 석굴에서 흔히 보이는 것처럼 길쭉하고, 귀는 타원형 판을 붙여 놓았을 뿐 귀의 세부 표현은 전혀 되어 있지 않다. 얼굴도 마른 듯 길고 어깨도 좁아서 몸매가 수척하다.

이에 비해 온몸을 감싼 가사는 매우 두껍고 옷주름은 선이 아니라 마치 대칼로 면을 잘라낸 듯 양감量感이 넘친다. 또한 같은 시기 중국 북위의 불상들은 치마와 가사끝이 마치 작은 고리를 촘촘히 엇대놓은 듯한 잔물결로 마무리되는 경우가 많다. 이것은 인도나 동남아시아 불상에서는 볼 수 없는 중국적인 표현이다. 그러나 여기서는 가사와 치마의 끝자락의 잔물결 옷주름은 단지 2~3 가닥으로 지극히 단순화되어 있다. 이런 표현은 중국의 불상에서는 볼 수 없다.

이러한 담대성과 두터운 양감은 고구려 미술 양식의 특징을 웅

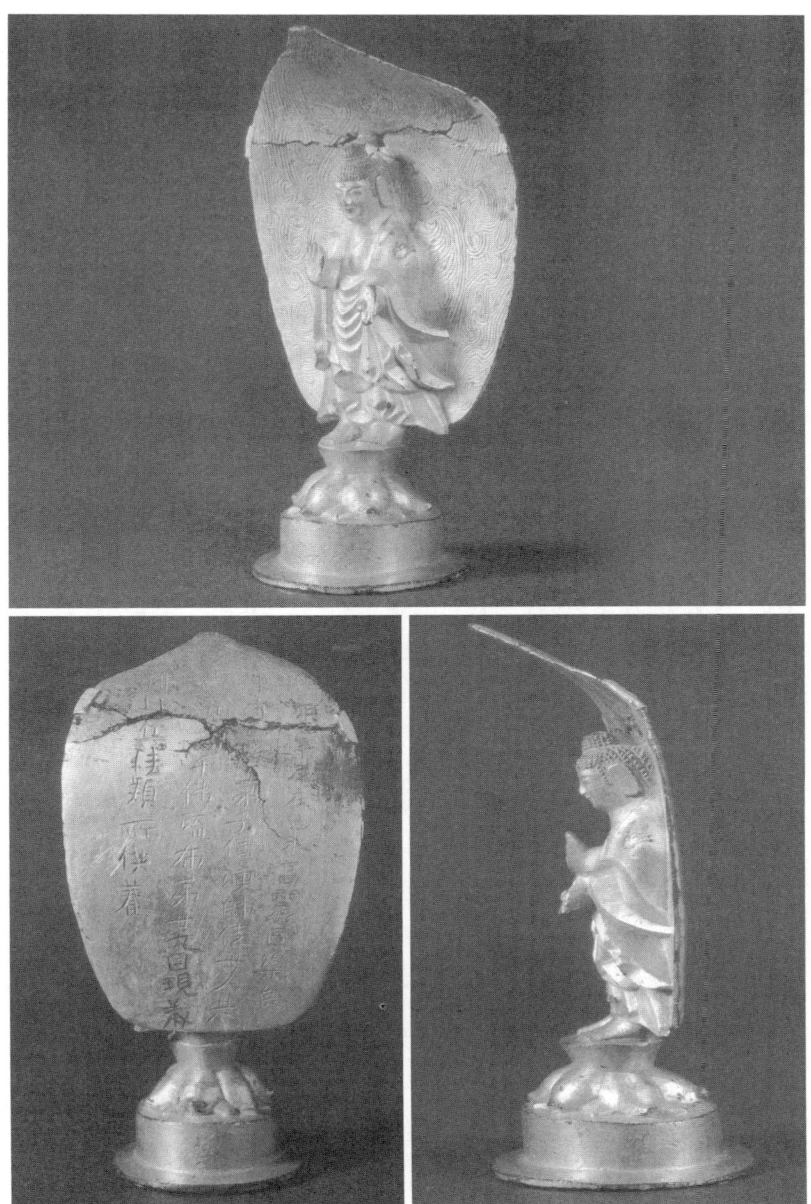

연가 7년명 금동여래입상 延嘉七年銘金銅如來立像
경남 의령 출토, 고구려 539년, 높이 16.3cm

변하는 듯하다. 조그만 불상에서 힘찬 기氣가 강렬하게 발산되어 보는 이들을 그 자장 속으로 빨아 들이는 듯하다.

더욱이 광배는 평면적으로 이글거리는 불꽃무늬를 얕은 선각으로 새겼기 때문에 대비가 되어 불상의 양감이 더욱 도드라져 보인다. 또 오뚝한 연꽃 대좌의 연꽃잎은 건드리면 톡하고 터질 듯 양감이 강하고 탄력성이 있어 여기서 태어나는 부처를 든든히 받쳐주고도 남음이 있다. 역시 고구려는 삼국 가운데 가장 강력한 대국이었고, 중국과 바로 인접하여 영향을 가장 빠르게 받는 한편, 독자적인 문화를 형성하고 있었음을 보여준다.

이처럼 우리는 중국의 불상 양식과 형식을 수용할 때 맹목적이지 않았다. 우리는 하나의 조각 양식을 수용할 때에도 생략할 부분은 과감하게 생략하거나 변형시키거나 단순화하였으며, 또 강조할 부분은 강조하면서 우리 고유의 예술의지에 맞는 조형물을 창출해 내었던 것이다.

IV. 우리 불상은 우리네 모습

예술은 그 시대정신의 반영이다. 우리의 삼국시대 조상들이 생각했던 이상적인 부처는 과연 어떠한 모습이었을까? 그것은 바로 초월적인 신으로서의 부처가 아니라 우리의 생활 속에서 함께 호흡하는 우리네 모습 그대로였다.

우리 불상의 얼굴은 신의 얼굴이 아니라 사람 얼굴이다. 우리의 삼국시대 불상들은 서산마애삼존불처럼 드물게 함박 웃음을 머금은 예도 있지만 대부분은 인간적이고 친근한 온화한 미소를 머금고 있다. 이 미소는 고구려 불상이나 신라 불상에도 있지만 백제 불상의 얼굴이 더 인간적이다. 마치 백제인의 온화한 심성을 엿보는 듯하다.

이 미소를 흔히 '고졸古拙의 미소(Archaic Smile)'라고 한다. 고졸한 미소란 얼굴 전체가 아니라 양 입가만을 살짝 눌러서 표현한 고대 조각의 미소를 말한다. 입으로만 짓는 미소라 할 수 있다. 그리스의 조각이나 고대의 인도 불상과 중국 불상 모두 이러한 고졸한 미소를 머금고 있다. 그러나 우리 불상의 얼굴 표정은 중국이나 일본처럼 어떤 정형이 없고 얼굴이 제각기 다르다. 한마디로 너무나 인간적이고 친근하다고 할 수 있는데 이러한 표정은 순진무구한 미소와 뜬 듯 감은 듯 가녀린 눈매 때문이다.

이러한 얼굴 표정은 동양의 불상을 통틀어서도 매우 이례적이다. 인도의 간다라 불상은 눈을 반쯤 감고 아래를 내려다보는 침울한 표정의 얼굴이 대부분이다. 반면 마투라의 불상들은 깨달은 다음에 맛보는 희열의 순간을 표현한 듯 매우 활달하고 생동

납석제 여래좌상
부여 군수리 절터 출토, 백제 6세기, 높이 13.5cm,
국립부여박물관(국보 329호)

감에 가득 찬 모습이지만 어딘지 비현실적이어서 낯설은 느낌을 준다. 이 두 지역의 형식과 양식을 융합하여 가장 이상적인 신성神性을 구현한 4 - 5세기의 굽타시대 불상들은 두 눈을 반쯤 감아 깊은 명상에 잠긴 모습이다. 이처럼 인도인들이 생각했던 이상적인 부처의 모습은, 세속을 떠난 조용하고 근엄한 표정의, 예배 대상으로서의 신의 초월적인 모습을 형상화한 것이었다.

중국 불상 가운데에도 천진스러운 미소를 머금은 불상이 있기는 하지만 눈매가 날카로워 어딘지 억제된 미소처럼 보이며, 반대로 같은 시대의 일본 불상은 항상 딱딱하고 심각한 표정을 짓는다.

이처럼 우리의 불상들은 사람 냄새나는 우리네 모습 그 자체이다. 심지어 이 가운데에는 아예 어린 아이 모습으로 표현한 것도 많다. 그 대표적인 것이 어린 아이 모습의 선정인禪定印 여래좌상이다. 깨달은 후 희열에 든 선정인의 모습을 왜 어린아이처럼 표현하려 했을까?

그것은 순진무구한 동심童心을 자비로운 불심에 빗대었기 때문일 것이다. 그래서 얼굴이 동안이고 손가락 마디가 굵지 않거나 아예 없는 통통한 어린이의 손가락 그대로다. 이러한 동안과 동심은 세월이 흐르면서 어른처럼 건장해지고 얼굴에서는 미소가 사라지고 근엄해지며 손은 두툼해진다. 사람의 마음도 문명이 발달하면서 탐욕스러워지고 권위적으로 되어버렸을지도 모른다.

우리 불상은 사람의 얼굴이면서 설치되는 공간도 인간적이다. 인도나 중국, 일본의 불상들은 유럽의 신상神像들처럼 신들만이 존재하는 절대적인 공간에 세워지지만 우리의 불상은 누구나 접근할 수 있는 공간에 세워지기 때문에 더욱 친숙하다. 지붕없는 박물관이라는 경주 남산의 수많은 마애불들은 대부분이 발길이 닿을 수 없는 신비한 장소가 아니라 오솔길 가까운 바위면에 위치해 있다. 그래서 길잃은 등산객들을 위한 길라잡이인양 손만 내밀면 다가올 듯 친숙하다. 우리의 불상은 유럽의 신상들처럼 인간이 감히 근접할 수 없는 절대자가 아니라 우리네 속에서 살아 숨쉬는 우리의 정서 그 자체였던 것이다.

V. 한국적인 도상圖像들

도상이란 그림으로 그린 사람이나 사물의 형상을 말한다. 그러므로 불교조각에서의 도상이란 어떤 불상을 구체적인 모습으로 형상화한 것이라 할 수 있다. 이 형상은 불교 경전 속에 구체적으록 규정되어 있다고 생각하기 쉽다. 그러나 실제 불교 경전 속에 어떤 여래상이나 보살상을 어떤 모습으로 그리거나 조각해야 한다는 규정은 극히 제한되어 있다.

신앙의 세계에서 문제되는 것이 예배 대상인 부처의 모습이다. 불교는 고정된 관념을 끊임없이 깨는 늘 역동적이고 생성·변화하는 올바른 사고 방식을 조건에 따라 달리 해석하는 자유로운 사고 방식을 일깨워 준다. 그런 까닭에 경전과 마찬가지로 무수한 도상이 창안되어 왔던 것이다. 우리나라에서도 다른 나라에서 볼 수 없는 독특한 도상이 끊임없이 창안되어 온 것도 그러한 불교의 독특한 경향에 말미암은 것이다. 곧 도상이란 대중의 신앙형태와 관련이 깊기 때문에 특정한 도상은 곧 특정한 신앙 형태를 반영한다고 할 수 있다.

일반적으로 반가사유상은 중국에서는 대개 어떤 주된 불상에 종속되거나 한 부분적인 존재에 불과하였기 때문에 단독으로 독립되어 예배 대상으로 조성된 예가 드물다. 이러한 탄가사유

금동반가사유상

7세기(삼국시대), 높이 93.5cm,
국립중앙박물관(국보 83호)

상이 백제에 와서는 종속적인 관계에서 벗어나 독립적인 조형성을 획득하게 된다. 따라서 반가좌 특유의 복잡한 신체 구조를 무리없이 소화하여 중국의 반가사유상에서 일관되게 나타나는 자세의 과장과 단순화, 동일한 단위 옷주름이 반복되는 도식성을 극복하게 된다. 또 중국에서는 수대隋代에는 이미 반가사유상이 소멸하지만 우리나라에서는 삼국시대 말기와 통일신라 초기에 걸쳐 크게 유행하였을 뿐 아니라 드물게 조선 초기에도 조성되고 있어 반가사유상에 대한 신앙이 끊임없이 민간에 퍼져 있었음을 알 수 있다.

보살 가운데 독립적인 예배 대상으로 가장 많이 조성된 것이 관음보살상으로 흔히 보관寶冠 중앙에 있는 화불化佛을 그 표식으로 삼는다. 이러한 관음보살의 표식은 처음부터 생긴 것이 아니라 중국에서는 수대隋代 이후부터이며, 우리나라에서도 삼국시대 말기부터 등장하기 시작한다. 그렇다면 이러한 관음의 도상 특징이 규정되기 전의 관음보살상은 과연 어떤 모습이었을까? 그것은 백제에서 창안한, 양 손을 위아래로 몸 한가운데에 모두어 보주寶珠를 받든 모습이었

서산 마애삼존불
백제 7세기 초,
본존불 높이 2.8m (국보 84호)

다. 보주란 모든 것을 이루어 주는 신비의 구슬이므로 자비를 상
징하는 관음보살의 성격에 가장 잘 어울리는 지물持物이다. 이러
한 관음보살상은 중국에서는 찾기 어려운 한국적인 것이며, 그
가운데에서도 백제에서만 나타난다. 백제에 이르러 신체 조형성
을 획득한 반가사유상과 백제에서 창안된 집보주執寶珠 관음보살
상은 일본의 아스카시대 불상에 가장 큰 영향을 미쳐 일본 고대
조각의 기초를 이루게 된다.

　일반적으로 삼존불은 여래상을 중심으로 좌우에 같은 자세의
보살이 대칭적으로 배치되는 것이 원칙이다. 반면 백제에서는
서산 마애삼존불과 태안 마애삼존불과 같은 특이한 형식의 삼존
불이 조성되었다. 전자는 본존 여래입상의 우협시로 집보주 보

살입상을, 좌협시로 반가사유상이 배치되는 특이한 형식이다. 후자는 집보주 보살상을 본존으로 삼고 좌우에 여래상을 배치한 형식으로, 일반적으로 보살은 여래보다 크게 나타낼 수 없으므로 여기서는 삼존형식의 중앙에 관음보살을 둠으로써 관음 신앙을 강조하고 있음을 알 수 있다. 이러한 삼존불은 다른 나라에서는 볼 수 없는 것으로, 이것은 불교 신앙의 체계도 백제 나름으로 전개되어 갔음을 의미한다.

한편 7세기 전반기 신라에서는 고구려와 백제에서는 볼 수 없는 특이한 여래상 형식이 널리 유행하였다. 어린아이 모습의 얼굴에 편단우견으로 대의를 착용하고, 오른손에는 둥근 보주를 쥐며, 왼쪽 무릎은 살짝 구부린 반면 오른쪽 엉덩이 부분을 심하게 내밀어 전체적으로 굴곡이 심한 삼곡三曲 자세를 취한 여래입상이 그것이다. 여래는 엄격한 직립의 자세가 보통이며, 목과 허리를 서로 반대 방향으로 튼 삼곡자세는 보살이 취한다. 인도에서도 삼곡 자세의 여래상이 본격적으로 등장하는 시기는 굽타 시대부터이며, 남인도와 실론에서도 삼곡 자세의 여래상이 간혹 볼 수 있다. 때문에 이러한 신라의 여래상을 남인도의 영향으로 보기도 하지만, 인도에서는 이처럼 심한 삼곡 자세를 취한 예는 없으며 또 오른손에 연봉이나 보주를 쥔 예도 없다.

이외에도 통일신라시대 후기에 유행했던 여래 모습의 비로자나불毘盧遮那佛과 촉지인觸地印을 맺은 약사여래좌상도 다른 나라에서는 볼 수 없는 특이한 불상 형식이다. 이러한 특이한 형식의 도상이 우리나라에서 유행했다는 사실은 곧 다른 나라와 구별되는 한국 특유의 신앙 형태가 민중 속에 널리 퍼져 있었음을 뜻한다.

VI. 절대적인 존재 양식, 화강암 석불

진리가 영원하다면 부처를 조각한 불상도 영원해야 한다. 그렇다면 견고성과 순백의 색조, 내구성 등에서 화강암보다 더 적절한 불상의 재료가 있을 수 있을까. 화강암 석불이 주는 부동의 조형미와 입체미야말로 불변의 불교 진리를 구상화하기에 안성맞춤이었을 것이다.

높은 하늘에서 내려다본 우리 국토는 전반적으로 회색 톤이다. 그것은 우리 국토의 대부분을 차지하는 화강암 때문이다. 반면 중국은 황토색이고 섬나라 일본은 검은 색이다. 그래서인지 스님들이 입는 승복의 색깔도 회색과 황색과 검은색으로 세 나라가 각각 다르다.

우리의 금수강산을 한 마디로 표현하자면 소나무와 화강암의 멋진 어울림에 있다고 할 수 있다. 솔숲 속의 빼어난 화강암 봉우리는 수려하고 솔뿌리와 돌뿌리의 견고한 얽힘은 어떤 힘으로도 분리시킬 수 없이 밀착되어 있다. 소나무의 바위 같은 껍질 때문이다. 온갖 비바람과 눈비에도 화강암은 그다지 변화가 없듯이 수백 년 풍우에 소나무도 변함이 없다. 우리나라 예술품의 재료도 대부분 화강암과 소나무이지 않았는가. 화강암으로는 불상과 석탑들을 만들었고, 궁궐과 절들은 소나무로 지어졌다.

우리에게는 석불과 석탑이 가장 많다. 그것은 그 어느 나라보다도 석재가 풍부하고 재질의 견고성 때문에 수많은 전란 속에서도 훌륭히 살아남을 수 있었기 때문이다. 산 정상에서 세간을 지긋이 내려다 보는 환조상丸彫像으로, 마치 길라잡이인냥 깊은 산 속에 돌출된 바위면에 새겨진 고부조의 마애불로, 때로는 지금은 없어져버린 절터를 홀로 지키는 단아한 모습으로, 우리의 산천방방곡곡에는 갖가지 모습의 수많은 석불들이 부동不動의 자세로 남아 우리를 맞이한다.

여기에는 역사에서 일어나는 왜곡과 과장과 생략이 있을 수 없다. 오직 본래의 모습 그대로 남아 당시의 진실을 우리에게 전한다. 이 석불이 주는 조형언어를 바르게 읽게 되었을 때 우리는 어느새 석불과 일체가 되어 우리 민족의 숨결과 정서와 지혜를 느끼게 된다.

동양의 불교 문화에 관심이 많은 외국인들은 인도와 중국의 웅장한 석굴 사원 앞에서 경탄을 금치 못한다. 인도와 중국뿐만이 아니다. 캄보디아의 앙코르와트 사원과 같은 동남아시아의 웅장한 석조 유적 앞에서 그 힘과 신비로움에 감동하지 않는가.

반면 한국을 찾는 외국인들은 우리의 불교 조각 앞에서 장중한 스케일이 주는 힘보다는 아기자기하고 인간적이며 소박함에서 한국적인 전통미를 음미하려고 한다. 우리에게는 인도와 중국처럼 웅장한 석굴사원이나 석불이 남아 있지 않기 때문에 합리적인 사고 방식의 서구인들 눈에는 '작은 문화'로밖에 비치치 않았을 것이다. 그러나 이러한 평가는 옳지 않다. 우리에게도 웅장한 석굴 사원이나 거대한 석불을 조성하려는 열정이 있었지만 그것을 실현시킬 수 없었던 것은 태생적으로 안고 있는 지질학적 환경 때문이었다.

인도와 중국에서는 일찍부터 바위산을 뚫고 들어가서 예배 공간을 마련한 뒤 여기에 탑을 조각하고 불상을 조각한 이른바 석굴 사원이 크게 유행하였다. 이 석굴의 내부는 불전佛殿과 불상, 탑, 비천상, 공양상 등등 갖가지 조각으로 가득 차있어 무한한 경외심을 느끼게 한다. 우리에게는 이러한 석굴사원이 없다. 흔히 석굴암을 떠올리지만 석굴암은 바위산을 뚫은 석굴이 아니라 돌

경주 배리 삼체석불

을 건축 재료처럼 잘라 다듬은 뒤 이를 건축적으로 짜 맞춘 것이다. 석굴암에서 보듯이 우리에게도 석굴 사원을 만들고자 하는 의지는 분명히 있었지만 현재 남아 있지 않는 것은 왜 일까? 그것은 우리가 석굴사원과 석불을 만들려고 했을 때 우리 주위에는 온통 화강암뿐이었기 때문이다.

인도, 중국, 한국, 일본의 동양 삼국 가운데 화강암으로 불상을 조각하고 탑을 세운 나라는 우리 나라뿐이다. 화강암은 단단해서 조각의 재료로서는 잘 사용하지 않는 재료이다. 인도에서는 편암이나 사암을 재료로 삼았고, 중국에서는 석회암이나 사암을 재료로 삼았으며, 일본에서는 특히 나무를 선호하였다. 한 통계에 따르면 일본 조각의 90% 가량이 목조라고 한다. 편암과 사암, 석회암, 그리고 나무는 조각칼을 이용해서 일정한 양을 깎아낼 수 있기 때문에 재질은 틀리지만 그 성격은 같다.

반면 우리는 석불을 조각할 때 굳기나 조각 방법이 전혀 다른

석굴암 본존 여래좌상
통일신라 8세기 중엽, 높이
3.26m(국보 24호),

화강암을 재료로 선택할 수밖에 없었다. 화강암은 경도가 강하고 입자가 굵기 때문에 조각칼 사용이 불가능하다. 대신 정을 대고 망치로 쳐서 입자 하나 하나를 떼어 내야 하므로 조각 방법과 도구가 전혀 달라야 한다. 더욱이 정으로 쪼아 내는 과정에서 한 번 실수하면 회복할 길이 없으므로 자유로운 조각 행위가 극히 제한될 수밖에 없다. 때문에 모델링을 괴체적으로 처리하고 복잡한 장식은 생략하는 단순화 과정을 거쳐야 하므로 사실적이고 정교한 조각이 어렵다.

더욱이 석회암이나 사암은 굳기가 약하기 때문에 수많은 석굴 사원의 굴착이 가능했던 반면 우리 나라에서는 화강암이라는 재료 때문에 그 열정이 마애불로 대체될 수밖에 없었다. 화강암의 암벽을 인도나 중국처럼 깊게 굴착하여 예배 공간을 마련한다는 것은 불가능한 일이다. 대신 우리 나라에는 화강암의 바위면에 불상을 얕게 새긴 마애불이 크게 성행하였는데, 이 마애불 위에 목조 가구를 설치함으로써 석굴 사원의 형식을 취하게 된 것이다. 곧 화강암은 어떤 면에서는 불상 제작과 석굴 조영에 제한을 가져다주었지만 다른 한편으로는 한국의 독특한 불상 양식과 마애 석굴의 형식을 낳게 하였던 것이다.

우리 나라의 화강암 석불은 삼국시대 6세기 말 내지는 7세기 초에 비로소 등장한다. 그것은 화강암을 불상의 재료로 선택하고 조각 기술을 개발하는 데 상당한 시간이 걸렸기 때문이다. 우리의 화강암 석불은 비록 출발은 늦었지만 신라에서 꽃을 피워 8세기에는 석굴암 조각으로 대표되는 세계 조각사의 기념비적인 작품을 남기게 된다.

VII. 불상의 아름다움

조각은 입체의 조형 미술이다. 입체적인 형태는 공간을 점유하므로 평면보다는 훨씬 생생한 느낌을 준다. 우리 나라 불교 조각의 전개 과정은 바로 이 삼차원적인 입체에 사실성과 정신성을 불어넣는 과정이었다. 그러나 여기서 말하는 사실성이란 실재의 모습 그대로가 아니라 정신과 결부된 이상화理想化된 사실성을 말한다.

얼굴 모습과 신체 굴곡, 옷주름이 실제처럼 표현되었다면 사실적이라 할 수 있다. 그러나 이 경우 정신성은 결여될 수 있다. 형태가 사실적이라 해도 생명력을 살리지 못하면 세속적인 느낌을

실상사 약수암 목각탱實相寺 藥水庵 木刻幀
중의 하단 중앙여래좌상
전북 남원 실상사 약수암,
1782(조선), 보물 421호, 181×183

준다. 반면 형태는 비사실적이지만 거기에 생명력이 표현되어 있으면 생생한 느낌을 준다. 살아 있는 듯 생생한 미술품은 아름답게 느껴지기 때문이다. 우리는 그것을 지금까지 살펴보았던 삼국 시대와 통일신라의 불상에서 확인할 수 있었다. 이렇듯 우리는 사실성과 정신성이 이상적으로 조화된 불상 앞에서 영원히 살아 있는 듯한 생명력과 절대적인 존재 양식을 느끼게 된다.

미감美感은 시대에 따라 변하기 마련이다. 수행에 방해가 되기 때문인지 오늘날 미소짓는 불상은 금기시 되어 있다. 그래서인지 가장 원만하고 숭고한 불상으로는 단연 조선 후기의 불상을 손꼽는다. 이 기준에서 본다면 친근한 미소와 함께 정신성이 강조되어 있는 백제와 신라의 석불은 그리 숭고한 불상이 될 수 없다.

그러나 미술 양식의 파악은 상대적인 것이므로, 어쩔 수 없이 현재의 안목에서 비교 고찰할 수밖에 없다. 삼국시대부터 시작된 우리 나라의 불상들을 시대별로 조감할 때, 통일신라 후기 이후 고려, 조선시대에 걸쳐서 조성된 수많은 불상들은 입체적 공간을 점유하는 조각으로서는 그리 사실적이지 못하다. 미감은 시대에 따라 늘 변하기 마련이며, 각 시대마다 나름대로의 사실성을 지니고 있다.

아름다움과 생명력은 정신성과 육체미의 조화에서 오는 것이라고 한다면, 현재의 안목으로는 고려, 조선시대의 불상에서는 숭고미를 찾을 수 없다. 그것은 정신성의 결여에서 초러된 것이며, 그 발단은 통일신라 후기에 시작된 것이다. 이 경우 세속적이라는 상대적 가치 기준보다는 민중 속에 뿌리 내린다는 의미의, 토착화土着化라는 표현이 더 어울리지 않을까.

한국의 불교회화

한국의 불교회화

정우택 (동국대학교)

한국의 불교회화

Ⅰ. 머리말

불교회화란 부처의 조상彫像을 불상佛像이라 하듯이 부처의 화상畵像을 말하는 것으로 이를 줄여 보통 '불화佛畵'라 부르고 있다. 불화佛畵는 그 말 자체가 뜻하듯이 불교라는 특정 종교를 위한 그림으로 불상의 회화활동은 법당과 탑 등 주로 건조물을 장식하기 위한 채색에서 시작되었다 한다.

발생 초기의 불화는 장엄 기능과 더불어 교화용敎化用으로도 사용되었으나 점차 난해한 불교교리를 일반 대중에게 쉽게 이해시키기 위하여 경전의 시각화視覺化가 필요해졌고 따라서 복잡한 내용까지도 표현 가능한 불화 제작이 성행하면서 예배용을 포함한 다양한 불화가 제작되었다.

따라서 불화는 좁은 의미로는 예배의 대상이 되는 불교의 여러 존상을 그린 것을 말하며 이 경우 존상들은 원칙적으로 정면을 향하며 의궤儀軌에 강한 구속을 받는다. 넓은 의미로는 불교적 내용을 담은 모든 종류의 그림을 일컬으며 이 경우 화면구성과 각 존상 및 소재의 표현이 비교적 자유롭다.

현재 남아있는 한국의 불화는 알려진 것만도 고려 불화 150여 점을 비롯하여 수천 점을 헤아릴 것이다. 더욱이 조선시대의 전기 불화가 주로 일본 등 해외에 있어 거의 그 실태를 알 수 없고, 국내의 불화도 공개되거나 조사되지 않는 것이 상당량 있을 것으로 생각되어, 실재하는 불화의 수는 짐작 이상으로 많을 것이다. 이는 불화가 불교미술에서 차지하는 비중이 얼마나 높은가를 증명할 뿐만 아니라 나아가 불화를 무시하고는 한국 미술을 이해할 수 없다는 것을 암시하고 있다. 그리고 불화는 불교라는 특정 종교를 위한 그림이긴 하나 불교가 우리 정신문화의 기본을 이루고 있고, 불화 역시 각 시대의 사회, 종교, 문화상황을 짐작, 복원 가능하게 한다는 것에서 매우 중요한 미술 분야인 것이다.

II. 불화의 기원

불화가 언제 어떠한 모습으로 시작되었는지는 정확하게 알 수 없고 다만 조각과 건조물의 성립시기와 거의 같다고 추측될 뿐이다. 현존하는 가장 오래된 불화는 기원전 2세기경에 그려진 아잔타 석굴石窟(Ajantā)의 벽화들이다. 그러나 「근본설일체유부비나야잡사根本說一切有部毘耶雜事」라는 경전에 의하면 인도 최초의 사원인 기원정사祇園精舍에 불전도佛傳圖, 본생도本生圖, 그리고 야차夜叉 등 넓은 의미의 불화가 그려졌다고 하는 것으로 미루어 보아 적어도 서기전 3세기에는 어떠한 종류 형태로든지 불화는 그려졌다고 보아진다.

우리나라의 경우는 6～7세기의 고구려 고분벽화에 불교적인 소재, 또는 부처의 모습이 나타나고 있는 것으로 미루어 보아 실제의 제작은 그 이전에도 있었을 것으로 짐작된다.

Ⅲ. 불화의 재질

1. 재질 材質

1) 벽화 壁畵

불화는 앞서 언급하였듯이 불교적 주제 혹은 불교적 내용이 건조물의 장엄, 또는 교화의 목적으로 활용함으로써 비로소 시작, 발전되었다. 따라서 불화 가운데 벽화가 가장 먼저일 것이며, 이는 인도(아잔타석굴), 중앙아시아, 중국(돈황석굴), 그리고 성격은 약간 다르지만 고구려 고분벽화 등을 보아도 충분히 짐작이 된다. 한편, 벽화에는 돌벽 石壁, 토벽 土壁, 판벽 板壁 그림이 있어 각각은 표현과 기능을 달리하고 있었던 것 같다. 그러나 이들은 석굴이 아니고 지상의 인공 구조물인 경우는 구조물과 수명을 함께 할 수밖에 없기 때문에 오래된 작품은 극히 적다.

토벽의 그림으로 대표적인 예로는 고려시대 말(14세기 말)로 추측되는 부석사 浮石寺 조사당 祖師堂의 사천왕 및 제석·범천상, 그리고 1476년 제작으로 추측되는 무위사 無爲寺 극락전 極樂殿의 후불화 및 여러 그림들이 있다. 판벽화는 오래된 작품은 없지만 사찰건물의 안팎을 장식하고 있는 소위 단청 丹靑도 넓은 의미로 불화에 속하기 때문에 종류와 내용이 상당히 풍부하게 남아있다.

2) 거는 그림 幀畵

거는 그림은 벽화와는 달리 이동이 자유로워 사용 범위가 넓었고, 보존 또한 가능하여 우리나라의 경우 고려시대, 특히 조선시대 불화의 대부분이 이 형태를 취하고 있으며 거는 그림의 형태는 족자형簇子形과 액자형額子形으로 크게 나눌 수 있다. 한편 거는 그림 이외에도 이동이 자유스러운 형태로는 병풍, 또는 주로 불경류에 많이 사용된 두루마리橫卷를 빼놓을 수 없다. 이러한 여러 형태의 불화들의 바탕 재료는 비단, 삼베 또는 종이가 거의 대부분인데, 고려시대 그리고 조선시대 전기까지는 비단絹을 많이 사용하나 그 이후는 삼베麻布가 주류를 이루며 종이 또한 많이 사용하였다. 그러나 사경변상도寫經變相圖 또는 판화의 경우는 시대에 관계없이 종이를 바탕 재료로 사용하고 있다.

불화는 바탕의 재료에 따라 벽화와 거는 그림으로 크게 분류할 수 있듯이 표현방법 즉 기법技法 역시 크게 달리한다. 벽화는 흙벽의 경우 매우 달라서 템페라乾式(Tempera)와 프레스코濕式(Fresco) 두 가지 기법이 있으며 바탕이 피륙, 종이인 경우에는 다양한 채색에 의한 진채眞彩와 수묵水墨, 선묘線描 그리고 판화版畵기법 등 비교적 다양하다.

2. 용도用途

1) 장엄용莊嚴用 그림

당탑堂塔 등 건조물의 내·외부를 장식한 그림으로 벽화(흙벽), 판板벽화가 대부분이다. 장엄이란 단지 장식이란 범주에 머무는 것이 아니라 "경건한 불교적 분위기"를 연출하여야 하며, 따라서 장엄화는 교화용 그림의 기능도 지니고 있다.

2) 교화용敎化用 그림

불화는 경전을 이해시키고 믿음을 갖게 하는 보조자료이지만, 시각視覺에 직접 호소하여 감동을 불러일으키게 할 수 있다는 점에서 중요시 되어왔고, 그 주된 기능은 교화에 있다고까지 말할 수 있을 것이다. 교화용 그림으로는 본생도本生圖, 불전도佛傳圖 등 불교설화에 관한 그림이 많다. 설화도說話圖는 내용이 우선 흥미를 끌 수 있으며 이해하기가 쉽다는 점에서 친밀감을 느낄 수 있으며, 따라서 교화용으로 가장 적합했다고 보아진다. 이 설화도는 당·탑 내를 장식하기 위한 장엄화의 소재로서도 많이 사용되었고, 따라서 교화용인 동시에 장엄용이기도 하였다. 한편, 교화용 불화의 주제는 점차 풍부하여져서, 석가일생을 묘사한 팔상도八相圖는 물론, 지옥변상도, 미륵변상도, 아미타래영도, 영산회상도 등 예배화禮拜畵의 성격을 띠는 즉 두 가지 기능을 겸하게 되는 경우가 많아진다. 그런 가운데에서도 사경변상도寫經變相圖는 대표적인 교화용 불화라고 할 수 있다.

3) 예배용禮拜用 그림

법회法會 때 또는 당·탑 내의 그림 가운데 본존의 기능을 갖는 그림을 일컫는다. 좁은 의미의 불화가 거의 이 범주에 속하며, 특히 거는 그림은 용도와 기능 모든 면에서 예배화로서의 성격이 강하다. 그러나 당·탑 내의 불화들은 예배용이라 하더라도 벽화인 경우는 자연히 장엄적 기능도 겸하게 되고, 불화 본질상 교화의 역할도 하게 된다.

IV. 불화의 주제

불화는 주제내용에 따라 현교화顯敎畵와 밀교화密敎化로 크게 나누고 있다. 현교화는 설화도를 비롯하여 「법화경 法華經」, 「화엄경 華嚴經」 또는 정토교淨土敎 관계 그림, 그리고 선종禪宗 그림 등을 일컫고 있으며, 밀교화는 만다라曼茶羅로 통칭되는, 수법修法의 본존으로 그려진 도식적인 여러 존상의 집회도集會圖를 말한다.

우리나라의 불교는 현교에 속한다고 보아지며, 현존하는 그림 역시도 현교 관계가 거의 대부분이며, 순수한 밀교화는 없다고 보아져 이곳에서의 주제 내용에 따른 구분은 현교 그림을 대상으로 한다.

1. 석가여래계 불화

불교의 교주인 석가모니부처를 주존으로 또는 석가모니와 관련된 내용을 주제로 현존 조선시대 불화 가운데 가장 많다. 대표적인 불화는 『묘법연화경』(『법화경』)을 소의 경전으로 한 한 폭의 「석가설법도」 즉 「영산회상도靈山會相圖」가 있으며, 석가여래를 중심으로 그 좌우에 약사여래, 아미타여래를 배치한 석가삼세釋迦三世 불화, 부처님의 제자들인 나한羅漢을 그린 16, 또는 500 나한도, 그리고 부처님의 일생을 묘사한 팔상도八相圖 등이 상당수 전하고 있다.

1) 영산회상도

「법화경」 권제 3 수기품授記品, 제 6 종지용출품從池踊出品에 의

거하여 붙여진 대웅전에 봉안되며, 직지사, 쌍계사, 용주사의 경우처럼 「석가삼세도」의 형태로 그려지는 경우도 있다. 또한 이 그림은 「영산전」에도 후불화後佛畵로서 모셔지는데 이 경우, 송광사, 통도사 등처럼 석가여래의 일대기를 그린 팔상도와 함께 봉안되기도 한다.

2) 팔상도八相圖, 捌相圖

불교의 교주인 석가여래의 일생에 대해서는 오래 전부터 불교 신자에게는 중요한 관심사였다. 그리고「월인석보」의 서문에서 알 수 있듯이 석가여래의 전기傳記 자체가 곧 불교교리와 유래를 설명해 주는 것으로, 종파를 초월하여 일찍부터 그림 또는 조각으로 묘사되었다.

즉 이 그림은 석가여래의 일생을 여덟 장면으로 압축 묘사한 것으로 『불본행집경佛本行集經』과 『불소행찬佛所行贊』을 기본 경전으로 하고 있으며, 팔상전 또는 영산전에 봉안되는데, 특히 법주사의 팔상전은 잘 알려져 있다.

제 1 상 : 도솔래의상兜率來儀相 — 태 몽
제 2 상 : 비람강생상毘藍降生相 — 출 생
제 3 상 : 사문유관상四門遊觀相 — 출 유出遊
제 4 상 : 유성출가상踰城出家相 — 출 가
제 5 상 : 설산수도상雪山修道相 — 수 도
제 6 상 : 수하항마상樹下降魔相 — 항 마
제 7 상 : 녹원전법상鹿園轉法相 — 전법륜轉法輪
제 8 상 : 쌍림열반상雙林涅槃相 — 열 반

팔상도 비람강생상(월인석보)

3) 나한도羅漢圖

나한은 아나한阿羅漢을 줄여서 부른 말로서 석가여래가 열반한 뒤 미륵부처가 나타나 중생을 제도할 때까지 이 세상의 불법을 수호하도록 위임받은 분들이다. 나한에 대한 신앙은 선종禪宗의 성행과 함께 심화되었고, 특히 숭불정책으로 불교가 극도로 융성했던 고려에서는 스님들에 대한 존경심 표현의 자연스런 표출로 나한에 대한 신앙도 상당했다고 알려져 있다.

나한 그림은 전통적 예배그림과는 달리 진채색이 아니라 수묵을 주로 사용하여 그렸으며, 일정한 규범이 있었던 것도 아니어서 단지 고승高僧의 개성적인 모습으로 자유롭게 표현하고 있는 것이 특징이다.

현존하는 나한도는 몇 가지 형식으로 나뉘어지는데 첫째는 한 폭에 한 분의 나한만을 그린 오백나한도五百羅漢圖이다. 현재

나한도 *감룡사 십육나한도, 1888*

10여 점이 알려져 있었는데 일본 이데미츠미술관出光美術館, 야마토문카칸大和文華館, 그리고 국립중앙박물관 등의 작품을 대표적으로 꼽을 수 있다. 둘째는 한 폭에 석가삼존과 오백의 나한을 그린 석가삼존오백나한도로서 일본 지온인知恩院에 한 점이 전하고 있다. 셋째는 석가삼존과 십육나한十六羅漢을 한 폭에 그린 그림으로 일본 네즈미술관根津美術館과 호암미술관의 두 점이 알려져 있다.

한편, 조선시대 십육나한도는 주로 수 폭에 나누어 그린 경우가(선암사) 많은 것 같고, 이들 나한도를 봉안하는 전각을 응진전應眞殿 또는 나한전이라 부른다.

2. 아미타여래계 불화

아미타여래는 아미타경에 의하면 아미타우스(Amitayus) 즉 무량광無量光과 아미타바(Amitabha) 즉 무량수無量壽라는 두 개의 이름을 갖고 있다. 이는 중생을 구제하는 데 시간적 공간적으로 무한함을 의미하는 것으로 우리나라를 비롯한 중국, 일본 등 동북아시아에서는 아미타바 즉 무량수라는 이름을 주로 사용하였다. 불교에서는 우리가 죽은 다음에 태어날 행복한 세계, 불국토佛國土, 즉 정토淨土가 수없이 많다고 한다. 아미타여래는 수많은 정토 가운데에서도 가장 잘 알려져 있고 중생들이 가장 선호하는 서방극락정토西方極樂淨土를 주재하는 부처님이다.

아미타여래와 극락세계에 대하여 구체적으로 설명하고 있는 경전은 『무량수경無量壽經』, 『관무량수경觀無量壽經』, 『아미타경 阿彌陀經』이며 이를 정토삼부경淨土三部經이라 하여 정토교의 근본경전으로 삼고 있다. 아미타여래 그림은 이러한 정토삼부경과 그 신앙을 바탕으로 제작된 그림을 일컫는 것으로 고려시대는 종파를 초월한 통 불교적으로 많이 그려졌고 형식 또한 다양하다.

1) 관경변상도

이 그림은 『관무량수경』의 내용을 회화화한 것으로 경전의 내용을 어느 그림 못지 않게 충실하게 표현하고 있다. 경전의 내용은 이도 마가다 왕국의 왕사성王舍城에서 일어난 부자父子 사이, 즉 빈비사라왕頻毘沙羅王과 아들인 아사세阿闍世, 그리고 왕비인 위데휘韋提希 세 사람 사이에서 일어난 왕권쟁탈에 얽힌 비극적인 사건의 원인과 구제의 과정을 담고 있다. 그림의 내용은 경전이 쓰여지게 된 동기, 즉 비극적 사건을 서술한 서품序品만을 묘사한 「관경서품변상도觀經序品變相圖」와 구제의 장면을 서술한 본품本品만을 묘사한 「관경십육관변상도觀經十六觀變相圖」로 크게 나눠진다. 전자의 예로는 사이후쿠西福寺, 후자의 예로는 지온인知恩院의 2점(1323년과 1465년)이 잘 알려져 있다.

한편 관경변상도는 조선시대에 들어와 점차 화면구성이 단순화되는 경향을 보이고 있는데, 그 예로 지온지知恩寺(1431~34), 호린지法輪寺, 서산의 개심사(1767년) 그림을 들 수 있다.

2) 아미타여래도

■ 설법도說法圖

서방극락세계의 주존主尊인 아미타여래가 설법을 하는 장면을 묘사한 그림으로 수미단須彌壇 위에 놓인 연꽃대좌 위에 정면을 향하고 앉아있는 모습을 나타내고 있다. 그림의 형식은 아미타여래 단독의 '독존도獨尊圖', 관음·세지 두 보살을 협시로 하는 '아미타삼존도阿彌陀三尊圖', 그리고 여덟의 보살을 협시로 하는 '아

미타팔대보살도阿彌陀八大菩薩圖’ 등이 있다. 손의 모습은(手印)
그림의 형식에 관계없이 중품하생中品下生의 설법인說法印을 하고
있는 것이 일반적이다.

　(ㄱ) 독존도 — 아미타여래만을 그린 단독의 그림으로 일본 네
　　　즈미술관根津美術館(1306년)과 교쿠린인玉林院의 작품이
　　　대표적이다. 이러한 도상은 고려시대에는 매우 성행하였
　　　던 것 같으나 현재 조선불화에서는 거의 찾아볼 수 없는
　　　것으로 미루어 보아 조선시대에는 그다지 그려지지 않은
　　　것 같다.

　(ㄴ) 아미타삼존도 — 아미타여래를 중심으로 좌·우에 관음觀

아미타삼존도　東京 根津美術館

音과 세지勢至보살을 배치하고 있는 그림이다. 이 형식은 정토삼부경에 의거하고 있는데 특히『관무량수경』에 의하면 두 보살은 아미타여래의 보처補處보살로 관음은 보관寶冠 가운데 화불化佛(아미타여래阿彌陀如來)을, 세지는 정병淨瓶을 구비하고 있다고 하며, 이것이 두 보살의 도상학적 특징으로 고려불화는 이 특징을 충실히 나타내고 있다. 화면의 구성은 아미타여래는 연화대좌에 앉아 있고 두 보살은 양옆에 서 있는 모습으로 짜여지는 것이 일반적이며, 예는 적지만 삼존 모두 앉아 있는 좌상의 작품도 있다. 전자의 예로는 일본 네즈미술관의 세 점의 작품과, 가쿠린지鶴林寺의 작품 등이 있고, 후자의 예로는 일본 우에쓰기진자上衫神社(1309년)의 작품이 잘 알려져 있다. 한편 조선시대 그림으로는 무위사 후불벽화인 아미타 삼존도(1476년)가 있으나, 이 도상 역시 독존도와 마찬가지로 많이 그려지지는 않은 것 같다.

(ㄷ) 아미타팔대보살도 ― 아미타여래를 중심으로 좌·우 또는 아래에 여덟의 보살이 배치되어 있는 도상이다. 이 도상은 불공역不空譯『팔대보살만다라경八大菩薩曼茶羅經』을 기본으로 하여 성립한 밀교도상密敎圖像의 하나이다. 경전에 나타나는 팔대보살은 관음觀音, 문수文殊, 보현普賢, 금강장金剛藏, 제장애除障碍, 허공장虛空藏, 미륵彌勒, 지장地藏 보살이다. 그러나 현존 고려 불화에 나타나는 보살은 도상학적으로 판명이 가능한 관음, 지장 등 몇몇을 제외하고 그 이름을 정확히 밝힐 수 없으며, 다만 허공장보살 대신에 세지勢至 보살이 포함되는 것이 일반적이다. 한편, 이 그림은 아미타여래에 여덟 보살이 보태졌다 하여 아미

아미타팔대보살도 奈良 松尾寺

타구존도阿彌陀九尊圖라고 부르기도 한다.

화면의 구성은 본존인 아미타여래가 가운데 앉아있고, 좌·우 네 보살이 정연하게 정면을 향하여 서 있게 짜여졌다. 현존하는 작품으로는 국립중앙박물관의 노영魯英필 금선묘金線描(1307년)와 일본·마츠오데라松尾寺(1320년), 고후쿠고코쿠젠지廣福護國禪寺, 그리고 천은사泉隱寺(1776년)의 그림이 잘 알려져 있다.

■ 내영도

아미타여래를 신봉하면 최상의 세계인 극락정토에 다시 태어난다고 한다. 내영도는 아미타여래가 극락에 다시 태어날 왕생자를 맞이하러 오는 장면을 묘사한 것으로 『관무량수경』의 본품 내용을 그림으로 표현한 것이다. 그림의 형식은 독존, 아미타삼존, 아미타팔대보살도 등이 있으며 설법도와는 달리 각 존상이 오른쪽으로 약간 몸을 돌린, 즉 측면의 입상이며 방향은 모두 화면을 향하여 오른쪽에서 왼쪽으로 이동하는 것처럼 표현하고 있다.

(ㄱ) 독존내영도 — 이 그림은 아미타여래 한 분만을 그리고 있는 내영도이다. 대표적인 작품으로는 일본은행의 자회自回필(1286년) 그림이 있고 일본 쇼호지正法寺의 작품을 꼽을 수 있다. 그러나 조선시대 불화로는 현재 알려진 것이 없다. 한편 고려불화에는 정면을 향한 입상의 아미타여래도가 일본 도카이안東海庵에 있어 관심을 끄는데, 이러한 그림도 측면을 향한 그림과 마찬가지로 내영도의 범주에 넣을 수 있다고 보인다.

(ㄴ) 아미타삼존 내영도 — 내영도 가운데 가장 많이 그려진 형식으로 아미타여래를 중심으로 왼쪽에 관음, 오른쪽에 세지보살이 서 있는 모습으로 표현되어 있다. 『관무량수경』에 의하면 관음보살은 왕생자를 태우고 갈 연화대蓮華臺를 들고 있다고 하는데, 고려불화에서는 연화대 대신에 지물로 정병과 버들가지를 들고 있는 것이 특징이다. 그러한 가운데에서도 호암미술관의 아미타삼존 내영도는 도상학적으로 충실하여 연화대뿐 아니라 왕생자까지도 묘사하고 있는 유일한 예이다. 더욱이 이 그림에서는 세지보살 대신에 지장보살이 표현되어 있어 특이한 도상구성임을 알 수 있다.

아미타삼존 내영도　日本 東京國立博物館

　　아미타삼존 내영도는 현재 10여 점이 알려져 있는데 그
가운데 일본 호도지法道寺, 도쿄국립박물관東京國立博物館,
MOA미술관의 작품이 대표적인데, 이 도상 역시 조선시대
불화에서는 찾아볼 수 없다. 한편, 아미타삼존래영도도
독존도와 마찬가지로 일본 센슈지專修寺소장 작품과 같이
삼존이 정면을 향하고 있는 형식의 도상이 있는데 이도
역시 내영도를 의미하고 있다고 보아진다.

(ㄷ) 아미타팔대보살 내영도 ― 이 그림은 아미타삼존내영도
　　와 같은 형식을 취하면서 단지 협시의 숫자를 여덟 보살로
　　하였다는 것이 다르다. 보살의 명칭은 아미타팔대보살설

법도와 거의 같아도 보이며, 역시 동아시아 불교도상 가운데 가장 고려적이라고 말할 수 있는 그림이다. 현존하는 작품 가운데 일본 도쿠가와미술관德川美術館, 죠쿄지淨教寺의 그림을 우선 손꼽을 수 있고, 조선시대 불화로는 무위사 극락전 벽화가 유일한 것 같다.

3) 수월관음도 水月觀音圖

관음보살은 지혜를 상징하는 보살로 여러 가지 모습으로 나타나 중생들을 제도하고 고난에서 구제하여 주며 안락의 세계로 이끌어 주는, 즉 현세이익現世利益적 성격을 지니고 있다. 관음보살의 공덕에 관하여 언급하고 있는 경전은 적지 않으나 그 가운데서도 『법화경法華經』 관세음보살보문품觀世音菩薩普門品과 『화엄경華嚴經』 입법계품入法界品이 대표적인 경전이다. 특히 『화엄경』 입법계품은 화엄신앙의 성행과 함께 넓게 유포되었으며 따라서 관음은 어느 보살 못지 않게 친근감이 있고 인기 있는 보살이었던 것 같다. 이러한 이유 때문인지 고려불화의 관음도는 이 경전의 내용을 기본으로 하고 있으며, 현존하는 고려불화 가운데 단일 도상으로는 숫적으로 수월관음도가 제일 많다.

고려불화의 관음도를 수월관음도라 부르는 이유는 고려 때의 이규보李奎報가 지은 「낙산관음복장수보문落山觀音腹藏修補文」에서 말한 수월수상水月晬相이란 말에서 연유했다고 일컬어지고 있으며, 이와는 달리 일본에서는 관음도에 버드나무가지가 꼭 표현된다 하여 양유관음楊柳觀音이라고도 부르고 있다.

관음이 바위 위에 반가한 자세로 앉아있고 그 등 뒤에는 대나무가 표현되며, 앞에는 정병에 꽂힌 버드나무 가지가 있다. 관음의 시선과 맞닿는 화면 오른쪽 아래 부분에는 선재동자善財童子

가 표현되는 것이 일반적이다. 이러한 도상구성은 관음보살이 머물고 있는 곳이「보타락산補陀洛山」이라는 바다에 접해있는 바위산이며, 구법여행을 하는 선재동자를 맞이 하였다 하는『화엄경』입법계품의 내용을 충실하게 따르고 있다는 것을 입증하여 주고 있다.

　현존하는 작품으로는 고려불화인 서구방徐九方필 일본 센오쿠하코칸泉屋博古館(1323년)의 것과 다이토쿠지大德寺, 단잔진자談山神社, 그리고 호암미술관湖巖美術館의 수월관음도 등 20여 점이 알려져 있으며 조선시대 그림으로는 무위사 극락전의 수월관음도가 대표적이나, 그다지 성행하지 못하였기 때문인지 현존하는

수월관음도 　西福寺

수월관음도 　鏡神社

수는 매우 적다.

한편 수월관음도는 앞서 언급한 도상과는 달리 정면을 향한다든지 (일본 야마토분카칸大和文華館, 운흥사雲興寺1730년), 오른쪽이 아니라 왼쪽을 향하는 즉 반대쪽을 향하는 경우 (일본 가가미진자鏡神社 1310년), 그리고 입상(일본 센소지淺草寺)의 수월관음도 등 다양한 모습을 보이고 있다. 또한 관음보살을 주제로 한 그림으로는 일본 지온인 소장 「32관음응신도」(1550년)가 있으며, 일본 죠도지淨土寺의 「천수11면관음도」(1532년) 등 많지는 않으나 변화 관음을 묘사한 도상도 현존하고 있다.

3. 비로자나계 불화

비로자나를 교주로 하는 것이 華嚴敎로서 『대방광불화엄경大方廣佛華嚴經』(약칭 『화엄경華嚴經』: 구역은 60권卷 신역은 80권卷임)을 근본경전으로 삼고 있다. 이 경전에 의하면 비로자나는 끝없이 많은 공덕을 쌓아 부처가 되어 연화장 세계蓮華藏世界의 교주로서 광명을 비추고, 그 광명에 의하여 중생을 연화장 세계에 태어나게 한다는 부처라 한다.

현존하는 불화를 통하여 볼 때 비로자나는 지권인智拳印을 취하는 것이 도상적 특징이며, 불화의 구성은 다음과 같이 나눌 수 있다.

1) 설법도

비로자나가 중앙에 앉고, 좌·우에 문수, 보현 두 보살이 있으며, 그 주위에 수많은 권속들이 배치되는 그림으로 미국·보스톤 미술관의 것이 유명하며, 권속은 표현하지 않고 비로자나 삼존만 그린 그림도 독일 쾨른 동양 미술관에 전하고 있다. 국내에 있는 것으로는 범어사, 선운사(1840년) 불화가 잘 알려져 있다.

한편, 설법도에는 중앙에 비로자나불法身, 왼쪽에 노사나불報身, 오른쪽에 석가여래化身을 배치한 비로자나 삼신도가 있다. 통도사(1759년), 대흥사 등의 그림이 잘 알려져 있으나 현존하는 불화는 그다지 많지 않다. 비로자나를 모시는 건물은 『대적광전』『대광명전』 또는 『비로전』이라 부른다.

2) 화엄경 변상도

화엄경의 내용을 회화화한 그림으로, 일곱 군데에서 아홉 번 설법한 것을 묘사하였다 하여, 「칠처구회도七處九會圖」라고도 부른다.

현존하는 불화 가운데 가장 복잡한 구성이며, 송광사(1770년) 선암사(1780년) 불화가 대표적이다.

4. 미륵여래계 불화

미륵彌勒은 보살의 모습으로 도솔천에 있으면서 석가모니가 열반에 든 후 56억 7천만년 뒤에 이 땅에 내려와 부처의 모습으로 용화수 아래에서 세 번의 설법을 통하여 그동안 구제받지 못한 중생들을 제도한다는 미래부처이다. 따라서 미륵은 보살과 부처의 양면성을 띄고 있으며 표현되는 형상 역시 두 모습으로 나타난다.

미륵여래 관련 불화는 미륵정토변상도, 미륵하생경변상도, 미륵래영도 등이 있으나 현존하는 그림으로는 일본·신오인(1350년), 지온인의 미륵하생경변상도가 있을 뿐 다른 도상은 없는 것 같고, 특히 조선시대의 불화는 거의 눈에 띄지 않는다. 그러나 조각상으로는 금산사, 관촉사 등을 비롯하여 상당 수 존재하고, 신앙 또한 성행했던 것으로 미루어 보아 불화도 많이 제작되었었을 것으로 짐작된다.

이들 그림 또는 조각상을 모신 건물을 미륵전, 또는 용화전이라 한다.

5. 약사여래계 불화藥師如來圖

약사는 동방정유리세계東方淨琉璃世界의 교주이며, 병든 사람을 구원하는 의왕醫王이기도 하여 약사유리광여래藥師琉璃光如來 또는 의왕여래醫王如來라고도 부른다. 약사여래에 관한 경전은 네 개 정도가 알려져 있으나 650년 당나라 현장玄奘스님이 한역漢譯한 『약사유리광여래본원공덕경藥師琉璃光如來本願功德經』(약칭 약사경藥師經 또는 약사본원경藥師本願經)이 대표적이며 제일 넓게 유포되었다. 그 내용을 보면 약사여래는 현세의 병고病苦를 없애주고 복을 가져다 준다는 아주 실리적實利的이고 현세이익적現世利益的 성격을 띠고 있다. 따라서 그 신앙 역시 매우 일찍 그리고 종파에 관계없이 넓게 성행하였다 한다.

약사여래도의 도상적圖像的 특징은 좌상이든 입상이든 왼손에 약그릇藥器, 藥臺을 가지고 있는 것으로 8세기경에 정형화되었다 한다. 그리고 그림의 형식은 약사여래만을 그린 독존도, 협시보살인 일광日光, 월광月光을 함께 그린 약사삼존도, 그리고 12인의 야차(12神將)를 권속으로 하는 약사성중도, 동방유리광세계를 그린 약사정토변상도 등으로 나눌 수 있다. 대표적인 작품으로는 일본 이시바지石馬寺의 고려시대 약사여래도, 1565년의 약사삼존도(국립중앙박물관, 덕천미술관德川美術館, 용승원龍乘院), 일본 지샤쿠인智積院의 약사삼존 12신장도), 통도사 소장 1775년의 약사성중도 등을 들 수 있다.

6. 천불도千佛圖

7. 조사도祖師圖 : 진영眞影 · 영정影幀

존경하던 스승이 입적한 뒤 제자들은 그에 대한 경애와 추모의 정이 한층 깊어지며 이것이 고승숭배사상高僧崇拜思想으로 연결되어 불교초상佛敎肖像이라는 새로운 분야의 발생을 가져왔다. 이러한 불교초상은 달마선사達磨禪師를 초조初祖로 하는 선종禪宗에서 매우 중요하게 여겼으며 그 발전에도 크게 기여했다. 따라서 좁은 의미의 조사도는 달마선사를 비롯한 선종의 조사스님들의 초상화를 일컫는 말이다. 그러나 넓은 의미로는 종파에 관계없이 고승들의 초상화를 조사도라고 하며, 두 개의 의미를 구분하지 않고 영정影幀 또는 진영眞影이라고도 부른다.

불교초상은 주로 첫째, 사자상승師子相承의 증표로서 법통의 확인과 수계, 둘째, 각 종파 내의 가르침과 전통적 유대의 증명, 셋째, 스승에 대한 은혜, 추모의 대상 등을 목적으로 제작되었다. 따라서 종파가 확산되면서 그 수요가 많아졌고 제작 또한 활발하였으며 화풍도 전통적 불상적인 초상이 아닌 개성과 실재감 있는 즉 전신사조傳神寫照로 바뀌어 갔다.

영정 또는 진영은 현재에도 수를 헤아릴 수 없을 만큼 많이 남아 있는데 송광사 국사전의 16국사영정(1780년), 통도사 영각影閣의 영정(80여 점) 등이 대표적이며, 봉안처의 명칭도 이

이외에, 조사전(당), 개산조당, 삼성각三聖閣, 진영각 등 다양
하다.

8. 지옥계 불화

1) 지장보살도地藏菩薩圖

지장은 범어로 크시치갸르바(Kstigarbha)라 하며 고대인도의
바라문교의 지신地神인 대지의 덕德을 의인화하여 불교에 수용한
보살이다. 지장보살의 역할과 성격에 대하여서는 지장신앙의 근
본경전 즉 지장삼부경地藏三部經이라 일컬어지는『지장십륜경地
藏十輪經』,『지장본원경地藏本願經』,『점찰선악업보경占察善惡業報
經』에 잘 나타나 있다. 이들에 의하면 지장보살은 석가모니부처
가 입멸한 후 미륵부처가 출현할 때까지인 무불세계無佛世界에서
지옥·아귀·축생·아수라·인간·천상의 육도六道를 윤회전생
輪回轉生하는 중생을 해탈시키며 그 가운데에서도 특히 지옥으로
부터의 구원을 석가모니 부처로부터 의뢰받은 보살이다.

지장신앙은 중국의 경우 7세기경부터 시작되었던 것으로 짐작
되어 다른 부처, 보살에 비하여 매우 늦게 성립되었다고 할 수 있
다. 그러나 7세기 후반 아미타신앙의 급속한 전개, 그와 더불어
토속적 신앙이나 도교에 있어서의 지옥관과 인도의 명부冥府 사
상이 결합한 시왕신앙十王信仰이 성립하면서 지장신앙은 대중 속
에 깊고 넓게 유포되기 시작하였다. 우리나라의 지장신앙은 신
라 진평왕대(579~632년)에 지장신앙과 관련이 있는 점찰법회占
察法會가 베풀어졌음이『삼국유사』의 기록을 통하여 알 수 있듯
이 매우 이른 시기에 이미 전개되었던 것 같다. 통일신라시대는
점찰법회가 정기적으로 열렸다고 하며, 8세기 중엽의 진표眞表스

님의 점찰법회는 지장보살과 직접적인 관련을 맺고 있으며, 이 시대에 '지장삼부경' 도 전래되어 지장신앙의 전개에 많은 역할을 하였다고 한다. 고려시대에는 태조 왕건이 세운 10대 사찰 가운데 지장사地藏寺가 포함되었을 만큼 지장신앙은 중요한 위치를 확보하고 있었으며, 특히 고려시대 후기에는 정토신앙의 성행과 함께 전 시대를 통하여 가장 넓고 깊게 성행하였다고 보아진다.

지장보살의 형상적 특징은 『지장십륜경』 등에 의하면 성문형聲聞形, 즉 민머리의 스님과 같은 모습이며 석장錫杖과 보주寶珠를 들고 있는 것이다. 그러나 10세기경의 중국 돈황 또는 중앙아시아 그리고 14세기의 고려불화 그리고 조선시대 불화 가운데 머리에 두건을 두른 즉 피건상被巾狀의 지장보살상도 많이 남아 있으며, 밀교의 만다라曼荼羅에서는 보살형으로 표현되기도 한다.

현존하는 지장보살도는 몇 가지 형식으로 분류할 수 있으며, 형상적 특징으로는 왼손을 어깨높이 만큼 들어 손바닥 위에 보조를 올려놓고 있으며, 석장은 좌상인 경우는 협시상이 들고, 입상인 경우는 지장이 잡고 있다. 그리고 머리의 모습도 성문형과 피건형 두 가지가 혼재하며 특히 피건형은 앞서 언급했듯이 돈황 등 중국의 서부지역에서 특히 유행한 도상으로 그 지역과 고려와의 문화교류 관계를 짐작하는데 귀중한 단서를 제공해 주는 요소이기도 하다.

■ 독존도

단독의 지장보살도로 좌상과 입상이 있다. 좌상은 왼발을 내려서 연화대를 밟고 있으며 오른발은 굽혀 대좌 위에 올려놓고 정면을 향한 자세이며, 입상은 기본적으로 정면을 향하나 어깨를 약간 오른쪽으로 튼 자세를 취하고 있다. 일본 네즈미술관根津

지장보살도〈독존도〉 東京 根津美術館 藏

美術館의 입상(피건형), 젠도지善導寺의 입상(성문형), 요주지養壽寺의 좌상(피건형) 등은 잘 알려진 고려시대 지장보살도이다.

■ **지장시왕도**

지장시왕도는 지장보살을 본존으로 하여 시왕 즉, 열명의 왕이 권속으로 그려진 그림으로, 시왕 이외에도 사천왕四天王, 제석천帝釋天, 범천梵天 등이 함께 표현된다. 이 시왕들은 육도六道에서 헤매이던 중생들이 죽으면 다시 태어날 세계를 결정해 즈는 일종의 재판관들로서 명부세계冥府世界의 대표자격인 염라마대왕閻羅魔大王 신앙이 확대되어 나타난 것으로 알려져 있다.

지장시왕도는 지장과 시왕 등 각 존상이 한 폭에 그려지는 경

지장시왕도

우와, 지장과 시왕이 따로따로 그려지는, 즉 열 폭 또는 열한 폭
의 경우가 있으나 현존하는 그림을 통하여 보면 고려시대는 전자
의 경우가 많았던 것 같으며, 조선시대는 두 경우가 병존한 것으
로 보인다. 그림의 구성은 중앙 윗부분에 지장보살이 앉아 있고
그 아래에 사천왕·도명·무독귀·제석·범천·시왕 등이 좌·
우 같은 수로 나뉘어 배치되어 있다. 일본 닛고지日光寺, 세카도
분코靜嘉堂文庫, 그리고 권속의 숫자가 약간 적어 간략화된 호암
미술관의 지장시왕도 등을 대표적인 지장시왕도로 꼽을 수 있
다. 조선시대 그림으로는 한 폭의 예로 일본 이야타니데라彌谷寺
(1546년), 북지장사(1725년), 열 폭의 예로 일본 호쇼지寶性寺, 옥
천사(1744년) 지장시왕도가 잘 알려져 있다. 한편 많지는 않지만
화엄사(1862년), 봉은사(1777년)처럼 한 폭에 3~5명씩 나누어
그린 경우도 있다. 또한 지온인의 지장변상도(1575~1577년)와

같이 화면의 윗 부분에는 지장과 시왕 그리고 권속들을 배치하고 아래 부분에는 지옥의 온갖 고통을 받는 장면이 실감나게 표현된 한 폭의 그림도 있다.

2) 삼장보살도三藏菩薩圖

삼장보살이란 천장天藏, 지지地持, 지장의 세 보살을 일컫는 것이나 현재 전해지는 경전 가운데 이 삼장에 관련된 경전은 발견되지 않고 있다. 따라서 이러한 세 보살의 구성이 무엇을 뜻하며, 지장을 제외한 두 보살의 성격조차 정확히 알 수 없다. 다만 지장신앙이 확산 유포되면서 지장관련 도상의 다양화 필요에서 생겨난 것으로 짐작 할 뿐이다 삼장보살과 관련된 경전이 없을 뿐더러 불교문화권 어디에도 이와 같은 구성의 그림이 없다는 것으로 미루어 볼 때 이 그림이야말로 한국 불화의 독자성을 극명하게 보여주는 예라고 생각된다.

화면구성은 한 폭의 화면에 천장보살이 중심에 앉고 좌·우에 지지와 지장보살을 배치하는 것이 일반적이며, 구도는 세 보살이 수평으로, 또는 삼각형을 이룬다. 옥천사玉泉寺의 경우처럼 세 폭으로 나뉘어 있는 그림도 있다. 현존 작품 가운데, 고려시대의 것은 없으며, 조선시대의 예로는 일본 호도지寶島寺(1588년)을 비롯하여 파계사(1707년), 영국사(1722년) 그림이 잘 알려져 있다.

3) 감로왕도

이 그림은 아귀餓鬼의 세계를 묘사한 것으로 불설우란분경佛說盂蘭盆經의 내용을 그린 것이라 하여 「우란분경변상도」라고도 한다. 경전의 내용은 부처님의 수제자인 목련존자目連尊者가 돌아

감로왕도 *보석사, 1649*

가신 어머니가 생전의 죄업으로 인하여 아귀도에 빠져 고생하는 것을 보고 공덕을 쌓아 결국은 어머니를 고통에서 구해내 극락세계에 태어나게 한다는 것이다. 이 내용은 조선시대의 덕목이었던 효孝 사상과 연결되어 상당한 인기를 모았던 것으로 보이며, 따라서 불화제작 역시 성행한 듯 하다.

화면구성은 윗부분에는 아미타여래를 비롯한 성중들이 내영하는 장면이, 가운데에는 아귀의 모습과 음식물공양 장면이, 그리고 아래 부분에는 속세의 모습이 표현되어 상당히 복잡한 인상을 주고 있다. 현존 작품도 상당히 많은데 일본 야쿠젠지 藥仙寺(1589년) 은해사(1762년), 쌍계사(1728년) 등이 잘 알려져 있다.

관음·지장병립도 *福井 · 西福寺*

4) 관음 · 지장병립도觀音 · 地藏菩薩竝立圖

이 그림은 관음과 지장보살만을 그린 것으로 이러한 도상은 이미 돈황 등의 불화에서 그 예를 찾아볼 수 있다. 특히 두 보살이 정토사상과 밀접한 관련을 갖고 있어 두 보살만을 선택하여 성립된 것으로 짐작되며, 역설적으로 두 보살에 대한 신앙과 인기가 대단했음을 입증하는 예라고 생각된다.

관음 · 지장보살병립도는 일본 사이후쿠지西福寺 작품과 같이 한 폭에 두 보살을 그리는 경우와, 미나미호케지南法華寺처럼 한 폭에 한 보살, 즉 두 폭의 경우가 있다. 한편, 정토신앙을 더욱 심화시킨 듯한 아미타여래 · 지장보살병립도라는 고려 독자적인 불화도 미국 메트로폴리탄 미술관에 전하고 있다.

9. 칠성七星 불화

북두칠성, 즉 칠성은 오래 전부터 천재지변을 관장하고, 재앙을 물리칠 수 있는 신으로 신앙되어졌고, 조선시대는 특히 아들을 얻기 위한 또는 질병퇴치를 위한 가장 인기 있는 신앙의 대상이었다. 이러한 토속신앙을 불교에서 수용하여 의인화시킨 것이 칠성도이며 칠성각七星閣이라는 건물을 따로 두어 봉안한다. 한편 칠성의 주존은 치성광여래熾星光如來이며 일광日光과 월광月光보살을 협시로 거느리고 있다. 칠성도의 화면구성은 다양한 편인데 우선 치성광여래와 협시보살을 중심으로 위·아래에 일곱

칠성불화
치성광여래도, 청곡사, 1877

래와 칠원성군을 묘사하는 것이 가장 기본적이며, 그 이외에는 기본구성에 삼대육성三臺六星과 이십팔수二十八宿를 추가한다든지 또는 더 복잡한 경우에는 필성弼星, 또는 자미대제통성紫微大帝統星을 추가하기도 한다. 그리고 그림의 형식은 한 폭에 모든 상들을 묘사한 경우, 두 폭에 나누어 묘사한 경우, 또는 일곱 여래를 한 폭에 한 명씩 묘사한 일곱 폭이 있는가 하면 열 폭, 열한 폭으로 구성되는 경우도 있다.

현재 볼 수 있는 칠성도 가운데 1749년의 천은사, 1895년의 선암사 작품이 내용이 충실하고 잘 알려져 있다.

10. 제석帝釋 · 신중神衆 · 불화

제석은 고대 인도의 토속신이었으나 불교에 귀의하여 도리천切利天을 주관하는 신이 되었다. 그리고 신중이란 제석천을 비롯하여 범천梵天, 인왕仁王, 사천왕四天王, 팔부중八部衆, 12신장十二神將 등 토속신이면서 불교에 수용된 호법신護法神을 통칭하는 말로 신장神將이라고도 한다.

제석 · 신중도는 이러한 많은 신들을 묘사한 것으로 그 종류가 매우 다양하나 제석을 포함한 도상은 몇 가지로 분류할 수 있다. 첫째, 제석과 권속을 그린 제석도, 둘째, 제석 · 범천도, 셋째, 제석 · 천룡天龍도 넷째, 제석 · 금강金剛도 등이 있다. 이 이외에도 천룡도, 인왕도, 사천왕도, 범천도, 12신장도 등 각 신장을 독립시켜 그린 도상도 있다. 이처럼 많은 신들을 제석과 함께 또는 독립적으로 그리고 있고, 도상의 구성 역시 존상도尊像圖에 비하여 매우 자유스러웠기 때문에 제석 · 신중도의 범위 및 일정한 형식을 압축하여 정의하기는 쉽지 않다. 현존하는 작품으로는 14세기경의 부석사 제석, 범천, 사천왕도가 잘 알려져 있고, 쌍계사 (1781년), 통도사(1792년)의 제석 및 제석천룡도, 그리고 통도사의 오계수호신장도五戒守護神將圖(1736년), 팔금강도八金剛圖 (1736년) 등 상당수가 남아있다.

11. 산신도 · 기타

12. 경변상도經變相圖

경변상도란 금니金泥나 은니銀泥로 쓴 경전, 즉 사경의 내용을 압축하여 묘사한 그림을 일컫는 말로서 목판으로 인쇄한 경전의 변상도도 이에 해당된다. 특히 고려시대에는 금 · 은니로 쓴 사경이 매우 성행하여 사경변상도 라는 독자적 영역을 구축하기도 하였다.

현존하는 사경변상도 가운데 가장 오래된 것은 호암미술관에 소장되어 있는 「화엄경변상도」로 754년~755년에 제작되었으며, 현존 유일의 통일신라시대 변상도이다. 고려시대에 있어서 사경의 대상은 법화경, 화엄경, 그리고 정토관계 경전을 비롯하여 밀교 경전 등 매우 다양하였으며 높은 수준은 중국에까지 알려져 13 – 4세기에 중국 원元나라의 요청에 의하여 수백 명에 달하는 사경승寫經僧이 직접 중국에 가서 사경제작에 참여하기도 하였다. 현재 고려시대의 사경변상도는 일본 문화청 대보적경 大宝積經(1006년)을 비롯하여 호세키지宝積寺(1294년)의 묘법연화경, 국립중앙박물관의 대방광불화엄경大方廣佛華嚴經(1350년) 등 상당수 전하고 있다. 한편 많은 경우 경의 끝에는 조성발원문 造成發願文을 남기고 있어서 불화양식의 편년뿐만 아니라 당시의 종교, 사회사적 현상들을 짐작하는 데 좋은 단서를 제공하고 있기도 하다.

조선시대 역시 앞 시대의 전통을 이어받아 상당량의 사경이 서사되었던 것으로 확인되었으며 현존작품 또한 적지 않다. 조선시대 사경변상도의 앞 시대와 다른 기법적인 특징은 필사본보다 점차 판본版本이 많아진다는 것이다.

한국 도교의 역사

정재서(이화여자대학교)

한국 도교의 역사

Ⅰ. 기원

한국도교의 기원에 대한 학계의 입장은 크게 중국으로부터의 전래설과 본토자생설의 두 가지로 나뉜다. 먼저 전래설은 일찍이 중국의 부근가傳勤家가 신라의 화랑花郎 등을 도교의 해외전파 산물로 본 이래 중국·일본 등 국외 도교학자들의 대부분이 당연시하고 있는 입장이다. 예컨대 1983년 일본 헤이카平河 출판사에서 펴낸 도교 시리즈 중 제3권의 제목이 '도교의 전파道教の傳播'이고 그 안에 한국도교가 포함되어 있는 것은 일본 도교학자들의 한국도교 기원에 대한 일반적인 견해를 보여주는 좋은 실례이다. 중국 전래설을 지지하는 강력한 근거는 현재까지 남아있는 한국의 가장 오래된 역사서인 『삼국사기三國史記』에 쓰여져 있는 기록이다. 『삼국사기』(권20)에는 고구려 영류왕榮留王 7년(624), 당唐의 고조高祖가 도사道士를 고구려에 파견하여 원시천존상元始天尊像 및 도법道法을 전했다는 기록이 있다. 그러나 한국의 도교학자들은 이에 대해 다른 견해를 표명한다. 즉 교단으로서의 체계를 갖춘 중국의 도교가 당唐 시대에 처음 한국으로 전래된 것은 사실이지만 교단도교 성립 이전의 원시도교 문화, 예컨대 신선神仙에 대한 동경 및 숭배 관념 같은 것은 한국에도 이미 자생하고 있었다고 보는 것이다. 근대 한국도교학의 개척자라 할 이능화는 일찍이 고대 한국의 환인桓因·환웅桓雄·단군檀君 등 삼신三神에 대한 신앙과 중국의

래蓬萊 · 방장方丈 · 영주瀛洲 등 삼신산三神山에 대한 전설을 비교하여 연燕 · 제齊 지역의 신선 숭배가 오히려 고대 한국의 성산聖山이었던 백두산白頭山(중국 이름으로는 장백산長白山) 일대의 토착

고인돌에 나타난 북두칠성

신앙으로부터 유래하였다는 가설을 제시하였고 이후 차주환車柱環 · 도광순都珖淳 등도 단군신화 · 화랑도 등 고대 한국의 신화 · 종교 · 민속 등에 대한 분석을 통해 중국 교단도교의 공식적인 전래 이전에 이미 원시도교 관념이 한국에 존재하고 있었음을 논증하고자 하였다. 이밖에 고대 한국의 북방과 중국의 연 · 제 지역은 지리적, 문화적으로 인접해 있을 뿐만 아니라 고대 한국 역시 도교 발생의 중요한 조건이었던 샤머니즘 · 산악 숭배 등이 성행하였기 때문에 원시도교는 고대의 한국과 중국이 공유하였던 문화형태로 보아야 한다는 견해도 있다. 상술한 견해들을 종합하면 한국도교는 고대 한국문화가 본래부터 지니고 있던 원시도교적 요소, 그리고 후대에 한국에 전래된 조직화되고 이론화된 중국도교가 결합하여 이룩된 것으로 보는 것이 타당스러울 것이다.

Ⅱ. 삼국시대 및 통일신라

고구려(B.C.37 ~ A.D.668)에는 중국으로부터 공식적으로

고구려 오희분五盔墳

도교가 전래되는 7세기 초 이전에도 자생적이든 비공식적인 전래이든 도교문화의 존재를 짐작하게 하는 자료들이 있다. 도홍경陶弘景의 『증류본초證類本草』「금설金屑」편에는 고구려인들이 금을 복용할 수 있도록 잘 처리하는 기술이 있다는 기록이 있는데 이로 미루어 고구려에도 일찍이 외단법外丹法이 있었던 것이 아닌가 추측을 하는 학자도 있다. 아울러 대략 6세기 무렵, 또는 그 이전에 축조된 고분 벽화상에는 학을 타거나 약그릇을 든 신선이 등장하여 당시 신선사상이 이미 유행하고 있었음을 보여준다. 『삼국사기』보다 조금 늦게 성립된 『삼국유사三國遺事』(권3)에는 7세기 초 고구려의 민간에서 오두미도五斗米道가 유행했다는 기록이 있다. 이 오두미도는 아마도 북천사도北天師道 계통에서 고구려로 흘러들어온 도교의 한 유파로 추정된다. 이후 도교의 중국으로부터의 공식적인 전래는 두 번에 걸쳐 이루어진다. 첫번째는 영류왕 7년(624) 당唐의 고조高祖가 도사를 파견한 것인데 이때 도사는 원시천존상元始天尊像과 도법道法을 가지고 오고 『도덕경道德經』을 강설講說하였다. 두번째는 고구려의 마지막 임금인 보장왕寶藏王 2년(643), 당시의 권신權臣 연개소문淵蓋蘇文의 적극적인 주장에 의해 도교를 다시 들여오게 되는 것인데, 이 때 당의 태종太宗이 고구려 왕의 요청을 받고 도사 8명과 『도덕경』을 보냈다는 기록이 『삼국사기』(권30)에 보인다. 이때의 도교 수입은 당시 고구려 국내의 불교세력을 누르기 위한 정치적 목적에서 이루어진 것으로 보인다. 당은 이미 도교의 진흥을 통해 불교를 견제하는 정책을 시행해오고 있었고 당의 이러한 시책은 당시 고구려에게 있어서 좋은 참고가 되었던 것이다. 고구려 도교에 대해 우리는 이처럼 단편적인 자료들을 통해 그 대략적인 모습을 엿볼 수 있으나 계통·성격 등에 대해서는 아직 명확히 밝혀진 바가 없다.

백제 금동대향로

무녕왕릉에서 출토된 매지권

무녕왕릉에서 출토된 신수문경

백제百濟(B.C.18 ~ A.D.660)의 경우 도교가 전래되었다는 공식적인 역사기록은 없지만 여러 가지 정황으로 미루어 일찍부터 도교문화가 존재했던 것으로 판단할 수 있다. 일본의 세이코推古 천황天皇 10년(602) 백제의 중 관륵觀勒이 일본으로 건너가 천문天文·역법曆法·둔갑遁甲·방술方術 등에 관한 서적을 전했다는 『일본서기日本書記』상의 기록은 백제에 이미 도교가 존재했었다는 방증이다. 백제 도교의 존재를 실증케 하는 더 명확한 자료는 최근 백제의 왕궁 공방工房 터에서 발굴된 중국의 박산로博山爐 형태의 향로이다. 금동金銅으로 도금을 한 이 향로는 봉래산의 형상을 하고 있다. 아울러 무녕왕릉武寧王陵에서 발굴된 매지권買地卷과, 삼신산 및 도관道觀의 모습이 새겨져 있는 산경

문전山景文博 등의 유물들도 백제에 도교문화가 상당히 성행했으리라는 추측을 하게 한다. 백제는 남조南朝 국가들과 많은 정치, 문화적 교섭이 있었으므로 백제의 도교는 남방 도교와 밀접한 관련이 있었을 것으로 생각되지만 아직까지 그것의 자세한 내용은 알려져 있지 않다.

신라(B.C. 57 ~ A.D. 935)는 고구려·백제에 비해 중국문화의 수입이 늦고 국가적으로 특별히 도교를 신봉했다는 문헌상의 기록은 없지만 신선과 관련된 설화자료가 많아 토착사상·종교·민속 등에서 이미 도교문화와 상관되는 요소를 발견하기가 어렵지 않다. 중국 도교가 들어오기 전부터 성립되었던 신라의 정치, 종교적 조직인 화랑도는 풍류도風流道라고도 부르는데 그 구성원인 화랑 혹은 국선은 상무적尙武的인 기풍과 아울러 도교 수행자로서의 모습도 함께 지니고 있었다. 그들 중에서 영랑永郎·남랑南郎·술랑述郎·안상安詳 등 이른바 사선四仙은 자연과 예술 애호에 대한 많은 전설을 남겼는데 그것들은 신선설화와 흡사하다.

통일신라시대(677 ~ 935)에는 단정파丹鼎派 도교가 전래되어 지식계층 사이에서 유행되었던 것으로 보인다. 조선朝鮮 선조宣祖 때 사람인 한무외韓無畏(1517 ~ 1610)가 지은 『해동전도록海東傳道錄』을 보면 당唐 문종文宗 연간年間에 신라인 최승우崔承祐·김가기金可記·승僧 자혜慈惠 등의 3인이 입당入唐 유학중 천사天師 신원지申元之·종리권鍾離權 등을 만나 내단학內丹學을 전수받고 귀국하여 전도했다는 기록이 있다. 이중 김가기의 경우 남당南唐 심분沈汾의 『속선전續仙傳』에 백일비승白日飛昇한 신선으로 그 행적이 기록되어 있을 뿐만 아니라 그의 사적을 새긴 비석이 최근 서안西安 종남산終南山에서 발견되기도 하였다. 『해동전도록』에는 또한 신라 말의 저명한 문인 최치원崔致遠(857 ~ ?)을 한 국 도교 계통상의 중요한 인물로 기록하고 있는데, 그의 경우 당에서 벼슬할 때, 도교 방술의 신봉자로 유명했던 절도사節度使 고변高騈의 종사관從事官으로 근무하였으므로 이러한 입당入唐 유학생들을 통하여 당시 도교의 새로운 경향으로 일어났던 이른바 종려금단도鍾呂金丹道가 신라에 유입되었을 가능성도 크다 할 것이다.

III. 고려

고려(918 ~ 1392) 왕조에 이르러 우리는 삼국시대와는 달리 도교가 성행했던 뚜렷한 예들을 많이 찾아볼 수 있게 된다. 고려는 불교국가임에도 불구하고 건국 초기 왕실에서 도교를 애호하였다. 태조太祖의 등극登極과 관련해 유행했던 갖가지 도참圖讖 및 비기秘記들은 중국의 창업 제왕들이 당대當代의 저명한 도사들로부터 부명符命을 받았다는 설화들과 관련지어 생각할 때, 건국을 전후하여 태조와 당시의 도류道流들 사이에는 일정한 교감이 있었던 것으로 보인다. 태조는 즉위 후 본래 불교행사였던 팔관회八關會의 내용을 도교적인 면에까지 확대하여 천신天神과 오악五嶽·명산대천名山大川에 대한 제사를 시행하였고 재위 7년에는 초성처醮星處로서 구요당九曜堂을 설치하였는데 이는 태조가 왕권 확립의 차원에서 도교를 당시의 호국불교와 같은 취지로 끌어 올리려고 했던 것으로 보인다.

국초國初부터의 이러한 장려에 힘입어 고려에는 전 시기를 통

해 상술한 구요당을 비롯, 복원궁·전단氈壇·성수전星宿殿·정
사색淨事色·태청관太淸觀·소격전昭格殿 등 15개소의 도교의례
를 수행하는 기관이 설치되고 본명성수초本命星宿醮·북두초北斗
醮·태일초太一醮·성변기양초星變祈禳醮·삼계초三界醮·백신초
百神醮·천성초天星醮 등 갖가지 명목의 초제醮祭가 시행되는 등
의 성황을 이룩하게 된다. 이중 고려 도교의 역사에서 가장 주목
할만한 사실은 예종睿宗 10년(1115), 고려의 대표적 도관道觀인
복원궁이 건립된 일이다. 복원궁은 국가를 위한 도교의 각종 재
초齋醮 행사를 수행하기 위해 건립된 도관이다. 이때 북송北宋의
도군황제道君皇帝였던 휘종徽宗은 이를 돕기 위해 두 명의 도사를
파견하였다. 예종은 일찍부터 도교에 관심이 많아 재위 2년, 궁
중에 원시천존상을 안치安置하고 월례적으로 초제를 지내기도
하였으며 14년에는 청연각淸讌閣에서 『도덕경』을 강론케 하기도
하였다.

　예종 이후에도 도교는 계속 국가적인 차원에서 장려되었다.
인종仁宗 때에는 묘청妙淸의 건의에 따라 평양平壤에 팔성당八
聖堂을 건립하고 그 곳에 팔선의 초상을 안치시켰는데 이 팔선
은 호국백두악태백선인실덕문수사리보살護國白頭嶽太白仙人實
德文殊師利菩薩·구려평양선인실덕연등불駒麗平壤仙人實德燃燈
佛 등처럼 도불합일道佛合一의 신선들이다. 그러나 그 실체는
한국 토착의 신선들이다. 이어 의종毅宗 때에는 재초齋醮를 너
무 많이 거행하여 국재國財를 탕진하는 지경에 이르렀는데 의
종은 특별히 왕명으로 선풍仙風의 진작振作을 촉구하기까지 하
였다.

　고려 시대에는 이같이 국가적인 차원에서 도교가 장려됨에 따
라 일반 지식계층에서도 개인적으로 도교 수련을 하거나 노장학

老莊學을 하는 기풍이 형성되었다. 이자현李資玄·이명李茗 등은 당시 은거隱居하여 도교수련으로 이름이 높았고 정지상鄭知常·한안인韓安仁 등은 노장학에 조예가 깊었다. 그리고 진晉의 죽림칠현竹林七賢의 행적을 사모한 이인로李仁老·임춘林椿 등은 죽림고회竹林高會를 결성하였고 그들의 문학작품을 통해 농후한 도가·신선사상을 표현하였다.

IV. 조선

유교를 치국의 이념으로 하는 조선(1392 ~ 1910) 왕조에 들어와 고려 시기, 도교의 성행에 따라 설치되었던 복원궁·태청관 등 15개소에 달하는 재초의례 처소는 거의 모두 폐지된다. 태조太祖는 즉위 전에 도교에 대한 관심이 있어서 태백금성太白金星을 제사하기도 하였으나 원년에 예조禮曹의 건의에 따라 모든 초례醮禮 장소를 폐지하고 소격전 한 곳만을 남겨두도록 하였다. 이후로 소격전은 임진왜란 이전까지 존속한 조선조의 유일한 국립 도교 기관이 된다. 태조 3년에 천도遷都에 대한 조신朝臣들의 논의가 매듭을 짓지 못하자 태조가 친히 소격전에서 가부를 점쳐 결정하였던 것을 보면 조선 초기에는 그런대로 소격전이 전조前朝의 유풍遺風을 이어 기능을 발휘했던 것 같다. 그러던 중 소격전은 세조世祖 때에 이르러 소격서昭格署로 개칭되는데 이것은 소격서가 이제 그 종교적 기능성을 존중받기 보다 단순히 국가의 행정적인 한 관서로 전락되었음을 의미한다. 그러나 소격서에서는 여전히 고려 때와 마찬가지로 왕실 및 국가의 재난을 해소하고 복을 빌기 위한 각종의 재초의례를 거행하

동묘

였다. 태종太宗 때 소격전의 책임자 김첨金瞻은 태일성太一星에 대한 숭배를 건의하기도 하고, 천황대제天皇大帝에 대한 초제를 시도하였으며 태종을 권하여 국신國神을 제사하도록 하기도 하였다. 그러나 소격서는 중종中宗 때에 이르러 조광조趙光祖를 위시한 신진사인新進士人들의 강력한 혁파革罷 주청奏請에 의해 일단 폐지되고 만다. 중종은 이후 기묘사화己卯士禍를 통해 조광조 등을 숙청하고 소격서를 부활시키나 결국 임진왜란 이후 폐지되어 한국의 공식적인 도교 기관은 종언을 고하게 된다.

조선조에 들어와 관방 도교가 일대 타격을 받고 소격서만이 겨우 그 명맥을 유지하고 있을 무렵, 일부 사족士族 계층을 중심으로 내단학內丹學을 연구, 수련하는 기풍이 형성되었는데 조선조의 이러한 도교 계통을 단학파丹學派라고 부른다. 단학파의 기원은 삼국시대 이래 고려에 이르기까지 국가적인 차원에서의 과의도교科儀道敎와는 별도로 성립된 지식계층 사이의 사적인 수련적 도교집단으로부터 유래한다. 신라의 김가기金可記 · 최치원崔致遠, 고려의 이자현李資玄 · 이명李茗 등이 그들로, 이 계통이 조선에 들어와 단학파의 중심줄기가 된다. 아울러 고려조까지 지위를 유지하고 있었던 관방도교가 조선조에 들어와 급격히 몰락하면서 도교의 경향이 국가적, 과의적科儀的인 것으로부터 사적, 수련적인 것으로 바뀌어 단학파의 형성을 촉진하였다. 조선 단학파의 계보와 구성은 한무외의 『해동전도록』, 조여적趙汝籍(1588전후)의 『청학집靑鶴集』, 홍만종洪萬宗(1645 ～ 1725)의 『해동이적海東異蹟』 등의 개인 저술들을 통하여 대략 파악된다. 이른바 조선의 도맥道脈을 가장 계통적으로 도식화한 것은 『해동전도록』이다. 이 책에서는 신라의 유당학인留唐學人인 최치원으로부터 비롯하여 고려 시기를 거쳐 조선조에 들어와 김시습(1435 ～ 1493)으로부터 홍유손洪裕孫(1431 ～ 1529)·정희량鄭希良(1469 ～ ?)·정렴(1506 ～ 1549) 등으로 다시 확산되어 나가는 도맥 전수과정을 분명하게 표현하고 있다. 그러나 『해동전도록』을 제외한 다른 두 책은 조선 단학파의 뿌리를 유당학인留唐學人이 아닌, 환인·단군 등 한국신화상의 인물들에게 두고 있다.

조선 단학파는 대체로 종려금단도鍾呂金丹道 곧 전진교全眞教 내단학을 수용하여 수련하였다. 그러나 그들은 중국의 내단이론을 무조건적으로 수용한 것이 아니라 논구와 주석 등의 학문적인 형식을 통하여 독자적인 내단학의 경지에까지 나아가고자 하였다. 김시습은 그의 「용호론龍虎論」에서 성리학적 입장에 기댄 비판적 내단이론을 전개하였고 정렴(1506 ～ 1549)은 현전現傳하는 한국 최초의 내단수련서 『용호비결』을 저술하였다. 이 책은 이후 단학파의 기본 텍스트가 되었을 뿐만 아니라 조선의 대표적 의서醫書인 『동의보감』의 특유한 도교의학체계의 형성에도 많은 영향을 미쳤다. 아울러 후기 단학파의 거물인 권극중權克中(1585 ～ 1659)은 『참동계주해參同契註解』를 통하여 본체론本體論·인성론人性論·수단론修丹論·선인론仙人論 등의 내용을 망라하는 종합적인 내단이론체계를 수립하였고 서명응徐命膺(1716 ～ 1787) 역시 『참동계』에 대해 독자적인 주석과 고증을 가한 『참동고參同攷』를 저술하여 조선 참동계학을 성립시켰다.

조선조의 지식사회에서는 또한 노장학老莊學에 대한 깊은 관심을 표현하였다. 이이李珥(1536 ~ 1584)는 『도덕경』에 대한 주해인 『순언醇言』을, 박세당朴世堂(1629 ~ 1703)은 『신주도덕경新註道德經』・『남화경주해南華經註解』 등을, 한원진韓元震(1682 ~ 1751)은 『장자변해莊子辨解』를 각기 지었는데 이들은 모두 성리학자의 입장에서 노장을 비판적으로 이해하고자 하였다. 이 시기의 도교연구에 있어서 한 가지 주목할 만한 일은 도교를 객관적인 학문대상으로 삼아 분석, 논구한 시도가 있었다는 사실이다. 이규경李圭景(1788 ~ ?)의 『오주연문장전산고五洲衍文長箋散稿』에서는 도교에 대한 많은 논의를 행하고 있는데 이중 「도교선서도경변증설道敎仙書道經辨證說」 은 도교의 본질을 깊이 천착한 빼어난 논설이다.

  조선 후기에 이르러 민간에서는 권선서勸善書가 크게 유행하였다. 권선서가 조선에 처음 들어온 것은 태종太宗 때 명明 성조成祖가 『선음즐서善陰騭書』 6백부를 보내온 것이다. 그후 상당한 기간동안 공백을 면치 못하다가 1796년 종합적인 권선서인 『경신록敬信錄』이 한글로 번역, 출간되고 19세기에 들어와 앞서의 『경신록언석敬信錄諺釋』을 비롯 『관성제군명성경언해關聖帝君明聖經諺解』・『삼성훈경三聖訓經』・『과화존신過化存神』・『관성제군오륜경關聖帝君五倫經』 등이 출간되는 대유행을 이루게 된다. 소박한 기복적祈福的 취지와 실천가능한 규율을 내용으로 하고 있는 권선서는 민간 대중에게 크게 환영을 받아 조선 후기 민간도교의 새로운 국면을 열었다. 권선서의 성행에는 임진왜란 이후 소격서의 폐지로 인한 관방도교의 쇠퇴, 명으로부터 전파된 관제關帝 신앙, 국왕인 고종高宗의 장려 등의 요인이 작용하였다. 조선 후기 권선서의 유행은 결국 중국서의 단순한 보급에 머물지 않고 독자적인 선서 편집 및 주해의 경지에 이르렀는데 1856년에 간행된 『각세신편팔감覺世新編八鑑』이 그러한 노력의 산물이다. 이 책은 『태상감응편太上感應篇』· 『문창제군음즐문文昌帝君陰騭文』· 『관제보훈關帝寶訓』 등의 주요 권선서에 대한 주석과 보충설명으로 구성되어 있다.

조선 후기, 권선서를 중심으로 한 민간도교가 유행하고 있을 무렵, 민간에는 또 다른 흐름의 민간도교 사상이 형성되어가고 있었다. 조선 후기에는 임진왜란과 병자호란 등의 외침外侵 및 집권층 내부의 심한 당파적 갈등으로 말미암아 왕권 및 유교적 세계관에 대한 회의가 대두하기 시작하였다. 그리하여 일부 몰락한 반체제적 사족계층들은 도참圖讖 · 비기秘記 등의 도교적 예언 형식을 빌어 왕조의 운명을 비관적으로 진단하고 새로운 세계의 도래를 주장하였다. 『정감록鄭鑑錄』 등을 중심으로 한 참위설讖緯說적인 민간도교 사상의 한 조류는 조선 후기 왕권의 동요와 더불어 민간에 더욱 유포되어 갔고 급기야는 홍경래난洪景來亂과 같은 대규모 반란운동의 배후 이념으로서 기능하기도 하였다. 조선 말기에 이르러 왕조 통치의 한계가 극점에 달하면서 이러한 반항적 민간도교 의식은 기존 질서의 해체와 재통합을 목표로 하는 민중종교의 이념에 수용되어 이른바 신종교 운동으로 표출되었다. 1860년 수운水雲 최제우崔濟愚(1824 ~ 1864)에 의해 성립된 동학東學, 1901년 증산甑山 강일순姜一淳(1817 ~ 1909)이 영도한 증산교甑山敎 등은 조선 말기 이후 창립된 수많은 민중종교들 중에서 대표성을 지니고 오늘날까지 존속, 발전해 오고 있다. 이들 신종교는 옥황상제 · 관제 등 도교의 신을 숭배하기도 하고, 부주符呪를 사용하고, 지상 신선을 강하게 지니고 있다. 특히 증산교의 경우 교주를 천사天師라고 부른다거나 해원解寃을 중요한 교의教義로 삼고 있는 점 등은 중국의 원시민간도교 경전인 『태평경太平經』의 사상과 관련이 깊어 주목된다.

V. 근대 이후

조선 말기 이후 오늘에 이르기까지 한국도교는 크게 세 가지 방면을 통해 명맥을 유지해 오고 있다. 첫째로 동학 · 증산교 등 신종교를 비롯, 불교 · 무속 등 다른 종교 속에 수용된 형태를 통해서인데 오늘날 동학은 천도교天道教로, 증산교는 증산도 · 대순진리회大巡眞理會 등으로 개칭改稱하여 포교를 계속하고 있으나 여전히 도교적 요소를 강하게 지니고 있고, 한국의 불사佛寺에는 칠성신七星神 · 산신山神 등이 함께 모셔지고 있으며 무속에서는 옥황상제 · 관제 · 칠성신 · 산신 등을 주요 숭배 대상으로 삼고 있다. 둘째로 향촌에서는 민속의 형태로 도교가 잔존해 오고 있다. 조왕신竈王神 · 산신 · 성황신城隍神 등에 대한 숭배와 관련된 민속이 아직도 향촌 생활에 흔적을 남기고 있다. 셋째로 개인 혹은 소규모 계파系派의 형태로 도교수련의 기풍이 전해져 오고 있다. 이러한 형태가 현대에 와서 전국적인 규모의 수련단체로 발전한 케이스로는 한국연정원韓國研精院 · 국선도國仙道 등을 들 수 있다. 이들은 모두 조선시대에 그 계파의 뿌리를 두고 있는데 최근 사회 일반으로 확산된 기공 · 양생 붐을 조성하는 데에 큰 역할을 했다.

근대 이후에는 한국 문화 속에 잠재되어 있는 도교의 역할을 긍정적으로 인식하고 이를 학문적으로 탐구하고자 하는 움직임이 일어났다. 이능화(1868 ~ 1945)는 『조선도교사』를 저술하여 일찍이 이규경으로부터 비롯한 도교에 대한 객관적 탐구의 길을 계승하고 근대 한국 도교학의 길을 개척하였다. 이후 한국에서의 도교연구는 차주환車柱環 등이 조직한 한국도교사상연구회韓國道敎思想硏究會(1997년 이후 한국도교문화학회韓國道敎文化學會로 개칭)를 중심으로 문학·철학·종교학·민속학·체육학·의학 등 각 방면에서 다수의 학자들이 참여하여 활발히 이루어지고 있다. 회원들의 연구는 크게 중국 도교에 대한 연구와 한국도교에 대한 연구로 나누어지며 연구 이외에도 새로운 도교자료의 발굴·정리·보고가 계속 이루어지고 매년 봄·가을로 2회 학술대회를 개최하고 연 1회, 기관지인 『도교문화연구道敎文化硏究』를 출간하고 있다. 지금까지 한 회도 빠짐없이 출간된 『도교문화연구』는 한국에서의 도교 연구의 중요한 업적을 대부분 망라한 전문 학술지이다.

VI. 맺는말

한국문화의 특성을 규정할 때 흔히 유교문화라는 말을 많이 쓴다. 동아시아의 유교문화권을 지칭할 때에도 한국은 빠지지 않는다. 유교 다음으로 한국문화의 중요한 요소로 거론되는 것은 불교문화이다. 사실상 불교는 마지막 왕조인 조선 시기만 빼고 그 이전인 고려·통일신라·삼국시대에 있어서는 국교이거나 가장 중요한 문화의 위치를 차지했다. 오늘날 유교적인 것보다 오히려 더 많이 남아 있는 불교의 유물은 이러한 사실을 웅변한다. 이같은 유교·불교의 중요성에 비해 도교는 한국문화에서 거의 비중을 차지하고 있지 않은 것처럼 보인다. 그러나 한국의 학자들은 한국문화의 내용을 논할 때 항상 유·불·도 혹은 유·불·선仙의 3교를 나란히 말해왔다. 도교는 한국의 역사에서 유·불처럼 표면적으로 세력을 떨친 적도 없고 실제로 교단과 같은 종교 조직을 갖춰본 적도 없지만 한국문화의 내면 혹은 잠재의식을 지배해 온 것으로 보여진다. 한국의 도교는 무속과 민속 그리고 신종교의 밑 바탕에 강력한 영향을 드리우고 있으며 심지어 유교·불교 속에도 일부 스며들어가 있다. 한국의 도교는 토착문화와 긴밀히 결합되어 있어 언제나 다른 문화의 바탕에 깔려 있는 경향이 있는 것이다.

한국의 도교학자들은 대부분 한국의 도교가 특정한 시기에 중국으로부터 수입된 것이 아니라 중국과 마찬가지로 한국에서도 본래부터 지니고 있던 고유한 문화라고 믿고 있다. 사실 고대 한국에는 7세기 무렵 당唐으로부터 도교가 전래되었다는 공식적인 역사기록 이전에도 국선國仙이라는 유선적遊仙的 존재가 있었고 건국신화인 단군檀君 신화를 비롯, 허다한 고대 설화 속에서 선화적仙話的 취지를 얼마든지 찾아볼 수 있다. 한국의 도교는 이와 같이 한국의 토착문화와 깊이 상관되어 있기 때문에 한국문화의 특성을 구현하는 중요한 요소로 기능해 왔으며 역사적으로 정치적, 문화적 정체성正體性이 강조되는 시점에서는 특히 그 의의가 부각되곤 했다. 가령 도교의 강력한 영향 하에 성립된 신종교인 동학東學이 서구세력에 대한 위기의식에서 비롯된 것이나 도교계 학자가 쓴 『규원사화揆園史話』가 중국 중심의 역사관을 탈피할 것을 천명한 것 등은 한국 도교의 이러한 경향의 실례이다. 그러나 한국 도교는 자생적인 성분이 있할지라도 후대에 전래된 중국 도교의 영향을 크게 받지 않을 수 없고 결국 이 두 가지 성분이 합쳐져서 중국 도교와는 같은 점을 공유하면서도 다른 특성을 지닌 한국 도교를 형성했다고 말할 수 있다.

7세기 이후 본격적으로 조직화, 이론화된 중국 도교의 영향을 받으면서 한국 도교는 제도적, 학문적으로 그 내용이 더욱 풍부해진다. 그리하여 고려 시대에는 복원궁福源宮, 조선 시대에는 소격서昭格署가 대표적 국립 도교기관으로 설립되었고 중국 도교의 방술方術 및 이론은 고려·조선의 지식사회에서 수련 방법 혹은 학문적 탐구 대상이 되었다. 그러나 한국 도교는 단순히 중국 도교의 이론을 수입하는 데에 그치지 않고 독자적으로 도서道書를 저술하거나 특유한 이론을 생산하기도 하였다. 정렴鄭磏(1506~1549)의「용호비결龍虎秘訣」, 허준許浚(1546~1615)의『동의보감東醫寶鑑』등은 이러한 노력의 산물이다. 아울러 이규경李圭景(1788~?)의「도교선서도경변증설道敎仙書道經辨證說」은 도교에 대한 자료검토와 객관적 분석을 시도한 논설로서 일찍이 20세기 초에 완성된 이능화李能和(1868~1945)의『조선도교사朝鮮道敎史』의 선구적 작업이 되었다.

근대 이후 한국에서의 도교 연구는 유교·불교에 비해 상대적으로 미약한 상태에 있었다. 1980년대 이후 내재문화·기층문화로서의 도교의 가치에 주목하기 시작하면서 도교 연구가 활성화되었고 이에 따라 학회 결성, 자료 발굴, 학술대회 개최, 학회지 발간 등의 활동이 의욕적으로 수행되고 있다. 한국 도교는 아직도 발굴하고 검토해야 할 자료가 풍부하고 다양한 방면에 걸쳐 흥미로운 연구 주제들이 산적해 있다. 따라서 앞으로 한국도교는 세계 도교학의 견지에서 자료상 새로운 보고寶庫일 뿐만 아니라 연구상으로도 훌륭한 대상이 될 것이다.

고분벽화로 본 고구려인의 신선신앙

전호태(울산대학교)

고분벽화로 본 고구려인의 신선신앙

Ⅰ. 들어가며

고구려 고분벽화에는 신선신앙과 관련한 제재가 다수 포함되어 있다.[1] 평양, 안악, 집안지역 고분벽화에서 발견되는 신선神仙들과 각종 상서로운 존재들이 그들이다. 무용총 벽화에서는 당나귀 귀와 같이 긴 귀를 지닌 남녀 선인仙人이 나란히 앉아 거문고를 뜯는 모습을 볼 수 있으며, 덕흥리벽화분 벽화에서는 반盤을 든 채 하늘을 나는 玉女를 찾아볼 수 있다. 안악1호분 벽화에는 날개 달린 물고기와 사람 머리의 짐승이 등장하고, 강서대묘 벽화에는 토끼 머리의 새가 나타난다. 모두 일상의 삶 속에서는 만날 수 없는 존재들이다. 벽화중의 이들을 어떻게 해석하여야 할까.

『제왕운기帝王韻紀』에 의하면, 고구려의 건국시조 주몽朱蒙은 아버지 해모수가 하늘로 올라간 후, 기린麒麟을 타고 하늘과 땅 사이를 왕래하며 정사政事를 돌보아 조천석朝天石에 기린의 발자국이 남아 있다고 한다.[2]

『광개토왕비문廣開土王碑文』에는 고구려를 세워 나라의 기틀이 굳건해진 뒤, 주몽은 하늘에서 내려보낸 황룡黃龍의 머리를 밟고

---

1) 고구려 벽화고분의 분포와 고분벽화의 구성과 내용에 대해서는 全虎兌, 『고구려고분벽화연구』 7, 사계절, 2000 부록 참조.

2) 往來天上詣天政 朝天石上驪蹄輕 『帝王韻紀』 卷下.

하늘로 올라갔다는 기사가 있다.3) 해모수는 자칭, 타칭 '천제天帝', 혹은 '천제天帝의 아들'이다.4)

따라서 그 아들 주몽 역시 하늘세계의 사람이다. 이 때문인지 해모수와 주몽은 이 세상 사람이면 누구나 맞는 '죽음'을 경험하지 않는다. 불사不死의 존재인 것이다. 해모수와 주몽, 모두 신화神話 세계의 일원임을 드러내는 부분이지만, 동시에 이들이 신선 관념이 투영된 존재이자 신선신앙의 대상으로 인식될 수 있음을 보여준다.

그렇다면 고구려에는 과연 신선신앙이 있었을까. 있었다면 어떤 내용의 것이었을까. 고유의 관념이 중심 줄기를 이룬 것이었을까. 아니면 외래의 관념을 바탕으로 한 것이었을까. 어떤 내용의 것이든 고구려 사회에 신선신앙이 있었다면, 이 신앙과 위에서 예를 든 고분벽화의 신선신앙적 제재 사이에는 어떠한 상관관계가 성립할까. 또, 고분벽화의 제재들과 문헌 및 금석문 자료상의 기록들, 관련 유물들과의 상관관계는 어떠할까.

II. 고분벽화 속 신선신앙의 세계

1. 평양·안악지역

4세기 말로 편년되는 안악1호분 벽화에는 신선신앙과 관련 깊은 기금이수들이 다수 등장한다. 널방 천장고임 벽화에서

---

3) 不樂世位 因造黃龍來下迎王 王於忽本東岡黃龍負乘天『廣開土王碑文』

4) 天帝降于訖升骨城 乘五龍車 立都稱王 國號北扶餘 自稱名解慕漱『三國遺事』 「紀異」第一; 麗朝性高 諡東明 善射故以朱蒙名 父解慕漱母柳花 (本紀云 漢神雀三年壬戌 天帝遣太子解慕漱 遊扶餘王古都…)『帝王韻紀』卷下.

확인되는 11마리의 기금이수는 모두 '승선昇仙'과 관련하여 이해될 수 있는 존재들이다. 고임 동북측에 보이는 상체는 사람인 새는 모자와 옷 입음새에서 선인仙人을 연상시키며, 동남과 서북측에 자리잡은 새는 중국 남북조시대南北朝時代의 천추千秋·만세상萬歲像과 매우 닮았다.[5] 봉황鳳凰으로 추정되는 고임 북측의 서조瑞鳥 두 마리와 서남측의 천마天馬, 남서측의 기린麒麟 등은 선인과 관련한 설화에 즐겨 등장하는 존재들이다. 또한 기금이수의 대부분이 날개를 지녀 비상飛翔이 가능한 존재로 그려졌다.[6] 비록 고임 밑면에 연꽃무늬들이 배치되었지만, 이러한 기금이수들의 존재는 고임에 표현하려던 중심 주제가 '승선昇仙'임을 짐작하게 한다. 4세기 말 무렵 안악지역에 신선신앙이 존재했으며, 이러한 기존 신앙의 흐름에 불교가 영향을 끼치기 시작했음을 시사하는 부분이기도 하다.

408년 제작의 덕흥리고분벽화는 이와 관련하여 눈길을 끄는 사례이다. 덕흥리고분 앞방 천장고임에는 기금이수와 함께 선인, 옥녀가 여럿 등장한다. 선인, 옥녀가 신선신앙과 관련된 존재임은 이미 잘 알려진 사실이다. 이들은 연지蓮枝를 손에 쥐고 있거나, 반盤을 받쳐든 채 하늘을 날고 있다. 이른바 천선天仙에 해당하는 존재들인 것이다. 이들은 고임 벽화의 주제를 승선昇仙으로 상정하게 하지만, 결론을 내리기에

---

5) 고구려 고분벽화에서 地軸이 지닌 의미에 대한 글로는 南秀雄,「高句麗壁畵の地軸像」『古文化談叢』30(中), 九州古文化硏究會, 1993을 참조.

6) 飛翔하는 存在와 神仙信仰의 關係에 대해서는 鄭在書,「高句麗古墳壁畵에 보이는 神話·道敎的 題材에 대한 새로운 인식 — 중국과 주변문화와의 관계성을 중심으로」『白山學報』50, 1996 (『동양적인 것의 슬픔 — 넘어섬, 그 힘의 예중까지』, 살림, 1996 재수록). 50, 1996 參照.

덕흥리벽화고분 앞방 천장고임 벽화
선인과 옥녀들

앞서 살펴보아야 할 것은 고임 북측 하단에 쓰여진 아래와 같
은 내용의 銘文이다.

□□郡信都「縣」都鄕「中」甘里　釋加文佛弟子□□氏鎭仕　位建威將
軍「國」小大兄左將軍　龍壤將軍遼東太守使持　節東「夷」校尉幽州刺史
鎭　年七十七薨「焉」永樂十八年　太歲在戊申十二月辛酉朔十五日　乙酉
成遷移玉柩周公相地　孔子擇日武王「選」時歲使一　良葬送之「後」富及
七世子孫　番昌仕宦日遷移至侯王　造藏萬功日煞牛羊酒肉米粲　不可盡
「掃」且食鹽「鼓」食一椋記　「之」「後」世寓寄無疆

　명문에서 무덤의 주인공 진鎭은 자신이 불교신도임을 밝히고
있다. 벽화의 내용 가운데에도 연지도蓮池圖, 칠보공양도七寶供養

圖 등 불교행사를 나타낸 장면들이 확인된다. 그렇다면 진鎭이 희구한 것은 불교의 천계天界에 전생轉生하거나, 정토淨土에 왕생往生하여 누리는 내세 삶인가. 그러나 같은 시기 중국의 불교 조상명彫像銘에 보이는 '淨土往生 云云' 하는 구절은 명문에 보이지 않는다. 비록 자신이 석가문불제자釋迦文佛弟子임을 강조하고 있지만, 불교적 내세에 대한 관념은 그리 뚜렷하지 않은 셈이다.7) 앞방 천장고임 벽화의 제재들이 보여주듯이 오히려 선계仙界에 대한 인식은 구체적이며, 앞의 안악1호분 벽화의 단계에서 한 걸음 더 나아가고 있다. 덕흥리고분 벽화는 5세기 초 남포지역을 포함한 평양일대에서는 귀족 가운데 자신이 불교도佛敎徒임을 밝히는 사람이 있을 정도로 불교의 사회·문화적 영향력이 강화되지만, 그 정도가 선계仙界 인식을 중심으로 한 기존의 내세 관념에 구체적인 변화를 일으키는 데까지는 미치지 못했음을 시사하는 중요한 역사자료라고 하겠다. 그러면 5세기에 들어 고구려의 평양지역에서 선계仙界에 대한 인식이 오히려 구체성을 띠는 이유는 무엇일까.

감신총은 5세기 전반의 이른 시기로 편년되는 벽화고분이다. 이 고분벽화에서 눈길을 끄는 것은 앞방 천장고임 서편에 묘사된 서왕모西王母로 추정되는 인물과 그 권속들이다. 이들은 평양일대에 존재한 곤륜선계崑崙仙界에 대한 인식과 이에 대한 신앙의 흔적을 담은 존재들이기도 하다.8) 역시 이 지역에서의 선계에 대한 인식이 구체적임을 알게 한다. 주의할 것은 감신총 앞방의

---

7) 全虎兒, 「고구려 고분벽화에 나타난 하늘연꽃」『美術資料』 46, 國立中央博物館, 1990.

8) 全虎兒, 「高句麗 龕神塚 壁畵의 西王母」『韓國古代史研究』 11, 1997a.

천장고임과 벽의 벽화 제재 가운데에는 불교와 관련한 인식의 흔적들도 보인다는 사실이다. 감신총 벽화의 주제를 순수한 의미의 승선昇仙으로 규정하기는 곤란하다는 것이다.

감신총벽화의 이러한 표현과 위의 덕흥리고분벽화의 내용을 함께 고려한다면 5세기 전반 평양지역 종교신앙의 흐름에 대해서는 어떤 해석과 평가가 뒤따라야 할까. 먼저 검토되어야 할 것은 이러한 표현들에 깔린 선계仙界의 삶, 장생불사長生不死의 세계에 대한 관념과 소망이 당시 사회에서 지니는 비중과 의미일 것이다. 국가 차원의 불교 수용과 확산, 국가의 후원 아래 불교신앙 전파의 중심 역할을 담당했을 평양平壤 9사寺의 존재, 이러한 당시의 사회분위기를 반영하는 덕흥리고분벽화의 불교행사 장면들과 감신총벽화의 불교 관련 제재들. 이러한 면들을 함께 염두에 둔다면, 덕흥리고분벽화뿐 아니라 감신총벽화에서도 확인되는 선인仙人과 선계仙界에 대한 인식은 5세기 전후 평양일대의 종교신앙에서 나름의 뚜렷한 줄기를 형성하고 있으면서도 불교적 관념으로부터 자유롭지는 않았다는 해석이 가능해진다.[9] 그런데 안악1호분벽화에 비해 덕흥리고분 및 감신총 벽화의 선계 인식과 표현이 보다 구체적임을 고려하면, 신선신앙이 평양일대에서 나름의 일정한 위치를 확보하는 것과 이 시기 종교신앙상의 동향이 맺는 함수관계는 상당히 복잡한 성격을 지님을 짐작할 수 있다. 이 시기 종교신앙상의 흐름은 과연 어떤 것이었을까. 이 시기 이후의 흐름을 읽게 하는 천왕지신총 및 강서대묘 벽화에 대

---

9) 5세기 평양을 둘러싼 종교적 흐름에 대해서는 全虎兒, 「5세기 高句麗古墳壁畵에 나타난 佛敎的 來世觀」『韓國史論』21, 서울대 국사학과, 1989 ; 全虎兒, 앞의 글『美術資料』46, 國立中央博物館, 1990 參照.

한 검토 후 이에 대해 논하기로 하자.

천왕지신총의 널방 천장고임 벽화에도 천왕天王으로 칭해지는 인물과 보통사람과는 구별되는 모습의 또 한 인물이 조류鳥類를 타고 하늘을 나는 모습으로 나타난다. 또한 지신地神을 비롯해 천추千秋, 만세萬歲로 추정되는 기금이수들도 등장한다. 적어도 이 고임 벽화만으로 보면, 무덤주인이 지향한 내세는 만세토록 삶을 누리는 선인仙人의 세계이다. 그러나 널방 벽화의 배경을 이루는 연꽃장식 연속귀갑문이 내비치듯이 그 내세란 불교적 내세에 대한 관념이 복합된 세계이다. 불교의 정토淨土 삶에 대한 소망이 배제된 순수한 의미의 선계로 규정하기는 어려운 것이다.

이와 유사한 관념의 존재는 정도 차이는 있으나 연화총, 용강대묘, 수산리고분의 벽화를 통해서도 확인할 수 있다. 수산리고분벽화의 경우, 널방 왼벽에 표현된 승선昇仙과 관련된 표현에서 무덤주인이 지향한 내세의 정체를 짐작할 수 있다. 그러나 고임 하단을 장식한 커다란 연꽃무늬들은 여러 가지 면에서 신선신앙의 상징으로 이해하기는 곤란한 존재들이다. 벽화 제작시기가 연꽃무늬 장식 고분벽화가 유행하는 5세기 후반으로 추정되고 있음을 함께 고려하면, 무덤주인이 누리려는 내세 삶의 내용에 정토 삶에 대한 인식이 혼재混在되어 있을 가능성을 배제할 수 없기 때문이다.[10]

이와 같은 내세관념의 혼재 양상은 이 시기보다 1세기 가량 뒤에 제작된 강서대묘벽화까지 이어진다. 강서대묘 널방 천장고임에 그려진 선인과 기금이수들은 고임 동서東西의 한가운데의 산들로 대표되는 선계仙界에 속하는 존재들이 확실하다. 그러나 벽화에 등장하는 악기를 다루거나 하늘을 날아다니는 인물들은 중

---

10) 全虎兌, 위의 글 『美術資料』 46, 國立中央博物館, 1990.

강서대묘 널방 천장고임 벽화 *선계를 향한 여행*

국 북조北朝 석굴사원石窟寺院을 장식하고 있는 불교의 비천飛天
과 형상이나 자세에서 거의 구별되지 않는다.[11] 더욱이 널방 고
임 하단의 인동연화문은 '보주화생寶珠化生'의 각 과정을 생생
하게 보여준다는 점에서 불교적 관념의 반영으로 이해될 수밖에
없는 제재들이다. 강서대묘벽화에서도 선계에 대한 인식 속에
불교의 내세에 대한 관념이 혼입된 모습을 읽어낼 수 있는 것이
다. 결국 평양 및 안악지역 고분벽화에는 내세 삶에 대한 선·불
혼합적 인식이 5세기 후반 이전이나 이후, 시기에 관계없이 지속
적으로 반영되고 있음을 확인할 수 있다.[12] 무엇 때문일까. 이

---

11) 全虎兌,「高句麗 後期 四神系 古墳壁畵에 보이는 仙·佛 混合的 來世觀」『蔚
山史學』7, 1997c.

제 위에서 언급한 5세기 전후 이 지역에서의 종교신앙상의 동향
에 대해 검토해야 할 듯하다.

　5세기 전후, 고구려는 국가적 차원에서 필요성을 절감하던 보
편 관념 및 보편 문화 창출의 도구이자 기반으로 불교를 받아들
여 그 확산에 힘쓰고 있었다.[13]　물론 새로운 이념 및 문화 정책
시행의 중심으로는 4세기 초에야 영역화에 마침표를 찍은 평양
지역이 선택되었다. 원原고구려의 중심인 환인·집안지역에는
보편 이념 및 문화의 창출과정이 왕권 중심의 권력재편과정과
표리를 이룰 것을 우려하는 보수적 귀족세력이 굳건히 자리잡고
있었기 때문이다. 비록 보수적 귀족세력의 견제를 받을 우려는
없는 곳이라는 장점을 지닌 곳이나, 평양지역은 고조선古朝鮮의
중심이었을 뿐 아니라, 중국 한漢의 군현郡縣, 삼국三國·위魏·
진晉의 변방으로 기능하던 곳인 만큼 일정 수준 이상의 문화기
반을 갖추고 있었다.[14]　이러한 점은 이웃 안악지역도 마찬가지
였다. 평양과 안악일대는 지리적 위치로도 중국 동부의 연안지
역과 교류가 용이한 곳이어서 한·위·진대 중국의 문화가 곧바
로 전달될 수 있었다. 발해만 일대를 중심으로 성장과 확산을 거
듭하여 한·위·진대의 중국을 휩쓴 신선신앙과 같은 종교신앙
상의 흐름이 평양, 안악지역에 전해졌을 가능성 등이 충분히 상
정될 수 있는 것이다.

　평양지역이 지니고 있던 이러한 문화적 조건은 불교 중심의 보
편 이념 및 문화가 빠른 시간 안에 고구려의 집권세력이 의도하

---

12) 全虎兒, 위의 글『蔚山史學』7, 1997c.

13) 전호태, 앞의 글, 1989.

14) 全虎兒,「高句麗의 五行信仰과 四神圖」『國史館論叢』48, 1993a.

던 방식과 내용으로 성립하는 것을 어렵게 만들 수도 있음을 시사한다. 더욱이 불교의 확산과 동시에 추진되던 주몽설화의 신화화, 종교화가 계통상 불교보다는 신선신앙 등과 접합되기 쉽다는 사실은 이러한 우려에 현실감을 더한다. 실제 안악1호분, 덕흥리벽화고분, 감신총, 천왕지신총 등의 벽화는 이러한 우려가 현실화했을 것이라는 판단을 가능하게 한다. 이들 고분벽화의 제재 선택과 배치에 불교적 관념이 끼친 영향은 승선昇仙과 관련한 관념에 비해 제한적이었던 것으로 보이기 때문이다.

그런데 평양과 안악, 두 지역만을 놓고 볼 때, 평양이 중심이라면 안악은 변방에 해당한다. 제한된 기간 동안 문화의 수용과 소화를 둘러싸고 두 지역 사이에 일정한 차이가 있을 수 있음을 시사하는 부분이다. 덕흥리고분벽화에 비해 안악1호분 벽화에 표현된 선계 인식이나 불교에 관한 관념이 모두 뚜렷하지 않은 이유는 1차적으로는 두 세계에 대한 무덤주인의 인식의 심도深度 차이에서 찾을 수 있을 것이며, 더 나아가 이들이 접한 문화 내용, 문화 전달 경로 및 시간의 차이에서도 찾아야 할 것이다. 그러나 두 지역 사이에 나타나는 선계 인식상의 편차에도 불구하고, 고분벽화에서 확인되는 내세승선來世昇仙에 대한 관심과 표현은 이들 지역이 5세기 고구려의 주요 영역 안에서도 독자적인 종교신앙상의 기반과 흐름을 지니고 있었음을 알려 준다. 6세기 말에서 7세기 초로 추정되는 강서대묘 벽화중의 선계와 관련한 제재들은 5세기 이전부터 확인되는 종교신앙상의 흐름이 이후에도 그 줄기를 유지했음을 시사하는 자료라고 하겠다. 그러면 원原고구려 문화의 중심으로 기능 했던 환인 및 집안지역의 동향은 어떠했을까.

무용총 널방 천장고임 벽화 *선인의 세계*

2. 집안지역

집안의 5세기 벽화고분인 무용총 널방 천장고임 벽화의 중심 주제는 불교정토佛敎淨土에서의 화생化生이라고 할 수 있다. 고임에 표현된 연봉오리와 연꽃은 내세화생來世化生의 산실産室인 하늘연꽃으로 해석된다.[15] 그러나 연꽃과 함께 표현된 인물들, 곧 글을 쓰거나 거문고를 뜯는 이들, 뿔피리를 불거나 마냥 허공을 날아다니는 이들은 신선가神仙家에서 말하는 선인仙人이 틀림없다.[16] 승선昇仙 관념에 근거한 존재들인 것이다. 그러면 이 선인들은 연꽃

---

15) 全虎兒, 앞의 글『美術資料』46, 1990.

16) 晋 葛洪은 仙人을 다음과 같이 규정하였다 : 仙人者 或竦身入雲 無翅而飛 或 駕龍乘雲 上造天階 或化爲鳥獸 遊浮靑雲 或潛行江海 翱翔名山 或食元氣 或 茹芝草 出入人間而人不識 或隱其身而莫之見『神仙傳』.

속에서 화생化生한 존재들인가. 화생이라는 관념의 표현은 무용총보다 늦은 시기로 편년되는 삼실총 벽화에서도 볼 수 있다.

삼실총의 제2실과 제3실의 천장고임 벽화에는 여러 곳에 연꽃화생 장면이 묘사되었다. 잘 알려진 것처럼 화생은 정토에서만 이루어진다는 탄생방식이다.[17] 불교 특유의 내세관에 기초를 둔 관념인 것이다. 그런데 삼실총 벽화에도 기린麒麟 등의 기금이수와 신농神農으로 추정되는 신화전설상의 존재가 등장한다. 중국에서 신농과 같은 신화적 존재들이 시간이 흐름에 따라 신선신앙과 관련한 설화 속으로 편입됨을 고려하면, 전형적인 화생 표현의 출현에도 불구하고 삼실총 역시 승선昇仙 관념에서 자유롭다고 보기는 어려울 듯하다. 다만, 무용총 벽화에서는 정토화생淨土化生에 대한 인식과 표현에도 불구하고, 승선을 통한 선계仙界 삶에 대한 소망도 뚜렷하게 내비쳐지는 데에 비해, 삼실총 벽화에서는 화생을 통한 정토에서의 삶으로 저울추가 기운다는 점에서 내세의식의 변화 방향을 읽을 수 있게 한다. 따라서 삼실총벽화 이전의 작품으로 추정되는 무용총벽화의 선인仙人과 화생化生이라는 불교적 탄생방식 사이에는 관념의 거리가 있다고 보아야 하지 않을까.

그런데 무용총에서 삼실총 벽화로 이어지는 흐름과 관련하여 눈길을 끄는 것은 5세기 중엽으로 편년되는 장천長川 1호분號墳 벽화이다.[18] 장천1호분 벽화는 불교사원을 연상시킬 정도로 여래, 보살, 비천飛天, 연꽃화생 등 불교적 제재 위주로 구성되었기 때문이

---

17) 전호태, 앞의 글, 1990.

18) 吉林省文物工作隊·集安縣文物保管所(陳相偉·方起東),「集安長川一號壁畵墓」『東北考古與歷史』1輯, 1982 ; 조선유적유물도감편찬위원회 편, 앞의 책 6(고구려편4), 1990, pp.91~112

다.[19] 무용총 벽화에 등장하는 선인들이나, 삼실총 벽화의 신농과 같은 존재들이 장천1호분 벽화에는 보이지 않는다. 앞의 두 고분벽화와 중복되는 기금이수도 기린麒麟 정도가 있을 뿐, 사람 머리의 새를 비롯한 기묘한 존재들을 장천1호분 벽화에서는 발견하기 어렵다. 고분벽화를 통한 내세관 표현에서 선계 인식의 배저, 혹은 잠복을 읽게 하는 부분이다. 평양 및 안악지역과 달리 집안지역에서는 불교가 종교신앙상의 주류적 위치를 차지하면서, 내세관에서도 정토화생 위주의 불교적 관념이 승선적 관념을 압도하는 현상이 나타난 것이 아닐까 생각된다. 그러면 5세기의 집안지역에서는 왜 이와 같이 평양지역과는 다른 흐름이 나타나는 것일까.

집안지역과 평양지역은 입지, 환경, 역사 등 여러 측면에서 상호 차이가 있지만, 여기에서 검토해야 할 부분은 두 지역의 문화적 기반과 내용의 차이이다. 집안지역은 거듭 지적하였듯이 원原고구려문화의 중심이다. 원原고구려문화의 기반은 아무래도 소박하고 건실한 생활풍토와 수목과 천신天神 숭배를 비롯한 자생적 종교신앙일 것이다.[20] 평양지역과 같이 중국 한·위·진의 문화와 지속적으로 접촉하면서 풍족하고 세련된 생활방식을 개발하고, 현세 승선과 같은 신선신앙을 추구하거나, 이와 관련된 관념을 주요한 문화기반으로 삼았을 것으로 보기는 어렵다. 4세기 이래 5세기 초까지 고구려의 영역으로 편입되는 요동지역의 문화가 원原 고구려문화에 일정한 영향을 끼친 것으로 보이나, 그 정도는 시기적으로나 밀도상으로 제한적일 수밖에 없었다. 그렇다면 원原 고구려문화의 구성요소는 평양지역에 비해 다양하고 복합적이

---

19) 全虎兒, 앞의 글, 1993b.

20) 全虎兒, 「고구려 각저총벽화 연구」 『美術資料』 57, 1996.

지 않았을 가능성이 높다. 따라서 5세기 전후, 고구려가 국가 차원에서 추진한 불교신앙의 확산과 주몽설화의 신화화라는 다소 이질적인 두 정책이 집안지역에서 비교적 단순한 구조를 지닌 기존 문화의 저항을 뚫기는 그리 어렵지 않았으리라 짐작된다.

주몽설화의 신화화와 종교화는 주몽이라는 현실 역사 속의 인물에 얽힌 사적을 기존의 천신신앙에 덧대는 성격을 띠는 것이었으므로 오히려 쉽게 관철될 수 있었을 것으로 보인다. 불교신앙의 확산 또한 이를 저지할 만한 체계적인 종교신앙이 집안지역에 뿌리박지 않은 상태에서는 국가의 뒷받침 아래 진행이 계속될 수 있었을 것이다.[21] 무용총벽화에 보이는 선인이나 기금이수는 요동이나 평양지역을 거쳐 집안지역에 소개된 신선신앙의 요소들이라고 할 수 있는데, 이들 가운데 대부분이 삼실총 벽화에 등장하지 않는 것은 집안지역에 신선신앙이 깊이 뿌리 내리지 못했기 때문이라고 보아야 할 것이다. 장천1호분의 내부가 불교사원과 같이 장식되며, 이 고분벽화가 제작되던 시기의 집안지역에 연꽃무늬를 주제로 한 고분벽화가 다수 나타나는 것도 이러한 추정에 더욱 힘을 실어 준다.[22] 그러면 무용총벽화에 뚜렷이 모습을 드러내었던 승선昇仙에 대한 소망은 불교신앙의 유행과 함께 스러져 없어진 것일까. 집안지역의 6세기 고분벽화를 보자.

앞에서 보았듯이 6세기 집안지역 벽화고분의 널방 천장고임 벽화는 각종 신神과 선인仙人, 천인天人, 상금서수祥禽瑞獸들로 채워졌다. 벽화의 제재만으로 판단할 때, 각 벽화고분의 널방은 선인神人들의 세계, 일종의 이상향理想鄕이다. 오회분4호묘 널방 벽

---

21) 전호태, 앞의 책, 2000.

22) 전호태, 앞의 글, 1990.

을 장식한 귀갑형 사방연속무늬 안의 인물 10인 가운데 일부는 인동연꽃 속에서 화생化生한 듯한 모습으로 그려졌지만, 막대 끝으로 8괘掛의 하나를 가리키거나 컵 모양의 그릇에 꽃잎류를 담으려는 인물이 이들 가운데 포함되어 있음을 볼 때, 이들의 정체는 선인仙人에 가깝다. 그렇다면 널방 안의 세계는 선계仙界인가. 정확히 표현한다면 불교의 화생化生이라는 관념이 더해진 선계라고 할 수 있을 것이다.[23] 그런데 5세기 중엽경의 고분벽화에서는 그 모습을 감추다시피 한 선계에 대한 인식과 표현이 6세기 고분벽화에 왜 다시 나타나는 것일까. 게다가 중심 주제로까지 택해지는 이유는 무엇일까.

여러 방향에서 그 이유를 찾을 수 있겠으나, 우선적으로 고려해야 할 부분은 사회·문화적 환경의 변화일 것이다. 이와 관련하여 5세기 전반 고분벽화에서 확인되던 선계仙界 인식이 여러 가지 방식으로 사회 이면裏面에 잠복해 있다가, 6세기에 이르러 문화적 여건이 바뀌면서 다시 사회 전면에 대두했을 가능성이 먼저 고려될 수 있겠다. 다른 하나는 6세기의 문화적 변동 내용 안에 신선신앙과 관련한 관념의 재수용再受容과 이의 확산이 포함되어 있을 가능성이다. 또 이러한 두 가지 흐름이 복합되었을 가능성도 있다. 과연 어느 쪽일까.

6세기 고구려사회의 모습을 다시 살펴보자. 6세기 중엽, 고구려는 귀족연립을 바탕으로 한 지방분권적 사회운영기에 접어든다.[24] 이렇게 사회운영의 틀이 바뀌면서 국가권력의 뒷받침 아래 성장을 거듭했던 불교는 '왕권王權' 이라는 가장 강력한 후원자를

---

23) 全虎兒, 앞의 글, 1997c.

24) 金賢淑, 『高句麗 地方統治體制 硏究』, 경북대학교박사학위논문, 1996.

사실상 잃게 된다. 연립정치를 주도하던 귀족세력들로서는 왕권과 밀착한 불교를 더 이상 적극적으로 후원할 필요를 느끼지 않게 되었을 것이기 때문이다.[25) 불교가 보편이념 및 보편문화 창출의 기반이자 도구로 작용하면서 가져온 효과를 정치적 측면에서 살펴본다면, 왕권을 중심으로 한 중앙권력의 강화일 것이다. 다시 말하면 귀족들이 지닌 정치적 원심력遠心力의 제어이다. 연립정치기에 접어든 고구려에서 불교가 종교신앙의 중심적 지위를 유지하기는 어렵게 되었음을 알 수 있다. 특히 고구려 제2의 중심이자, 연립 주도 귀족세력의 가장 주요한 재지기반在地基盤의 하나이던 집안지역에서 불교의 영향력이 쇠퇴할 것은 쉽게 예견할 수 있다. 불교 전성기 이전의 상황, 곧 체계를 잘 갖춘 또 다른 종교신앙이 불교가 지녔던 자리를 대신할 수 있게 된 것이다. 불교를 대신할 수 있는 신앙체계로는 어떤 것을 꼽을 수 있을까.

7세기의 일이지만, 645년(보장왕寶藏王4년) 당唐의 침입을 받아 요동비사성卑沙城이 함락의 위기에 몰리자 성안의 고구려 사람들은 성내城內의 주몽사당朱蒙祠堂에 제祭를 올린다.[26) 이 시기 고구려의 영역 안에 비교적 광범위하게 주몽신앙이 뿌리내렸음을 읽게 하는 부분이다. 주몽설화의 신화화와 종교화는 4세기 말 불교신앙의 확산과 함께 추진된 고구려 국가차원의 이념정책이다.[27) 주몽신앙의 바탕을 이루는 것은 고구려 재래의 천신신앙天神信仰이다.[28)『제왕

---

25) 全虎兒, 앞의 글, 1997b.

26) 四年 五月城陷 男女八千口沒焉 …… 城有朱蒙祠 祠有鎖甲銛矛 妄言前燕世天所降 方圍急 飾美女以婦神 巫言 朱蒙悅城必完『三國史記』卷21,「高句麗本紀」9, 寶藏王.

27) 전호태, 앞의 글, 1989.

28) 全虎兒, 앞의 글『國史館論叢』48, 1993a.

오 회 분 4 호 묘
널방 천장고임
벽화 *하늘세계의
사람들*

운기帝王韻紀』를 비롯한 시조 주몽과 관련한 문헌기록을 통해 알 수 있듯이 천신신앙은 발해만 일대의 무속신앙巫俗信仰에 뿌리를 둔 신선신앙과 공유하는 요소를 다수 지니고 있다. 주몽신앙의 체계화와 확산은 신선신앙 전파의 기반이 될 수 있는 것이다. 6세기 고분벽화의 선계仙界 표현은 불교의 영향력 쇠퇴와 주몽신앙을 발판으로 삼은 신선신앙 대두의 결과로 보아야 할 것이다. 여전히 남는 문제는 이 신선신앙이 어디에서 온 것이며, 벽화제재의 배치에서 확인되는 내용의 체계성은 어떻게 이해할 것인가이다.

　앞에서 보았듯이 집안지역 6세기 고분벽화에는 기금이수와 선인뿐 아니라 이전의 고분벽화에서는 볼 수 없었던 문명신文明神이 다수 등장한다. 이들은 명백히 신화적神話的 존재들이다. 인신사미人身蛇尾의 해신과 달신, 수신燧神과 신농神農, 야장신冶匠神과 제륜신製輪神으로 이어지는 일련의 신神의 계보系譜가 벽화를 통해 확인되는데, 위魏・진晉을 거쳐 남조南朝 양대梁代에 완성되는 중국中國 도교신道敎神의 계보와는 거리가 있다. 현재까지는 그 계통이 확인되지 않는 별도의 신의 계보라고 할 수 있겠다.[29] 오회분5호묘 및 오회분4호묘에서 문명신들보다 아래층 고임에 표현된 승수乘獸・승조선인乘鳥仙人들 역시 벽화가 반영하는 신神의 계보상의 존재로 보아야 할 것이다. 이러한 신의 계보가 고구려에서 정리되었는지, 아니면 외부에서 전해졌는지 현재로서는 알 수 없다. 그러나 고구려에 일신日神, 월신月神을 비롯한 여러 종류의 신神에 대한 신앙이 있었으며,[30] 주몽설화에도 그러한 내용이 포함되어 있음을 고려하면, 고구려 재래의 신앙과 벽화에 반영된 신의 계보 사이에 일정한 상관관계가 있을 개연성은 부정하기 어렵다. 이미 5세기 전반의 고분벽화에서 확인되는 신선신앙적인 요소가 주몽설화의 신화화 과정, 곧 국조國祖 주몽의 사적事迹과 천신신앙天神信仰의 연계과정連繫過程에 혼입混入되어 새로운 신화체계 정립에 기여했을 가능성이 있는 것이다. 4세기 말 이래의 종교화 정책이 국조 주몽을 단순히 왕권에 신성성神聖性을 부여하는 천손天孫으로 인식시키는 데에 그치지 않고, 더 나아가 주몽과 유화柳花를 포함한 신앙대상 전반에 대한 정리, 즉 모든 고구려인이 공유할 수 있는 신화체계의 정립에까지 이르렀다면, 불교의 빈 자리가 이러한 관념체계로 채워지기는 오히려 쉽지 않았을까.

Ⅲ. 닫으며

몇몇 문헌기록은 고구려 사회가 비교적 이른 시기부터 '신선'에 대한 관념과 인식을 지니고 있었음을 시사한다.[31] 고분벽화

---

29) 耿鐵華는 中原神話를 고구려가 수용하면서 나타난 현상으로 이해하고 있다.(耿鐵華, 「集安五盔墳五號墓藻井壁畵新解」『北方文物』1993年3期.) 이에 대해 정재서는 중원신화라는 개념이 성립할 수 있는지를 먼저 묻는 입장이다.(정재서, 앞의 글, 1996)

30) 全虎兌, 「고구려 고분벽화의 해와 달」『美術資料』50, 1992.

31) 정재서, 앞의 글, 1996.

는 이러한 가능성을 사실로 확인시켜 준다. 고구려 고분벽화의 신선신앙적 제재는 고구려인이 '승선昇仙'을 내세관의 한 줄기로 삼고 있었음을 알려 준다. 또한 고분벽화의 신선신앙적 제재는 고구려가 집안과 평양이라는 두 문화중심의 거리를 좁히려 애쓰면서 겪은 어려움이 어떤 것이었는지를 이해하는 데에 도움을 주기도 한다.

고구려에서 신선신앙이 비교적 깊이 뿌리내린 곳은 평양·안악지역이었다. 국가적 차원에서 이루어진 불교 후원에도 불구하고, 평양권平壤圈 고분벽화에서 불교적 제재가 신선신앙적 제재를 압도한 시기는 극히 짧았다. 고구려의 진출 이전, 이 지역에 자리잡았던 낙랑樂浪이 성립시킨 문화가 지닌 저력 때문일 것이다. 신선신앙은 낙랑문화의 주요한 요소 가운데 하나로 보인다.

집안지역을 중심으로 성립한 원原고구려 문화, 그 가운데 종교신앙의 기반이 된 것은 천신신앙 중심의 소박한 자연신앙이었다. 천신신앙은 성격상 신선신앙과의 접합과 융화가 용이하다. 5세기 전후, 국가에 의한 불교 확산책으로 집안의 기존 자연신앙은 불교신앙에 압도되는 경향을 보인다. 고분벽화가 불교적 제재만으로 채워지는 현상도 나타난다. 그러나 주몽신앙의 성립과 확산을 통해 천신신앙의 기본요소는 오히려 체계화되고 있었다. 6세기에 이르러 불교에 대한 국가적 후원이 약화되자, 원原고구려의 천신신앙은 신선신앙과 융화된 모습으로 집안지역 종교신앙의 중심적 위치를 다시 확보한다.

한국사상의 뿌리와 유교

최일범(성균관대)

한국사상의 뿌리와 유교

Ⅰ. 한국 고대문화와 동이東夷

　우리 민족은 아득한 상고시대부터 소박한 원시문화를 형성하였고, 역사의 변천에 따라 외래 문화를 수용하여 주체적으로 우리의 문화로 소화하면서 민족 문화를 발전시켜 왔다. 즉 우리 전통 문화는 상고 시대의 고유한 원시문화와 그후에 역사의 흐름에 따라 수용한 외래 문화로 구성되어 있다.

　우리 나라의 지금의 영토는 압록강과 두만강 이남의 한반도에 불과하지만, 한국이 역사를 대략 4천여 년으로 본다면, 고대 한국인의 역사적 활동 무대는 한반도를 넘어 지금 중국의 동북부가 중심이 된다. 고조선 시대에 한국인의 활동은 주로 지금 중국의 동북부 지역이었으며, 이 지역을 중국 측에서는 예로부터 동이족 東夷族 지역이라고 하였다. 동이족東夷族이란, 화하족華夏族이라고 불리우는 중국민족과 달리, 지금의 중국 동부 지역과 한반도에 분포하여 거주하던 족속들을 가리키며 고대 한국인 역시 동이족에 속한다.

　동이족의 연원은 매우 오래되었다. 중국 신화에는 일찍이 화하족의 족장인 황제黃帝와 동이족에 속하는 치우蚩尤라는 족장의 전쟁에 관한 전설이 마치 고대 그리스의 트로이 전쟁 설화처럼 실려있다. 또한 중국 고대 왕조인 하夏, 은殷, 주周 중에서 은殷왕조는 동이족이 세운 것이며, 중국의 고전인 맹자에는 중국 고대의 전설적인 제왕인 순舜이 동이족이라고 기술되어 있다. 중국인들은 일찍이 동이족을 군자君子라고 표현하였는데, 중국의 고전인 논어에도 공자가 동이 지역을 군자가 거주하는 곳이라고 불렀다는 사실을 기록하고 있다.

이 밖에도 중국의 전설과 역사적 기술들은, 중국 민족의 문명과는 다른, 그들만의 독특한 문화를 가진 동이족에 대한 기술이 적지 않다. 그리고 고조선 지역에서 출토되는 생활용구인 토기나 청동기의 형태와 주거 양식과 무덤도 중국의 그것과는 사뭇 달랐다. 이로써 우리 민족은 아득한 고대로부터 민족의 독특하고 고유한 문화를 형성하여 발전시켜 왔음을 알 수 있는 것이다.

우리 민족의 고유한 문화적 원천은 중국과 함께 오랜 역사를 가지고 있으며, 우리는 그것을 우리의 신화나 역사 자료는 물론 중국의 신화와 역사 자료를 통해서도 찾아 볼 수 있다. 우리 민족에게 계승되어 온 단군신화는 바로 이러한 우리 민족의 고유한 역사와 문화에 대한 신화적 형태를 대표하는 것이다. 즉 단군신화는 바로 고조선의 건국신화로서, 중국인들이 동이라고 부른 우리 민족의 고유한 고대 역사와 문화의 연원에 대한 신화인 것이다.

한편 중국과 인접한 한국은, 중국이 춘추전국시대에 이르러 문화가 급속도로 발전하면서, 점차 중국의 한자문화의 영향을 받게 되었다. 한자를 사용하게 되면서 중국의 학술과 사상은 지리적으로 인접한 우리 나라에 바로 수입되었던 것이다. 따라서 중국에서 발전한 유교와 불교, 그리고 도교는 삼국 시대 이후 바로 우리 민족 문화와 어울려 점차 우리의 전통문화로 수용되었다. 이러한 정황을, 신라 말기의 유학자이면서 불교와 도교에도 해박했던 석학, 최치원崔致遠 선생은 「난랑비서鸞郎碑序」라는 글에서 우리 나라에 본래 고유한 깊고도 오묘한 도인 풍류가 있어서 중국에서 전래한 유교, 불교, 도교 등 삼교를 수용하여 백성들을 교화하였다고 전하였다.

II. 단군 신화와 유교사상

단군 신화가 보이는 최초의 문헌은 고려 시대의 승려 일연一然이 지은 『삼국유사三國遺事』이며, 비슷한 시기에 이승휴에 의해 지어진 『제왕운기帝王韻紀』에도 역시 단군 신화가 실려있다. 삼국유사에 의하면, 단군 신화는 일연이 지은 것이 아니라 『위서魏書』와 『고기古記』에 실려 있는 기록을 모아서 하나의 신화로 구성한 것이며, 이승휴의 『제왕운기帝王韻紀』는 구삼국사舊三國史 본기本紀를 인용하여 단군 신화를 전하고 있다.

단군 신화는 우리 민족의 시조신화이며 건국신화이다. 신화란 서양의 Myth를 번역한 말로서 옛부터 전해지는 신들에 관한 이야기를 의미하며, 또한 고대인들의 사유나 역사적 사건에 대한 신화적 논리를 통한 설명이다. 다시 말하면 신화란 단순한 허구적 이야기 거리가 아니라 고대인들의 역사적 삶과 사유를 신화라는 형식을 빌어 전달하는 설명체계라는 것이다. 그러므로 오늘날 많은 사람들이 단군신화를 통해서 우리 민족의 고대사와 문화를 해석하고 있다.

단군신화의 내용을 정리해 보면 다음과 같다.

ㄱ) 하늘의 제왕인 환인의 서자 환웅이 하늘 아래의 인간 세상을 다스리고자 하여 인간을 널리 이롭게 할 만한 땅을 골라 천부인 3개를 주어 내려가 다스리게 하다.

ㄴ) 환웅이 바람의 신 풍백風伯과 비의 신 우사雨師, 그리고 구름의
신 운사雲師를 거느리고 태백산 신단수 아래 내려와 곡식, 수
명, 질병, 형벌, 선, 악 등 인간의 360여 가지 일을 맡아서 주관
하였다.

ㄷ) 그 때 곰과 호랑이가 사람이 되기를 원하여 환웅에게 빌자, 환
웅은 쑥과 마늘을 주고 굴에서 백일간 기도하라고 한다. 호랑
이는 견디지 못하고 곰은 21일간을 기도하자 여인의 몸을 받고
웅녀가 되어 환웅과 혼인하여 단군왕검檀君王儉을 낳다. 단군
은 아사달에 도읍을 정하고 조선朝鮮을 개국하니, 중국의 요堯
임금과 같은 시기이다. 후에 단군은 아사달에 숨어 산신이 되
었다.

이상에 의하면 우리는 단군신화가 우리 민족의 고대 역사와 원
시 문화의 고유한 형태에 대해 중요한 의미를 내포하고 있음을
알 수 있다. 먼저 지적할 수 있는 것은 단군신화가 우리 민족의
건국신화로서 한민족이 다른 민족이나 국가에 의존하지 않고 자
주적이고 독립된 역사를 영위하였음을 알려 준다는 것이다. 고
조선의 역사가 중국의 전설적인 제왕인 요임금과 동시에 시작한
다는 단군신화의 주장은 중국과의 대비를 통해서 한민족의 정체
성과 주체성을 드러내려는 것임을 짐작하게 한다.

단군신화에는 위에서 말한 역사적 의미 외에 풍부하고 깊이 있
는 원시 문화적 의미를 보여 주고 있다. 단군신화에는 하늘과 땅,
그리고 인간을 신격화한 다양한 신의 세계가 등장한다. 환인과
환웅은 하늘의 신天神이고, 곰은 땅의 신地神이며, 단군은 인간의
신山神을 상징하고 있는 것이다. 그리고 이 삼신三神은 다른 민족

의 신화에서는 찾아볼 수 없는 특이한 관계를 구성함으로써 우리 민족의 독특한 사유와 문화 체계를 설명하고 있다.

먼저 주목할 것은 천신인 환인과 환웅의 의미이다. 환인이 하늘 세계를 지배하는 지고무상한 천신이라면, 환웅은 지상의 세계로 내려와 인간의 몸으로 변화하여 웅녀와 결합함으로써 단군을 낳는다. 이것은 무엇을 의미하는 것일까?

하늘이란 고대인들에게 있어서 인간 세계를 초월한 절대적이고 이상적인 세계를 의미한다. 즉 단군신화는 환인을 통해서 우리 민족이 절대적이고 초월적인 신을 신앙하고, 이상세계를 지향하는 종교적 사유가 있음을 설명하고 있는 것이다. 한편 환웅은 하늘이라는 이상적인 세계가 단지 하늘에만 존재하지 않고 지상에도 실현됨을 나타낸다. 즉 환인의 초월성은 환웅을 통해서 지상 세계로 운반되는 것이다. 그런데 우리가 단군신화에서 주목할 것은 막상 지상 세계에 하늘의 이상적인 모습을 실현할 주체는 천신인 환웅이 아니라 인간인 단군이라는 것이다.

신화 속에서 단군은 평양에 도읍을 정하고 나라를 세워 조선이라고 한다. 즉 지상 세계를 다스리는 주체는 환웅이 아닌 단군이 되는 것이다. 이것은 하늘의 이상적인 의지를 지상에 실현할 주체는 하늘이 아니라 바로 인간이라는 의미를 나타내고 있다. 즉 인간은 하늘의 의지를 지상 세계에 실현할 실천 주체로서 뚜렷한 존재의 의미를 갖게 되는 것이다. 하늘의 의지를 실현할 터전이 지상 세계이니 만큼 인간에게는 하늘과 땅의 의미가 조화롭게 융화하지 않을 수 없다. 신화에서 환웅과 웅녀가 결합하여 단군이 탄생한다는 것은 바로 인간이 주체가 되어 하늘과 땅을 융화함을 의미한다고 보아야 할 것이다.

인간이 하늘과 땅을 조화롭게 융화한다는 것은 바로 인간이 주체가 되어 천신이며 아버지인 환웅의 의지를 받들어 지상세계에 실현하는 것을 의미한다. 그런데 여기에서 우리는 웅녀의 의미를 생각하지 않을 수 없다. 신화에 보이는 바와 같이 웅녀는 인간의 몸을 얻기 원하여 마늘과 쑥만을 먹으며 굴에서 햇빛을 보지 않고 수련하고 기도하는 과정을 거치게 된다. 이러한 자기 정화의 과정을 거친 후에 비로소 웅녀는 환웅과 결합하여 단군을 잉태하게 되는 것이다. 그러므로 웅녀의 기도는 바로 인간이 하늘과 땅을 조화롭게 융화하여 실현할 주체자가 되기 위한 수련 과정을 상징한다고 할 수 있다.

이상으로 단군신화의 내용과 그 의미를 살펴보았다. 정리해보면 단군 신화에는 우리 민족의 고유한 경천敬天사상이 나타나 있고, 나아가서 하늘과 땅, 그리고 사람이 하나가 되는 삼신일체의 사상이 있으며, 인간이야말로 하늘의 의지를 받들어 땅에서 홍익인간을 실현할 주체자라는 인도人道주의 정신이 드러나 있는 것이다. 이와 같이 인간을 중시하고, 인간이 주체가 되어 하늘의 뜻을 지상에 구현한다는 단군 신화의 인도주의 정신은 우리 민족의 역사 속에서 계승되어 유교, 불교, 도교 등 외래 사상을 주체적으로 수용하고 융화하는 축으로 작용한다.

단군신화가 우리에게 전해주는 것은 무엇보다 우리 민족의 기원과 고유의 소박한 원시 종교 문화에 관한 것이라고 할 수 있다. 고대 사회에서 제왕의 탄생이나 민족의 시조가 하늘과 관련되는 것은 그 자주성을 강하게 표출하는 것이다. 단군신화에서 단군의 건국이 중국의 고대 전설적인 제왕인 요와 같은 시기라고 명시한 것도 우리 민족이 중국과 동등한 역사를 지닌 자주 국가라는 자부심을 드러낸 것으로 해석할 수 있다. 또한 환인, 환웅, 단군이 삼신일체의 신격神格으로 자리 잡고 인간을 널리 이롭게 한다는 홍익인간의 정신은 한편으로는 우리 민속에서 무속의 형식을 통해 민중종교로서 깊은 뿌리를 내려 왔다.

단군신화를 통해 상징적으로 설명되고 있는 우리 민족의 정서는 종교, 사상, 예술, 문학 등 다방면에 걸쳐 중국이나 일본과는 다른 한국적인 고유한 특성을 드러내고 있다. 그것은 단군 신화가 상징하는 삼신 신격의 일체성과 하늘과 땅의 가치와 진리가 궁극적으로 인간을 통해서 이루어진다는 삼재의 조화성과 인간 주체 정신을 바탕으로 하고 있다. 즉 환인과 환웅이 상징하는 하늘의 이상성과 곰으로 상징된 땅의 현실성을 인간이 주체적으로 융화하여 가치를 실현한다는 것이다.

단군신화에 보이는 이러한 정신은 신라 말에 최치원에 의해 풍류의 삼교합일 정신으로 표현되었다. 풍류를 닦은 신라의 화랑들은 수려한 자연에서 신인합일하는 정신적 수련을 통해서 유, 불, 도 삼교를 융화함으로써 통일된 이념으로 삼국 통일의 위업을 달성하였다는 것이다. 신라 말기의 유학자 최치원은 「난랑비서」라는 글에서 풍류에 대해 다음과 같이 말하였다.

> 우리 나라에 현묘玄妙한 도道가 있으니 풍류風流라고 한다. 풍류가 설립된 연원은 선사仙史에 자세히 기록되어 있는데, 삼교三敎를 포함하여 백성을 교화하였다.

이 글을 통해서 우리가 알 수 있는 것은 첫째, 우리 민족에게 옛부터 풍류라는 고유한 도道가 있었다는 것이며, 둘째, 풍류는 유불도 삼교 등 외래 종교를 수용하여 민중들을 교화한 현묘한 도라는 것이며, 셋째, 풍류는 선가仙家에 속하는 종교 내지는 사상이라는 것이다. 다시 말하면 우리 민족에게는 중국으로부터 삼교가 전해지기 전에 이미 고유한 도인 풍류를 가지고 있었으며, 풍류가 주체가 되어 삼교를 수용했다는 것이다.

화랑과 풍류의 전통이 있었던 신라 시대에는 최치원이 지적한 바와 같이 유불도 삼교가 서로 대립하지 않고 수용하였는데 예를 들면 자장율사가 화랑들을 위해 만든 세속오계에는 불교뿐 아니라 유교와 도교의 가르침이 함께 있었던 것과 같다. 다시 말하면 이와 같이 서로 다른 종교들을 조화롭게 수용할 수 있는 근거가 풍류에 내재되어 있었다는 것이다.

이와 같이 서로 다른 종교적 이념을 수용하여 조화롭게 포용할 수 있었던 근거야말로 풍류에 내재한 전통적 지혜라고 할 수 있다.

III. 유교의 전래와 수용

유교는 우리 민족이 한자를 수용하면서 같이 들어 온 것으로 짐작된다. 지리적으로 중국과 인접한 우리 나라는 고대로부터 중국과 교류가 빈번하였으므로 자연히 한자를 수용하게 되고, 한자를 습득하는 과정에서 유교의 경서들을 접하게 되었을 것이다. 유교의 기본적인 도덕 규범은 전래된 초기부터 우리 민족에게 깊이 뿌리를 내렸고 후에 조선시대에는 불교를 대체하여 사상과 문화를 주도하였다.

1. 유교의 사상적 특징

유교는 공자(B.C 551 ~ 478)에 의해서 창시되었으며 일반적인 의미의 종교라기보다는 의례와 도덕에 대한 가르침으로 알려져 있다. 공자가 살았던 시대는 역사적으로 춘추시대라고 불리우는, 중국의 고대 왕조인 주周나라의 말기로서, 제후들이 서로 쟁패하기 위해 전쟁을 빈번히 일으킨 시기였다. 이때 많은 학자들이 학파를 이루어 세상을 구하고자 하였는데 이들을 제자백가諸子百家라고 하며 유가儒家와 도가道家는 대표적인 학파였다.

고대 중국에는 하늘을 신앙하는 원시 종교 문화가 있어서, 통치자는 천명天命, 즉 하늘의 명령에 의해 천자가 된다고 여겼다. 그런데 유교는 천명을 단순히 신의 명령으로 해석하지 않고 백성들의 마음을 통해서 실현되는 것으로 보았다. 천명을 통치자의 도덕성과 연결하여, 만약 천자가 덕이 없어서 백성들로부터 외면당한다면 천명은 덕이 있는 다른 사람에게 내려진다고 보았던 것이다. 이와 같이 천명이 백성의 의지를 통해서 드러난다는 유교적 해석을 민본民本주의라고 한다. 공자가 주목한 것은 바로 이러한 공동체의 질서와 도덕성의 문제였으며 이것을 종교의 인문화人文化라고 한다.

하늘이 덕이 있는 사람을 택해서 천자로 삼는다는 것은, 바꾸어 말하면 인간의 도덕성 속에 하늘의 의지가 내재함을 의미한다. 그러므로 공자에게 있어서 도덕이란, 단순히 사회조 약속이나 공리功利적인 것이 아니라, 곧 하늘의 절대적인 명령을 실천하는 종교적 의미를 갖는 것이었고, 인간이 존재 의미 또한 도덕적 인격을 완성하고 그것을 사회적으로 구현하는 데에 있었다. 다시 말하면 사람이 태어나서 가족을 이루고 사회를 구성하는 것은 천명에 의해 이루어지는 것이므로 인간은 자신의 도덕성을 실천하여 사회에 구현할 소명과 책임이 있다고 여겼던 것이다.

이러한 공자의 사상을 대표하는 도덕적 개념은 인仁이었다. 공자는 사람이 인하지 못하면 예의도 소용이 없다고 하였는데, 이는 형식적인 예의보다 자신이 마음으로부터 도덕적으로 각성하는 것이 중요함을 의미하는 것이었다. 인에 대한 공자의 설명은 다양하지만 가장 알려진 것은 '자신이 하고 싶지 않은 것은 남에게도 시키지 않는 것'이라는 말이다. 즉 공자가 말하는 인이란 내가 하고 싶지 않은 일은 남도 하기 싫을 것이라고 미루어 느낄 수 있는 도덕적 감정을 가리킨다. 맹자는 이를 확대시켜 인간에게는 누구나 측은지심惻隱之心, 수오지심羞惡之心, 사양지심辭讓之心, 시비지심是非之心이 있으며, 이를 통해서 인간에게 선한 본성이 있음을 알 수 있다고 하는 성선설性善說을 주장하였다.

맹자는 이러한 네 가지 마음을 사단四端이라고 하였는데, 사단이란 네 가지 단서라는 뜻으로서, 네 가지 단서를 통해서 인간의 마음 속에 본질적으로 선한 본성이 있음을 알 수 있다는 것이다. 예를 들어 말하면, 측은지심이란 불쌍한 사람을 볼 때 느낄 수 있는 측은한 마음이고, 수오지심이란 잘못을 저질렀을 때 부끄러움을 느끼는 마음이고, 사양지심은 칭찬을 받았을 때 사양할 수 있는 마음이고, 시비지심이란 잘못된 일에 대해서 옳고 그름을 느끼는 마음이다. 맹자는 이러한 도덕적 감정이야말로 진실한 마음이며, 이러한 진실한 마음이 있다는 것은 우리 마음에 선한 본성이 선험적으로 존재하는 증거라고 하였던 것이다. 따라서 이러한 진실한 도덕적 마음을 수양을 통해서 닦으면 훌륭한 인격이 이루어지고, 인격을 이룬 사람이 정치를 하면 역시 훌륭한 정치를 할 수 있다고 하였다.

공자가 인仁을 설명하면서 가족공동체의 질서를 중시한 것은 가족이야말로 인간의 생명이 이루어지고 도덕성을 일깨우며 성숙한 인격을 이룰 수 있는 근본이라고 여겼기 때문이다. 즉 인간이 스스로 도덕적인 감정을 느낄 수 있는 근본적인 계기는 부모의 사랑이며, 부모는 자신이 생명을 탄생시켰다는 경외감과 더불어 자연스럽게 자녀를 사랑하게 된다는 것이다. 맹자 역시 모든 부모는 자녀를 사랑하는 마음을 넓혀서 남의 자녀도 사랑할 수 있고, 모든 자녀는 자신의 부모를 사랑하는 마음을 넓혀서 남의 부모도 사랑할 수 있다고 하였다. 나이 많은 이웃 어른을 공경할 수 있는 것은 자신의 부모를 사랑하는 마음을 미루어 확대하기 때문이라는 것이다.

유교는 이처럼 가족간에 사랑하는 감정을 사회로 확대시켜, 통치자들이 백성을 가족처럼 사랑하는 왕도王道정치를 시행하면 세상이 평화롭게 될 것이라고 하였다. 반대로 통치자가 자신의 욕심을 앞세워 힘으로 백성을 억압하는 정치는 패도覇道정치라고 규정하였다. 또한 인의仁義의 덕이 부족한 사람이 왕이 되어 백성을 학대하면 백성들은 혁명할 수 있다고 하였다. 이처럼 유교는 도덕적 인격을 이루고 그 가치를 현실적으로 사회에서 구현하는 것을 궁극적 진리로 인식하였다. 유교가 가족과 사회의 질서를 중시하여 예절로써 형식화한 것은 모두 이러한 이유 때문이었다.

유교의 의례 중에서 가장 대표적인 것은 제사祭祀로서, 후손들이 돌아가신 조상에게 생명과 사랑을 주신 고마움을 표현하기 위한 의식이다. 유교적 관점에서 보면, 인간은 조상을 존중함으로써 자기 자신의 생명의 근원을 소중하게 인식하며 나아가서 자신으로부터 후손의 영원히 이어져갈 생명의 영속성을 확인한다. 한 인간이 자신의 생명을 소중하게 인식한다면 그 생명을 낳아주신 부모와 조상에 대한 고마움을 느끼지 않을 수 없을 것이다.

또한 유교에서는 하늘天을 공경하고 제사하는 의식이 있다. 이는 인간의 생명의 근원이 궁극적으로 조상을 거쳐 하늘에 도달한다고 보기 때문이며 이것이 유교의 종교적인 측면이라고 할 수 있다. 그런데 공자는 이러한 종교적 숭배의 대상인 하늘은 단순히 생명의 근원일 뿐 아니라 도덕성의 근거라고 하였다. 즉 인간의 도덕성은 하늘이 부여한 만큼 절대적인 의미를 가진다는 것이다.

따라서 유교는 단순히 하늘을 인격신으로 신앙하기보다는 자신의 도덕성이 천부적인 것임을 자각하고 현실에서 도덕을 실천하는 것이야말로 하늘을 올바로 섬기는 것이라고 하였다. 이것이 유교의 하늘에 대한 신앙이 다른 종교의 하늘 신앙과 구별되는 점이다. 우리 조상들이 부모에게 효를 실천하고 나라에 충성하기 위해 자신의 생명도 던질 수 있었으며, 관직을 맡아서도 개인의 욕심을 극복하고 청백리로 살았던 것은 바로 도덕의 자각과 실천을 천부적이며 궁극적인 진리로 인식하는 신념이 있었기 때문이다.

유교는 인간이 도덕성을 자각하고 실천하기 위해서 누구나 수양 공부를 하여 사사로운 욕심을 극복해야 한다고 한다. 사사로운 욕심이란 바로 자신의 육체적 욕구에서 발동한 이기적인 욕심을 의미하는데, 인간이라면 누구나 이기적인 욕심이 있어서 도리를 어기게 되므로, 일정한 수양 공부를 통해서 그것을 극복해야 도덕적 본성을 회복할 수 있다는 것이다. 유교에서는 이처럼 이기적인 욕심을 극복하는 공부를 가장 중요한 것으로 여겨 공자는 극기복례克己復禮 즉 자신의 사욕을 극복하여 예를 회복할 것을 말하였고, 맹자는 도덕적 본심을 보존하여 호연지기浩然之氣를 잘 길러야 한다고 하였다.

송대에 이르러 성리학자들은 도덕심과 육체적 욕구를 구별하는 인심도심설人心道心說과 정신을 통일하는 경敬 공부, 그리고

‘천리를 보존하고 인욕을 제거하는’ 존천리存天理 거인욕 去人欲의 공부, 또는 사물에서 도리를 찾는 격물치지格物致知 공부를 통한 수양을 중시하였다. 성리학이란 인간의 도덕적 본성이 곧 우주적 원리라는 성즉리性卽理의 강한 이념성을 내포하는 중세적 유교이다. 이는 공자나 맹자의 원시 유교가 이념성보다는 실천성을 중시했던 것과 구별하여 새로운 유교 즉 신유교新儒敎라고 불리었다.

신유교는 남송의 주자朱子(이름은 朱熹, 1130~1200)에 의해 집대성되었는데 후에 명대에 이르러 왕양명王陽明(이름은 守仁, 1472~1528)을 중심으로 하는 양명학이 주자학을 비판하면서 성립되었다. 신유교는 당시 불교가 지나치게 주관적 관념세계의 적정寂靜만을 추구하거나 혹은 내세를 위한 기복신앙으로 전락했다고 보고 현실에서 윤리를 구현해야 한다는 유교적 진리관을 주장하였다. 이들은 현실이야말로 곧 진리를 구현할 토대임을 입증하기 위해 이기론理氣論과 인성론人性論을 철학적으로 논증하였는데, 진리의 성격과 진리에 도달하기 위한 방법론의 차이로 인해 학파가 나뉘었다.

이기론이란 이理와 기氣 두 가지 범주로써 세계의 본질과 현상을 설명하는 세계관을 말한다. 이는 기를 존재하게 하는 형이상적形而上的 실체요 원리이면서 동시에 가치 근거이며, 기氣는 형이하자形而下者요 만물을 구성하는 질료요 변화하는 현상적 사태이다. 즉 변화하는 현상적 사태인 기의 배후에는 반드시 기를 존재하게 한 형이상적 원리 혹은 가치의 초월적 근거가 존재함을 가리킨다. 그런데 이와 기는 각각 형이상자와 형이하자로서 엄격히 범주를 달리하면서도, 서로 떨어질 수 없는 관계로 규정된다. 즉 우주에는 형이상적 실체요, 궁극적 가치의 근거로서 이가 존재하되, 그것은 변화하는 기를 떠나서 별개로 존재할 수 없다는 것이다. 이러한 이기론에 의해서, 신유교는 현실이 초월적 진리를 지향하며, 동시에 초월적 진리는 현실에 내재함을 입증하고자 하였다.

인성론이란 인간의 마음과 감정, 그리고 본성을 논의한 것이다. 우주에 초월적인 이가 있듯이 인간에게는 본성性이 있으며, 변화하는 기氣는 마음心과 감정情이 된다. 마음이란 대상을 지각하고 사유하는 기능이며, 감정은 마음이 대상에 대해 표출한 기쁨喜, 노여움怒, 슬픔哀, 두려움懼, 사랑愛, 미움惡, 욕구欲 등 칠정七情이다. 그러므로 마음은 대상에 따라 수시로 변화하며, 감정 또한 변화하는 대상에 따라 다르게 발동하게 된다.

그리고 본성이란 마음과 감정을 존재하게 하는 본체이면서 동시에 마음과 감정을 선善으로 이끄는 초월적 근거이다. 즉 맹자가 말했듯이 우물에 빠지는 어린이를 보고 즉시 측은지심을 일으키는 것은 우리의 마음에 선한 본성이 내재하기 때문이라는 것이다.

인간의 마음에 선한 본성이 내재한다는 것은 누구나 선을 실천하여 성인聖人이 될 수 있음을 의미한다. 그러나 현실적으로 인간은 악을 행하는 경우가 많은데, 그것은 인간이 이기적인 사심私心과 욕구欲求에 이끌려 본성을 은폐하기 때문이다. 따라서 본성이 은폐됨을 막기 위해 신유학에서는 마음을 수양하는 방법으로서 공부론을 수립하였다.

2. 한국유교의 전개

1) 삼국시대(BC57 — AD668)의 유교

역시 BC 1세기경 한국의 고대 왕조는 고구려(BC 37∼AD

668), 신라(BC 57~AD 935), 백제(BC 18~AD 660)의 삼극으로 나뉜 삼국시대에 접어들었는데, 삼국의 하나인 고구려에서는 AD 372년에 유교의 경전을 중심으로 학습하는 국립대학인 태학과 지방 학교인 경당이 건립되었다. 고구려는 지리적으로 중국과 가장 인접하였으므로 중국의 제도와 학술을 가장 일찍 받아들일 수 있었다. 태학에는 유교의 오경을 전문적으로 연구하고 가르치는 오경박사가 있었으며 이밖에 역사와 문학 등도 가르쳤다. 지금은 중국의 영토에 속하지만 당시에는 고구려에 속했던 집안시에 남아있는 광개토대왕비와 남한의 충북 중원에 있는 고구려비의 비문을 보면 당시 고구려의 학문 수준을 알 수 있다. 고구려에 태학이 세워지고 약 1세기 이후에는 백제와 신라에도 국립대학이 세워졌고 역시 유교의 경전을 전공하는 오경박사 제도가 있었다. 삼국 중에서 일본에 가장 많은 영향을 미친 나라는 백제였다. 일본의 고대 역사서인 『일본서기』에는 4~7세기에 백제인들이 각종 고급문화를 일본에 전한 사실을 기록하고 있다. 4세기 중엽 백제의 유학자 아직기는 일본의 왕자에게 한자를 가르쳤고 이어서 박사 왕인은 일본에 『논어』와 『천자문』을 전하였다. 신라에도 국학이라는 국립대학이 설립되어 유교 경전을 중심으로 가르쳤다. 또한 신라에는 화랑이라고 불리운, 국가의 훌륭한 인재를 양성하는 데 목적이 있는 청년 수련단체가 있었는데, 이들을 위해 만들어진 세속오계는 '임금에게 충성할 것', '부모에게 효도할 것', '친구를 믿음으로 사귈 것' 등 유교의 덕목이 중심이었다. 지금도 남아 있는 『화랑세기』라는 책에는 신라의 많은 충신과 장군들이 화랑에서 배출되었다고 기록하고 있다. 또 지금 경주박물관에 소장되어 있는 '임신서기석'이라고 불리우는 돌에는 당시 화랑들이 국가에 선행을 할 것과 서로 도

의로써 연마할 것 그리고 유교의 시경, 서경, 예기 등 경전을 읽겠다고 맹세한 내용의 글이 새겨져 있다.

전체적으로 보면 삼국시대의 유교는 국가에 대한 충성과 부모에 대한 효도를 중심으로 국가와 가족공동체의 결속을 장려하는 윤리적 차원으로 수용되었다. 물론 유교의 윤리가 국민들에게 장려된 만큼 통치자들의 정치 이념에도 유교가 반영되었다. 삼국의 제왕들은 백성을 정치의 근본으로 하는 민본주의의 왕도정치 이념을 강조하였다. 유교의 정치 사상의 특징 중 하나는 군주의 도덕성을 중시하는 것이다. 군주는 성인과 같은 인격자가 되어 백성을 마치 한가족처럼 돌보는 사랑의 정치를 하지 않으면 안된다는 것이다. 신라의 유명한 유학자이며 고승 원효의 아들인 설총은 「화왕계」라는 글을 지어 군주가 도덕적인 정치를 할 것을 건의하였다. 그 내용은 인간의 세계를 꽃의 세계에 비유하여 꽃의 왕이 아름다운 장미꽃만을 총애하고 늙고 경륜이 있는 충신인 할미꽃을 멀리하는 것을 꾸짖는 내용이었다.

한편 당시 삼국은 중국과의 외교 관계를 맺고 있었는데, 유교의 경전을 학습하는 것은 격조 있는 외교문서를 작성하기 위해서도 필요한 것이었다. 지금도 남아 있는 삼국 시대의 외교문서를 보면 유교의 경문들이 많이 인용되어 있음을 알 수 있다.

삼국 시대의 학교 제도는, 앞에서 말한 바와 같이 고구려를 시작으로 백제, 신라에서 모두 국립대학을 설립해서 유교의 경전을 중심으로 교육하였지만, 지금은 신라의 국립대학이었던 국학에 대한 기록이 가장 상세히 남아 있다. 간단히 살펴보면 국학의 교과목은 유교의 경전을 중심으로 역사, 문학, 의학, 수학, 천문학 등이었으며, 학장 1인과 박사 여러 명, 그리고 조교 등이 있었다. 국학에는 15세에 입학하여 9년간 수업하였고 성적이 나쁜 경우는 몇 년간 졸업이 늦추어졌다.

삼국 시대는 신라에 의해 고구려와 백제가 멸망하면서 막을 내린다. 이후 신라는 백제와 고구려의 일부 영토를 합병하였고, 고구려의 옛 영토에는 발해(698~926)라는 나라가 세워졌다. 이로써 한국의 고대 역사는 삼국 시대가 끝나고 남북국 시대가 시작되었다. 발해는 고구려의 문화를 계승하면서 중국 당시대의 문화도 수입하여 높은 수준의 문화를 유지하였다. 발해는 국립대학으로 주자감을 설립하고 유교의 경전과 한문학을 교육하였고, 유교 경전의 이해 수준에 따라 관리를 임용하였다. 발해에서 유교 문화가 융성했던 것은 행정 6부(충 · 인 · 의 · 예 · 지 · 신)의 명칭이 모두 유교의 덕목으로 지어졌다는 것을 통해서도 알 수 있다. 신라와 마찬가지로 발해에서도 중국 당나라에 많은 유학생을 보냈으며 당나라의 과거 시험에서 신라인과 발해인이 서로 수석을 다툴 때도 종종 있었다.

신라에서는 골품제도에 의해서 왕족과 귀족만이 최고 지배계층을 세습하였다. 그러므로 유교는 주로 육두품이라고 하는 계급이 담당하였는데 이들은 국학을 졸업하고 독서삼품제를 통해서 학문을 시험하여 관직에 진출하였다. 물론 이들이 진출할 수 있는 관직은 한계가 있어서 세습귀족의 관직에는 오를 수 없었다.

2) 고려 시대(918—1392)의 유교

고려 시대 전시기를 통해서 종교는 불교가 주도하였지만 국가 통치를 위한 행정제도와 문물제도 정비는 유교에 의존하였다. 고려의 지배체제를 운영하기 위한 인적 자원은 교육제도와 과거제도를 통해서 공급되었다. 초기 광종 때에 과거제도를 실시하고 성종 11년(992)에 중앙에 정식으로 일종의 종합대학인 국자감國子監을 설치하였다. 수도인 개경에 비서성秘書省, 서경에 수서원修書院이라는 도서관을 세웠으며, 국자감에는 여러 단과대학이 속해 있었는데 숙종肅宗(1095~1105) 때에는 국자감에 서적포라는 출판소를 두어 서적간행을 강화하고, 12세기 초 예종(1105~1122)때에는 국자감을 재정비하여 7재라는 전문학과를 두었으며, 양현고라는 일종의 장학재단을 설치하여 교육을 후원하였다. 그리고 예종은 궁중 안에 보문각과 청연각이라는 도서관 겸 학문연구소를 설치하여 수만권의 장서를 모아놓고 학자들로 하여금 유학을 연구하게 하였다. 현종 때에 신라의 유학자 설총과 최치원을 문묘文廟에서 제사지내 신라 유교의 전통을 계승하였다. 인종(1122~1146) 때에는 유교의 정치 이념을 반영한 『삼국사기』가 유학자인 김부식에 의해 편찬되었다. 유교적 도덕정치 이념과 합리주의적 역사의식을 지향하면서도 민족적 주체성을 확립하고자 했던 삼국사기는 현존하는 한국 최고의 역사서로서 고려 유교가 삼국시대의 유교에 비해 학문적으로 원숙하였음을 시사한다.

그후 인종(1123~1146) 때에 경사 6학이라고 하여 국자학·태학·사문학·율학·서학·산학 등 여섯 종류의 학교가 정비되었다. 이 중 국자학·태학·사문학은 모두 5경과 『효경』·『논어』등 유학을 배우는 것은 동일하였지만, 국자학은 문·무관 3품 이상, 태학은 5품 이상, 사문학은 7품 이상의 자제에게 각각 입학자격이 주어졌다. 율학·서학·산학 등의 기술학부문에는 8품 이하의 관리 자제와 서인이 입학하였다. 이러한 입학자격의 제한 규정은 12세기 초에 이르러 고려정치가 문벌 위주로 흘러가는 경향을 반영한다.

성종 6년(987)에는 경학박사와 의학박사 각 1명씩을 12목에 파견하여 지방자제를 교육케 하였고, 인종 5년(1127)에는 각 주에 향학이라는 학교를 세워 지방교육기관으로 삼았다.

한편 국가의 유학장려정책에 따라 많은 저명한 유학자가 배출되고 이들이 다시 사립학교를 곳곳에 세워서 교육인구는 크게 확산되었다. 11세기 중엽에 '해동공자' 로 불리는 최충이 구재학당이라는 사립학교를 세운 이후 12개의 학교가 세워졌는데, 이들을 당시 '사학 12도' 라고 불렀다.

인종 때 고려에 사신으로 온 송나라의 서긍은 고려견문기를 적은 『고려도경』에서 고려왕궁에는 임천각이 있고, 장서가 수만권이요, 노유와 숙사들이 학문을 연구하고 있으며, 개경의 거리마다 글읽는 소리가 들린다고 놀라움을 표시하고 있는데, 당시 고려의 교육열이 높았음을 보여준다.

고려는 교육진흥을 뒷받침하기 위해 많은 서적을 간행하여 당시 송나라에서도 고려로부터 많은 책을 구해갔다. 송나라의 유명한 학자 소식은 고려가 많은 학술정보 등을 가지고 있으며, 그 정보가 거란에 들어갈 것을 두려워하여 송나라책이 고려에 나가지 않도록 황제에게 건의하기도 하였다. 고려 시대의 문화 수준을 대표하는 것은 12세기 초에 이미 유교의 예서인 『상정고금예문』을 금속활자로 찍어냈다는 것이다. 불행히도 이 책은 지금 전하지 않지만 그 후 일백여 년이 지나 청주 흥덕사에서 역시 금속활자로 간행된 『직지심체요절直指心體要節』은 지금도 전하여 프랑스국립박물관에 소장되어 있으며 세계 최고의 금속활자로 인정되고 있다. 이는 독일의 구텐베르크가 발명한 금속활자보다 약 300년 앞선 것이다.

한편 광종 때부터 시작된 과거제도는 고려 전시기를 통해서 관리를 선발하는 기본 통로가 되었다. 여기에는 문학적 재능을 시험하는 진사과 유교경전에 대한 이해능력을 시험하는 명경과, 그리고 법률·역학·천문·지리 등 실용기술학을 시험하는 잡과가 있었다.

과거에는 양인이면 누구나 응시할 수 있었으나 실제로는 기성 관료의 자제나 향리들이 주로 진사·명경과에 응시하고, 평민은 잡과로 나가는 것이 일반적이었다. 또 고위 관리의 자제들은 1인에 한하여 과거에 응시하지 않고도 관리가 될 수 있는 제도가 있어서 신분적 차별을 두었다. 그러나 신라의 골품제에 비하면 고려 사회의 신분제도는 크게 완화된 것이었다.

원의 간섭 하에 있었던 고려 후기에는 원으로부터 주자학朱子學을 수용하여 새로운 유교의 시대가 막을 열었다. 주자학이란 중국 송 시대에 발전한 성리학을 집대성한 주자의 학문 체계를 가리키는데 고려 후기에 접어들어 불교가 타락하자 유학자들은 사회모순을 개혁하는 이념으로서 주자학을 수용하게 되었다. 안향이 최초로 수입한 주자학은 이후 정몽주, 이색, 정도전, 권근 등 뛰어난 학자들에 의해 발전되어 마침내 고려 왕조를 혁명하고 조선왕조를 창업하는 데 이념으로 작용하였다.

3. 조선시대의 유학

조선 왕조는 개국과 더불어 구 제도의 사상적 배경을 이루던 불교를 배척하고 유교 사상, 특히 성리학을 통치 이념으로 받아들였다. 그리하여 세종대에 이르러서는 집현전을 세우고 유학 사상을 응용하여 훈민정음을 비롯한 세계적인 수준의 높은 학술과 문화를 창조하였다. 또한 유학자들은 사림士林을 형성하여

『주자가례朱子家禮』와 『소학小學』을 몸소 실천하여 성리학의 이념을 사회 정의로서 구현하는 데 힘썼다. 『주자가례』는 주자가 자신의 성리학적 이념을 현실에 실천할 구체적 교본으로 관冠, 혼婚, 상喪, 제祭의 예법을 규정한 것인데, 조선조의 유학자들은 주자가례에 근거한 생활 윤리를 제정하고 실천하였던 것이다.

사림들은 예법을 실천하기 위해 무엇보다 자기 자신을 수양하여 고매한 인격을 이루고자 하였다. 그리하여 평생 벼슬을 거부하고 오로지 자신의 수양공부에 매진하였고, 혹은 조정에서 정치에 참여하여도 자신의 영달보다는 백성을 위한 왕도정치를 실현하기 위해 노력하였다. 이들은 고려 말기 조선왕조에 협조하지 않고 절의를 지킨 정몽주와 길재의 후계자로서 의리 정신에 입각하여 조선 왕조의 창업에 협조한 관학파 유학자들과 대립하였으며, 세조의 찬위 이후에는 세조에게 협조한 훈구세력과도 대립하였다.

훈구세력과 대립하여 의리를 지킨 사림을 도학파道學派라고도 부르는데 그것은 사림이 도학道學 정신에 의거하여 의리를 지키고 사회 정의에 앞장섰기 때문이었다. 조선 초기 도학 정신을 대표한 유학자는 조광조(1482~1519)였다. 그는 세조 이후 정치적 기득권을 누리는 훈구 세력에 맞서 백성을 위한 지치주의至治主義를 구현하기 위해 노력하였으나 끝내 훈구 세력의 모함으로 기묘사화己卯士禍에 희생되었다.

16세기에 사림들이 여러 차례 사화를 당하여 죽고 내쫓기면서도 결국 승리하게 된 원인의 하나는 서원書院을 통한 인재의 양성과 향약鄕約에 의해 향촌사회에서 세력을 조직화한 데 있었다. 서원이란 지방 유학자들이 사재를 털어 세운 일종의 사립 학교로서 선배 유학자들을 제사지내기 위한 사당을 같이 설립하여 정신적인 지주로 삼았다. 사림들은 서원을 중심으로 조직을 하고 인재를 양성함으로써 향촌사회에서 입지를 강화하였던 것이다. 또한 서원과 함께 사림들의 입지를 강화하게 한 것이 향약이었다. 향약이란 지방에 거주하는 유학자들이 중심이 되는 일종의 지역 공동체 자치기구였다.

사림은 성리학의 이론적 탐구에도 주력하여 16세기 이황李滉(퇴계退溪, 1501~1570)과 이이李珥(율곡栗谷, 1536~1584)에 의해서 절정에 이르렀다. 이황과 이이는 각각 독특한 이기론을 수립하였는데, 이황은 '이는 귀하고 기는 천하다'는 이귀기천설理貴氣賤說과 이와 기가 각각 작용한다는 이기호발설理氣互發說을 제기하여 이와 기의 구분을 엄격히 하고, 수양론에서는 마음의 의미를 강조하여 심학心學을 중시하였다. 이러한 퇴계의 이기설은 주리설主理說이라고도 불리울 만큼 기氣의 변화에 흔들리지 않는 이理의 절대성을 확립하고 도덕적 자기 완성을 추구하는 특성을 보인다. 이황의 주리 철학은 당시 수 차례의 사화를 통해 손상된 사림의 의기義氣를 회복하기 위해 이념적 주체성을 강조한 것이었다. 이황의 학통은 영남학파를 형성하였고 당파로는 남인 계열에 속하여 조선조의 학문과 사회 전반에 깊은 영향을 주었다.

이이는 '이는 통하고 기는 국한한다'는 이통기국설理通氣局說을 제기하여 이가 비록 형이상자로서 절대성과 보편성을 가지고 있으나 기의 국한성과의 관계를 통해서 구현된다고 하였다. 다시 말하면 이의 보편성과 기의 특수성의 상호 관계, 즉 기의 변화에 기초한 이의 실현을 강조한 것이다. 이러한 이이의 철학은 경장론更張論을 통해서 구체화되었다. 이이는 당시 조선의 상황이 창업기創業期와 수성기守成期를 거쳐 정치적 개혁을 단행할 시기라고 진단하고 경장론을 주장하였던 것이다. 즉 시기의 변화에 따라 적절하게 이理를 실현하는 시의성時宜性과 실효성이 중요하며, 시의와 실효를 벗어난 이理의 실현은 공허한 관념에 불과하다고 한 것이다. 이러한 이이 철학은 이기지묘理氣之妙라는 독창적인 명제로 요약된다. 이와 같이 실효를 추구하는 철학적 특성으로 인해 어떤 학자들은 이이를 조선 후기 실학의 효시라고도 한다. 이이는 수양론에서도 기질변화론氣質變化論을 제기하여, 기질이 본성을 구속하므로 기질을 변화해야 본성을 회복할 수 있다고 하였다. 그의 학통은 기호학파를 형성하고 당파로는 서인 계열에 속하여, 영남학파와 양대 흐름을 이루었다.

16세기 후반에 사림들은 정치적, 학문적 배경에 따라 붕당朋黨을 형성하게 되었다. 이는, 오늘날의 정당정치와 같이 정치적으로 이상을 달리하는 사람들이 서로 견제하는 가운데 국가의 발전을 도모한다는 의미에서 보면, 매우 발전된 정치 형태였다. 그러나 이들은 17세기 후반에 들면서 극단적으로 대립하게 되어 당쟁으로 전락하였다. 예송禮訟은 붕당의 대립을 극단적으로 이끈 대표적인 사건으로서, 몇 년간 상복을 입어야 하는가에 대한 복상논쟁이었다. 이는 단순한 의례 문제가 아니라 왕권王權을 강화하려는 남인과 신권臣權을 강화하려는 서인의 정체政體적 차이를 반영하는 사건이었다.

이황과 이이에 의해 조선 성리학은 조선을 성리학적 이상주의를 실천하는 인문, 도덕국가로 이끌었으나, 임진왜란과 병자호란을 거치면서 성리학이 본연의 건강성을 상실하고 지나친 붕당간의 대립 등으로 국내외의 위기를 해결하는 데 한계를 드러내자 성리학 자체에 대해 본질적으로 반성하는 분위기가 일어났다. 이에 조선 후기의 학풍은 주자학을 비판하는 반주자학풍과 주자학을 옹호하여 교조화하는 방향으로 진행되었다.

주자학의 교조화는 명나라가 멸망하자 조선이 중국을 대신하여 중화가 되었다는 소중화론小中華論을 중심으로 진행되었는데 이는 조선 고유의 진경眞景문화를 낳고 민족의 자부심을 형성하는 계기도 되었다. 한편 반주자학자들은 주자학의 권위에서 벗어나 다양한 학풍을 섭렵하기를 주장하여 양명학陽明學과 도가道家사상에 몰두하기도 하였는데 이러한 흐름은 서학을 수용하면서 실학을 발전시키는 방향으로 진행되었다.

실학은 유학과 별개의 개념이 아니라 유학의 고전에서 발견되는 것이다. 서경書經에는 나라를 다스리는 과제로 정덕正德, 이용利用, 후생厚生의 세가지 일이 제시되어 있어서 유학이 종교나 윤리적 영역 이외에 경제, 사회적 영역을 내포하고 있음을 알 수 있다. 따라서 실학이란 넓은 의미에서 정덕에 치우쳐 관념화된 중세적 성격의 주자학을 이용과 후생의 관점에서 비판하고 유학의 새로운 방향을 모색한 근대적 성격을 띤 유학이라고 할 수 있다.

실학에는 여러 학파가 있는데 그것은 실학이 전개된 시대와 학풍에 따라 경세치용經世致用과 이용후생利用厚生, 그리고 실사구시實事求是의 특성을 띠었기 때문이다. 초기의 실학파는 이익李瀷(1681~1763)을 중심으로 토지 제도와 행정 개혁에 관심을 쏟은 중농重農학파 또는 경세치용학파이다. 이후 박지원朴趾源(1737~1805)을 중심으로 농업의 진흥뿐 아니라 상공업의 유통과 생산 기술의 혁신을 주장한 북학파北學派가 있었고, 마지막으로 실증적 고증학考證學과 훈고訓詁에 힘쓴 김정희金正喜(1786~1856)의 실사구시학파가 활약하였다. 이러한 실학의 학파적 특성을 종합한 인물은 정약용丁若鏞(1762~1836)이었다. 그는 실학파의 세

가지 요소를 두루 겸비하여 토지 제도와 사회 제도의 개혁은 물론 과학 기술에 대해서도 새로운 이해를 하였으며 특히 성리학적 사유에서 벗어나 상제上帝를 섬기고 실천을 중시하는 종고적 관점에서 유교를 재해석하였다.

조선시대 사림의 정치와 서원

정만조 (국민대학교)

조선시대 사림의 정치와 서원

Ⅰ. 머리글

사람에 따라 다를 수 있겠지만, 조선시대의 역사를 이해하는 공통적인 key-word로 양반·유학(주자학)·당쟁·서원 등을 드는 데는 별다른 이견이 없으리라고 본다.

사족이 주류를 이루는 양반은 조선시대를 이끌어 간 지배층이고 주자학은 그들의 사상적 기반이자 통치이념이며, 이를 현실에 적용한 정치형태가 당쟁, 그리고 향촌에서의 교육을 통한 세력확산과 그들의 집결지가 바로 서원이기 때문이다. 그러나 모두 양반에게로 수렴되는 이 단어들은 불행하게도 양반망국론으로 대표되는 조선시대에 대한 부정적인 이미지를 연상시킨다.

조선이 망한 것은 국가의 안위나 일반백성의 생활이야 어떻게 되던 안중에도 없이 권력쟁탈을 위한 당쟁에만 골몰하던 양반관료와 신분적 특권을 앞세워 힘없는 백성을 착취하던 양반사족 때문이라는, 식민지 지배 하에서 조장된 열등의식과 반성론적 역사인식이 아직까지도 강하게 우리들의 머리 속에 남아 있는 탓이겠다.

해방된 지는 이미 반세기가 더 지났다. 훨씬 전에 벗어났어야 할 이런 미망迷妄의 그늘을 오늘도 드리우게 해서는 안될 것이다. 여기에 초점을 맞추어 이 글을 전개하고자 한다.

II. 사림이란?

사림의 수풀 '임林' 자에 무리나 집단을 가리키는 뜻이 있으므로 '사림'이라 한다면 '사士', 곧 선비의 집단을 말한다고 할 수 있다. 그러면 '사士'란 어떤 존재인가? 우리말로는 그저 선비라 풀이하지만 한어대사전漢語大詞典에 보면 15가지의 각기 다른 뜻이 있다고 한다. 조금씩 다른 그 뜻을 종합해 보면 크게 보아 남자로서 독서인이며 이를 통해 벼슬길에 나선 관료까지 포함되는 문사文士 내지 지식인과 무사武士나 병사兵士와 같은 군인을 가리키는 두 계통으로 정리된다.

그러나 우리나라의 경우 '사士'는 선비로 새겨지듯 군인보다는 지식인을 가리키는 것이 일반적이다. 그래서 간헐적이나마 고려시대에서부터 사용되어 온 '사士'의 집단을 말하는 '사림士林'의 뜻은 관료까지 포함된 식자층 또는 독서인층으로 보아 무방하다. 조선 초 이래 실록에서 자주 찾아지는 어떤 인물에 대한 평에서 '사림이 비루하게 여겼다' 하는 식의 표현에서 보이는 사림이 바로 이들이라고 할 것이다.

이런 '사림'은 그러나 16세기인 성종·중종 이후에 들어오면서 그 뜻은 물론 대상까지 달라진다. 일반적인 문사文士나 지식인층을 가리키던 것에서부터, 후일 율곡 이이가 "마음 속으로 삼대의 고도古道를 그리워하고 몸으로는 유행儒行에 힘쓰며 입으로 법언法言을 말함으로써 공론을 가진 자"(율곡전서 권3, 玉堂時 陳弊疏)라고 정의하였듯이, 옛 성현의 가르침古道을 믿고 그것에 의거하여 무엇보다 먼저 자신에 대한 철저한 단련과 덕성함양修己에 힘쓰며 일상의 사회생활과 정치에서 고도古道에서 나타난 의리의 실천과 구현을 위해 노력하는 존재를 뜻하는 의미로 좁아졌기 때문이다. 같은 문사라도 과거응시를 위해 진부하게 경전의 구절이나 암송하고, 화려한 시구詩句와 문체의 사장詞章에 힘쓰는 무리는 더 이상 사림의 범주에 들 수 없게 되었다. 그들은 이록利祿을 탐내는 심성心性이 바르지 못한 소인배로 간주되었다.

사림의 존재가 이렇게 달리 설정되게 되는 이유는 김종직에서 비롯되는 이른바 사림파의 대두란 역사적 배경에서 설명될 수 있다. 그는 임금과 신하 사이에는 마치 부자관계와 마찬가지로 반드시 지켜야 할 도리가 있다는, 누구나 다 말할 수는 있지만 당시 정치상황으로서는 선뜻 발설하기 어려운 금기사항이었던 의리론을 새삼 거론하였다. 특히 제자들 앞에서는 신하의 임금에 대한 절의節義를 강조해 마지 않았다. 그가 신하이던 항우項羽에 의해 죽임을 당한 의제義帝를 조상弔喪하는 조의제문弔義帝文을 지은 것은 그저 꿈 이야기를 전하고자 함은 아니었다. 말할 것도 없이 그의 이런 자세는 세조를 도와 정변을 성공시키게 했던 집권층, 즉 역사적으로 훈구파라고 불리는 세력을 비판하는 의미를 지녔고 점차 그를 따르는 문인들을 중심으로 지지기반을 넓혀 갔다. 김굉필, 정여창 등은 이를 학문적으로 뒷받침하였다. 여기서 그들이 자신의 주장을 정당화하고 이론의 바탕으로 삼기 위해 끌어 온 학문이 바로 중국 송나라의 유학인 성리학, 그 중에서도 주자성리학이었다.

공맹孔孟의 선진先秦유학에다가 태극설에 의한 이기심성론, 삼강 오륜을 재해석한 실천의리론 등의 형이상학적 요소를 더하고, 군자를 지향하는 거경궁리居敬窮理와 격물치지格物致知의 수기론修己論에서부터 일상생활을 규제하는 예학禮學의 정리는 물론 경계설經界說·붕당론·화이론華夷論 등 하학경세下學經世에 관한 제반 이론과 규례를 확립함으로써 신유학이라고까지 불리는 이 주자학은, 이미 고려 말에 원으로부터 도입되어 불교의 부패상과 연결된 현실비판과 신왕조 개창 및 체제정비에 일정하게 기여한 바 있었다. 그러나 건국 초의 1세기를 지나며 관학화官學化에 따른 비판정신의 상실로 겉모양만 남을 수밖에 없었다. 훈척의 비리가 횡행하고 사장의 성행이나 심지어 불교의 중흥까지 점쳐지는 상황은 분명 주자성리학의 실종이 가져온 조선사회의 위기였다.

김종직이 절의를 내세우고 김굉필이 일상생활과 학문의 지침으로서『소학小學』을 강조했던 것은 이를테면 이런 위기상황의 극복을 위한 시도였다고 할 수 있다. 그리고 그런 시도의 원천은 다음 세대인 조광조에 의해 보다 분명해지는 주자성리학에 다름 아니었다.

물론 이때의 주자성리학은 고려 말에 원元으로부터 전래되었다가 이미 사명을 다해버린 기왕의 그것과는 계통을 달리하였다. 그것은 정몽주를 출발점으로 삼으면서 주자朱子의 원전原典을 통해 정통주자학의 승계를 표방, 박학보다는 개인 심성心性의 도야와 사회적 실천 및 정치현실에서의 의리 구현에 주력하는 특징을 지녔다. 그래서 그들은 그 문인과 그들 주장에 동조하는 유생들에게 실천의리론과 수기론의 이행을 가르쳤으며, 주자성리학으로 무장된 이들만이 성현의 도리(즉 고도古道)를 실천하여 국가와 사회를 바르게 이끌어 갈 참된 '선비집단' 곧 사림이라 하였다. 그들이 언필칭 사림을 국가의 '원기' 요, 나라의 운명이 이들에 달렸다고 하면서 그 존재를 강조한 이유도 여기에 있다. 이처럼 사림의 자격과 범주를 설정하며 또 그 존재를 강조했기에 오늘날의 역사가들은 그들을 '사림파' 라 부른다. 따라서 이 시기의 사림은 종전처럼 지배신분인 양반 내의 지식인을 가리키는 문사층이란 일반적인 개념이라기 보다는, 후일 율곡이 정의한대로 성리학적 이론을 몸으로 체득 실천함으로써 스스로 도덕적 인격체(군자)가 되려고 노력하고 사회와 정치의 현실에서는 삼대 지치至治의 부활을 위한 고도古道(흔히 도학道學이라 표현)의 구현에 가진 힘을 다하는 진정한 선비의 집단을 뜻하는 명사가 되었다고 하겠다.

Ⅲ. 사림의 시대

사림의 형성과 정치적 성장은 훈척을 불안하게 하였다. 특히 중종대 조광조 등의 개혁론에서 보듯 훈척을 현실에 안주하는 소인배로 몰아간 사림의 정치공세는 훈척의 존립기반 자체를 위협하는 것이었다. 연산군 이후 중종 · 명종을 거치면서 4차려나 거듭되었던 사화는 바로 훈척의 이에 대한 정치적 보복이었다.

그런데 피해는 사림이 입었지만 결과는 훈척의 패배였다. 사림의 명분론 앞에 훈척은 무력하여서, 예컨대 성종 · 연산군 대의 대표적 훈척이던 임사홍마저 그 아들 중의 한사람이 김종직의 문인이 되는 것을 방관해야 할 정도로 날로 위축되고 있었다. 더구나 그들의 부패와 비행은 쇠락하는 운명을 재촉했다.

명종 말년 문정왕후의 죽음은 이런 훈척세력의 남은 명맥마저 끊게 하였다. 임금의 외숙으로 권력의 핵에 있던 윤원형이 바로 축출됨으로써 마침내 훈척의 시대는 막을 내리게 된다. 그 대신 그들과 대립해 오던 사림이 명종을 이은 선조 이후 명실상부한 주도세력이 되어서 18세기 전반기인 영조의 탕평책으로 그 존재가 부정당하기까지 사회를 이끌게 된다. 이른바 '사림의 시대'가 전개되는 것이다.

종전까지는 이 사림의 집권과 함께 망국적인 당쟁이 출현하였다고 하여 사림의 역사적 존재를 평가절하하고, 임진왜란壬辰倭亂을 분기점으로 하여 그 이전을 조선전기, 이후를 조선후기로

나누면서 후기는 전기의 여러 제도가 무너지는 속에 주로 사회경
제적인 면에서 새로운 발전적 요소가 발생하여 전개되던 시기였
다고 이해하여 왔다.

그러나 사림의 사회주도와 함께 조선사회가 변화하고 있었음
은 다음의 사실로서 확인된다. 우선 정치적인 면에서 정책결정의
기준이나 정국운영의 방식이 종전과 크게 달라지게 된다. 현실론
을 앞세운 패도적覇道的인 부국강병보다는 의리·명분에 토대한
인심수습과 안정을 우선하며, 소수권력집단에 의한 정책결정보
다는 가능한 한 지배층 전체가 참여한 토론에서 도출된 공론公論
에 의한 결정과 정국의 운용 등이 나타난 것이다. 물론 명분과 논
의를 높이다 보니까 필연적으로 의견을 같이하는 사람끼리 결속
하게 되는 붕당朋黨의 형성과 그로 인한 정쟁의 격화(종전 표현대
로라면 당쟁黨爭)가 오게 되었음을 애써 외면하려는 것은 아니다.

그러나 사리를 도모하는 것이 아닌 공동의 선善을 추구하는 공
당公黨의 경우, 붕당이라 하여 배척되어야 할 이유는 없다. 성리학
에 토대한 논리를 앞세워 백일하白日下에 당당한 논전을 벌리는
행위를, 밀실의 음모를 통해 사적인 이해에 좇아 주요정책을 결정
해버리는 정치형태와 같은 선상에서 놓고 말해서는 안될 것이다.

번연히 자기 붕당에 정치적으로 불리하다는 사실을 알면서도,
예법禮法에 맞게 함으로써 사회의 윤리질서를 유지하도록 하기
위해, 돌아간 임금에 대한 상복喪服의 격을 낮추지 않을 수 없다
는 논리를 펴는 당인을 놓고 당파적 속성을 말할 수는 없는 것이
다. 사림이 취한 이러한 정치형태는 붕당정치라 하며 15세기의
훈척정치나 18세기 이후의 탕평·세도정치와는 구별되고 있다.

사림이 주도하던 16세기 중반부터 18세기 전반에 있어서 조선
의 사회 경제적 상황은 흔히 사림의 모집단인 양반사족이 중심이

되어 운용되는 향촌공동체로 표현되고 있다. 유력한 사족들의 명단인 향안鄕案, 그 향안에 올라 있는 사족간의 유대관계를 규정해 놓은 향규鄕規와 그것의 물질적 토대로서의 동계洞契 등을 통한 사족간의 결속과, 한편으로는 향촌사회의 자치적 운영을 위해 사족과 일반 향촌민 사이의 상호관계를 기록해 놓은 향약 및 향회 향청, 향촌민 구휼기구로서의 사창제社倉制 등에 의한 사족 중심의 향촌민 통제, 그리고 사림의 활동기반으로서의 서원이 그것을 구성하는 주된 내용으로 말해진다.

임진왜란 당시 사림의 주도 하에 다수의 향촌민이 참여하여 자기 향촌을 방위코자 하였던 의병활동은 이런 향촌공동체의 존재의미를 단적으로 보여주는 예였다. 전란 후의 복구과정에서 재건된 이러한 향촌공동체는 지주인 양반사족과 생산자인 농민의 공동노력으로 천방川防(농업용수 확보를 위해 내를 막는 것), 이앙移秧(모내기), 견종법畎種法(밭이랑 사이에 골을 파서 파종하는 것)과 같은 농법을 개량하면서 생산력을 높여 향촌사회의 안정을 가져오게 하였다. 이는 18세기 이후 본격화하는 유통경제 발전의 기초가 되었다.

사림이 활동하던 시기에 있어서 문화계의 양상은 한마디로 주자학풍 일색이라고 할 것이다. 이기심성론 중심의 사상논쟁이나 가례家禮 위주의 예학 연구가 그러하였다. 다분히 관념적이기는 하지만 오랑캐인 만주족이 세운 청淸의 지배를 받는 중국은 이미 문화중심지로서의 중화의 가치를 상실하였고 오히려 명明의 정통성을 계승한 조선이(명明의 황제를 제사 지내는 만동묘萬東廟가 이를 상징한다) 중화가 되었다고 믿는 문화적 우월 의식의 팽배 역시 이러한 주자학풍의 결과로서 가능했었다.

'사림의 시대'에서 파생된 역사상歷史像은 위와 같이 다양하게 나타나지만, 이 글에서는 그 중에서 붕당정치 및 서원문제만을 조명해 보고자 한다. 그것이 이 시대의 특징을 잘 드러내어 주는 예라고 생각되기 때문이다.

IV. 사림과 붕당정치

붕당정치란 군자의 집단인 붕당에 의한 정치라고 규정할 수 있다. 그것은 정치의 목표를 삼대의 지치至治 실현에 두고 있으며 이를 위한 정치이념을 도학에서 구한다. 그리고 이것의 실현을 위해, 도학을 실천하려 수기에 힘쓰는 사림 가운데서 군자집단 즉 군자붕당을 정계로 불러들이고 소인당을 몰아내는 군자소인변과, 모든 정치사안의 판별기준으로서 도학에 기준한 공론 - 이것은 사리사욕에 치우치지 않은 공평하고 유교적 윤리에 합당한 것 - 에 의한 정치를 그 핵심사항으로 하고 있다.

사림세력은 특히 조광조 일파의 활동 이래 훈척의 비리와 부패를 비판하는 과정에서 이 붕당정치를 현실에 적용할 필요를 느껴 왔다. 최초의 붕당이라는 동인·서인의 명목이 외척인 심의겸의 정치관여 문제를 둘러싸고 전개되었던 것이 이를 말해 준다. 그러나 같은 사림 내에서 동·서인으로 갈라졌기 때문에 당장 상대당에 대한 군자소인변을 적용하기란 어려웠고 그래서 집권세력에 의한 상대당 인물의 선택적 등용이 취해졌다. 이런 정책을 보통 조용책調用策 또는 조정론調停論이라고 한다. 이 경우에도 공론에 용납되는 인물이어야 함은 물론이며 정치사안에 대한 논의가 도학적 기준에 의한 공론 수렴의 형식을 취했음은 당연했다. 전란피해의 복구에 힘쓰며 실리외교로서 국가안보에 수완을 발휘했음에도 불구하고 광해군이 축출되게 된 데는 다른 이유도 있

우암 송시열이 노년에 기거하였던 충북 괴산군 청천면 화양계곡에 있는 암서재巖棲齋

송시열 영정

충북 괴산군에 있는 송시열 묘소

겠으나, 계모를 가두고 형제를 죽였다는 공론에 용납될 수 없는 행위를 했다는 사실이 주된 명분이었다.

따라서 인조 때의 정치는 이 명분이 크게 작용했다. 그러나 그 결과는 두 차례에 걸친 호란을 초래했고 명분은 후퇴하지 않을 수 없었다. 인조대의 집권세력인 서인 내의 공신세력이 같은 서인사류의 비판을 받으면서도 조정책을 써서 남인 그리고 일부의 북인까지도 함께 제휴했던 것은 이를 보완하기 위해서였다.

효종의 즉위로 공신세력이 사실상 소멸하고 송시열 등의 이른바 산림山林세력이 대거 정계로 진출한 것은 정치권 내의 변화를 가져왔다. 한적한 산림 속에서 학문과 덕성을 함양함으로써 산림이란 칭호를 가졌던 그들은, 도학의 실천자요 의리의 주인으로 인정받음으로써 사림의 사표가 되고 임금으로부터 특별 대우를 받아 높은 관직에 임명되며 임금과 더불어 정치의 방향을 토론하는 경연의 자리에 나아갈 수 있었다. 선조 때부터 이미 그 존재가 찾아진다고 하지만, 정치를 좌우하고 그 문인들과 함께 큰 정치세력을 이루어 세인의 주목을 받게 되기는 효종 이후로서, 그 대표적인 인물이 효종에서 숙종 초에 이르기까지 때로는 왕을 능가하는 권위로 정치에 큰 영향을 미치던 송시열이었다. 그는 공신세력의 폐정과 호란으로 인한 좌절감을 극복할 방안으로서 다시 도학정치의 회복을 강조했다. 그 유명한 북벌론은 이런 분위기에서 나왔다. 현종 일대의 정치현안이던 이른바 예송도 허례허식의 문제가 아니라 사회유지의 기준설정이란 차원에서 이해해야 할 것이다.

붕당정치는 그를 뒷받침해 주는 제도적 장치를 갖고 있었다. 정국운영의 기준이 되는 공론의 형성과 수렴의 장치인 삼사·이조전랑·서원 등이 그것이다.

영조 때의 학자로서 택리지라는 뛰어난 인문지리서를 남긴 이중환은 그 책에서 다음과 같이 붕당정치의 권력구조를 설명하고 있다. 즉 정치를 담당하는 것은 의정부와 6조의 대신 및 판서들인데 그러나 실제의 정국주도권은 이들보다도 이조의 낭관직(5·6품)에 머무는 전랑에게 있었다는 것이다. 이조전랑은 삼사의 관리를 그 손아래 두고 여론의 향배와 형성에 막강한 영향력을 행사하는데, 조정의 풍속이 염치와 명예를 숭상하기 때문에 아무리 대신이라 하여도 한 번 삼사의 탄핵을 받게 되면 관직을 그만두지 않을 수가 없었다고 한다. 그러기 때문에 이조전랑은 비록 낮은 관직에 있지만 대신과 그 권한에 있어서 겨눌만하였으며, 이는 높고 낮은 관직끼리 서로 견제하게 함으로써 왕권의 안정을 도모하려 한 제도의 산물이라 하였다. 물론 그 권한이 막강한 만큼 당대의 젊은 선비 중 제일가는 인물이 이를 역임하게끔 되어 있지만, 그 임명에 있어서도 왕이나 대신들이 관여하지 못하고 오로지 사림들의 공론에 의해서 추천된 인물을 전임낭관이 지명하도록 되어 있었다고 한다. 이러한 권력구조 형태는 붕당정치 하의 왕권과 신료권 그리고 공론정치의 실상을 잘 보여준 것이다.

서원에 대해서는 뒤에 다시 언급하겠지만 붕당정치와 관련해 한 가지만 지적한다면, 향촌사림의 여론을 수렴하고 공론화하는 기구였다는 점이다. 붕당정치 기간에 서원의 숫자가 엄청나게 증가했던 사실은 서원이 지방에 있어서 붕당정치의 토대가 되는 여론수렴의 중심기구였음을 증명해주는 적절한 예이다.

그러나 이 붕당정치는 군주권의 상대적 위축을 가져 왔다. 물론 정치의 최고 결정권자로서 군주의 지위가 침해받는 것은 아니지만 인군위당引君爲黨이라 함에서 보듯이 임금까지 군자당에 들어야 한다고 할 만큼 상황이 달라졌다. 군주와 그를 둘러 싼 소수 세력에 의한 독재성이 억제된 상황에서 도덕적 수양을 거친 양심적인 관료 즉 군자집단이, 사회의 지배계층으로 도학의 실천자인 사림의 여론을 수렴하여 군주와 함께 정치를 이끌어 가는 것이 붕당정치라면, 이것이야말로 근대의 대의정치가 나오기 전의 전근대적 정치형태로서는 가장 발전된 것 중의 하나라고 해야 할 것이다. 종래 당쟁이라 해서 혐오시하던 조선 후기의 정치 속에는 이런 긍정적인 부분이 있었다. 단지 그것이 당쟁의 그늘에 가려 드러나지 않았던 것뿐이다.

한편 이런 산림을 앞세운 붕당정치는 왕으로서는 별로 유쾌한 일이 못 되었다. 특히 대로大老라 하여 막중한 영향력을 행사하는 송시열의 권위에 대한 숙종의 거부감은 대단하여 마침내 희빈 장씨 소생의 왕자(경종)에 대한 원자책봉 반대 의견을 빌미로 사약을 내리게까지 하였다. 붕당정치가 파탄의 지경에 빠진 것은 지나친 군자소인변의 적용으로 사림 상호간의 알력이 심화된 측면과 함께 군주권의 확립기도로 말미암은 점 역시 컸다.

붕당정치가 파국에 처한 상태에서 절대권을 쥐고 있던 숙종의 죽음은 정치적 혼란을 가중시켰다. 숙종의 승하로 인한 공백을 미처 메우지 못한 상태에서 일어난 것이 경종 때의 소론정권에서 노론에 대한 보복이었고, 거꾸로 영조 초에는 영조를 옹립해 집권자가 된 노론에 의한 소론 박해가 일어났다. 이제는 왕이 일개 당파의 지지를 받는 존재가 되고 만 것이다. 영조가 탕평정치를 적극 추진하고 나온 이유는 바로 이러한 정치적 위기를 극복하려는 데 있었다.

영조는 우선 서경書經에 나오는 극히 공평무사하다는 뜻을 지닌 탕평을 표방함으로써 초당적 인사정책을 취했다. 나아가 붕당간의 명분논쟁은 더이상 공론이 아니라고 하면서 임금의 시비판정만이 황극皇極, 즉 공평한 판결이라 하여 이에 따를 것을 요구했다. 이제 붕당정치의 핵심이던 군자소인변이나 공론은 사사로운 당론이나 편파적인 인사정책으로 몰려 파기되기에 이르렀다. 이조전랑의 독특한 권한이 폐지되고 170여 개소에 걸친 서원의 철폐가 이 시기에 단행된 것은 그것을 확인하는 과정이었다.

V. 사림과 서원

우리나라 서원은 중종 38년(1543) 풍기군수 주세붕이 순흥에 세운 백운동서원으로서 그 효시를 삼는다. 그 시점이 기묘사화의

남계서원 灆溪書院의 강당과 동 · 서재
경북 함양군 수동면에 있는 일두 정여창을 제향하는
서원인데 강당을 중심으로 동재와 서재,
묘정비를 한 무더기로 배치하였다.

서애 유성룡 제향의 병산서원 屛山書院
경북 안동군 풍천면

여파가 남아 있기는 하나 사림이 대두하는 기간과 일치한다는 면
에서 이미 양자의 관계가 밀접함을 알 수 있다. 그러나 이 최초의
서원은 관학보조기구에 불과해 우리가 아는 서원과는 달랐다.

조선시대 서원의 전형은 몇 년을 더 기다려 군수로 부임한 이
시기 사림의 대표이던 퇴계 이황에 의해 제시되었다. 그의 정치

목표는 유학의 이상적 정치모델인 삼대의 지치至治 재현에 있었다. 그에 따르면 이것은 인심을 바로 하는 데서부터 비롯되며 교화를 통해서 가능하다는 것이다. 이를 위해서는 임금이 덕을 닦는 것과 함께 교화를 담당할 주체인 사림을 양성하고 훈련시켜야 하였다. 퇴계는 그 구체적인 실천도장이 바로 서원이라 하였다.

이러한 논리적 근거 위에서 그는 마침 풍기군수에 임명됨을 기회로 우선 서원을 공인화하고, 나라 안에 그 존재를 널리 알리기 위해 백운동서원에 대한 사액과 국가의 지원을 요구하였다. 이뿐 아니라 사림이 강학하고 몸을 닦는 내적 수양공간으로서의 강당 서재와, 사림의 사표가 되는 인물에 대한 제향 공간으로서의 사묘를, 서원의 기본 체제로서 정식화하고 원규院規를 지어 서원에서의 학습활동과 운영방안을 규정하였다. 서원은 마침내 이황에 의하여 이상사회를 건설할 주역으로서 사림을 양성하는 학교 형태로 정착 보급된 것이다.

선조에서부터 본격화하는 사림의 시대를 맞아 서원이 널리 보급되고 큰 발전을 보았음은 말할 것도 없다. 우선 양적으로 볼 때, 서원은 선조에서 현종 말까지 106년 간 약 2백여 개소가 설립되었으며 사액된 곳은 91개소에 이르렀다. 초창기인 명종까지의 20여 개소에 비하면 상당한 증가라고 할 수 있다. 지역별로도 경상도 일변도에서 점차 벗어나 전라 · 충청 · 경기도는 물론, 한강 이북지역에까지 확산되었다.

서원발전의 양상은 질적으로도 확인된다. 퇴계 · 남명 조식과 율곡 · 우계 성혼 등 저명한 유학자의 학통을 각기 계승한 문인과 학자들이, 그들을 제향하는 서원을 세우거나 아니면 이미 세워진 곳을 근거지로 하여 강학활동을 활발히 하였다. 이 시기의 학계를 양분하는 영남학파 또는 기호학파라고 하는, 학통과 사승師承

관계에 따른 학파의 형성은 이를 통하여 이루어졌다.

그런데 사림의 집권 후 얼마 안되어 발생한 붕당은 대체로 학연을 매개로 학파에 따라 결정되는 측면이 강하였다. 퇴계문인이 중심이 된 영남학파가 남인으로, 화담이나 남명의 학맥은 북인, 그리고 율곡·우계의 문인들인 기호학파가 서인이 된 것이 이를 말해준다. 이렇게 본다면 학파형성 거점으로서의 서원은 곧 붕당결성의 토대였다.

뿐만 아니라 서원은 의리 명분문제와 관련된 사안을 놓고 이를 공론화하는 과정에서 벌어지는 토론이나 논쟁에 대해 향촌별 사림들의 견해를 조율하고 수렴하며, 나아가 자기들이 지지하는 붕당에 유리한 여론을 조성하는 장소로서의 기능을 수행하였다. 율곡·우계의 문묘종사 찬반논쟁이나 복제服制문제의 논란인 예송을 둘러싸고 서원을 근거로 한 유생들의 상소가 빗발쳤던 것은 그 대표적인 예였다. 이제 서원은 그 본래의 기능 이외에, 사림의 정치활동 근거지로서의 역할을 더하고 있는 셈이다.

여기서 하나 덧붙일 것은 서원에서의 사림활동이 중앙정치에만 국한되지 않았다는 점이다. 서원이 향촌사림에 의해 건립, 운영된다는 사실 자체가 서원에서 정치 이전에 당연히 향촌문제가 먼저였을 것임을 말해 준다. 성종 때의 유향소 복립운동에서 보듯이 사실 사림이 형성되던 초기부터 향촌의 사림들은 향촌활동의 기반이 될 적절한 기구 모색에 부심했었다. 그 때는 훈척의 방해로 성공하지 못했지만 이제 사림의 세상이 된 마당에 서원이 향촌활동의 근거지가 되었음은 말할 것도 없다.

이러한 서원도 숙종 이후에 들어가면 변화의 과정을 겪게 된다. 무엇보다도 서원 수가 급격히 증가되어 남설의 경향을 보인다. 숙종 일대 46년간 건립된 서원은 모두 170여 개소를 헤아릴 정도이다 .여기에 이때 와서 서원과 별다른 구분이 없어지게 된 사우의 수(180여 개소)까지 합하면 실로 350여 개소에 이른다. 엄청난 양적 팽창이다.

뿐만 아니라 이제는 제향인물마저도 유학자여야 한다는 원칙이 무너지고, 정쟁에 희생된 인물이나 행의行誼있는 유생, 심지어는 단지 자손이 귀하게 되었다는 사실만으로서 제향 되는, 남향濫享과 외향猥享의 경향이 노골화되었다. 이러한 양상은 이제 서원이 그 발전기를 지나 폐단을 나타내기 시작했음을 의미한다. 서원의 이런 변화는 붕당간의 정쟁이 격화되고

장판각과 판목板木

전남 나주에 있는 미수 허목을 제향하는 미천서원眉泉書院의 부속 건물로 허목의 문집인 『기언記言』을 1816매의 목판에 새겨 보관하고 있다.

경제력 발전에 따른 사회의 변동으로 '사림의 시대'가 크게 흔들리고 있음에서 유래하였다. 정쟁에 희생된 자파계 인물을 제향함으로써 자기파 당론의 정당성을 인정받고자 한 데서 비롯된 제향 위주의 기능 전환이, 남설과 외향을 불러왔으며 사우와의 혼동을 초래하였던 것이다. 사묘만 덩그렇게 큰 건물로 있고 강당과 동·서재는 함께 합쳐져 소규모로 되는 서원의 건물구조 양식은 이 시기부터 비롯된다.

서원에 대한 적절한 통제가 필요하다는 주장은 일찍이 선조 때부터 있었다. 그러나 기본적으로 숙종 말까지의 국가 시책은 장려하는 방향을 벗어나지 않았다. 통제책이 본격화하는 것은 전

제기祭器

봄·가을의 향사享祀 때 사용하는 그릇

『미천서원지眉泉書院誌』

1940년에 간행된 총 10권 2책(건乾·곤坤)으로 서원 창건에서부터 1, 2차 훼철 및 중건 과정, 문하생의 활동상, 청액소請額疏, 선생안先生案, 재임안齋任案, 유적儒籍 등이 자세히 수록되어 있다.

국적으로 173개소의 서원을 훼철하는 강경책을 취한 영조 때부터였다.

이런 강경책이 나오게 된 이면에는 제향 위주로 인한 서원 무용론의 대두와 함께, 영조가 실시한 탕평책이 놓여 있다. 탕평책을 추진함에 있어서 영조는 정치의 모든 폐해가 당론에서 비롯된다고 믿었다. 붕당은 당연히 타파되어야 하고 그 모집단인 사림은 정리되어야 하였다. 그러므로 영조 이후 사림과 사림적 요소는 정치로부터 철저히 소외되었다. 그러지 않아도 경제적 변화 속에 신분상의 위기를 맞고 있던 사림의 사회적 존재는 점차 퇴락의 길을 걷지 않을 수 없었다. 탕평파에 의해 당론 유발요인으로 간주된 서원에 대한 훼철의 단행은 이런 배경 위에서 이해될 것이다.

영조의 훼철책으로 서원 남설의 경향은 크게 꺾였다. 그럼에도 불구하고 서원에 대한 통제책은 정조와 철종 연간에 다시 몇 차례씩 취해지고, 적지 않은 서원들이 금령에 저촉되어 철폐되었다. 그것은 사림의 전반적인 퇴조 속에 이 시기 서원이 지녔던 두 가지 폐단 때문이었다.

하나는 서원이 미치는 사회적 폐단이었다. 금령의 강화는 지방관의 서원에 대한 물질적 지원을 거의 단절케 함으로써 서원재정

충열서원忠烈書院의 사묘祠廟 경기도 용인에 있으며 정몽주를 제향하는 건물로 1911년 복원되었다.

사묘祠廟 내부

사묘의 정면에
정몽주의 위패를(주향主享),
좌우에 정보鄭保와
이시직 李時稷의 위패를
(배향配享) 배치하였다.

을 악화시켰고 끝내는 대민작폐를 불러오게 하였다. 화양동서원
의 횡포는 그 대표적 사례이다.

　다른 하나는 이제 서원이 제향자 후손에 의해 운용됨으로써,
사림의 공적인 기구로서의 성격에서 점차 벗어나고 있다는 점이
었다. 18세기 이후 사림이 퇴조하면서 사족지배 체제가 무너지

자 이제 혈연적으로 보다 가까운 족적 결속 쪽으로 눈을 돌리게 된다. 이 시기에 현저해지는 족보의 성행과 문중계·동성촌락의 발달 등이 이를 말해 준다. 서원에 문중적 성격이 강화되는 것은 이런 사정에서였다.

실추된 왕권의 회복과 강력한 중앙집권 하의 국가체제 정비를 꾀하던 홍선대원군에 의한 대대적인 서원 훼철과 정리도, 지방세력에 대한 통제라는 정책적 고려 아래, 이런 폐단의 개혁을 명분으로 내세워 단행되었던 것이다.

VI. 맺는글

조선왕조의 16 – 17세기는 사림의 시대라 이름할 수 있을 정도로 사림이란 이념집단이 사회 전반을 주도하던 시기였다. 사림은 당시 표현대로 하자면 고도古道를 믿고 철저한 자기수련과 현실에서의 그 실천에 힘쓰는 존재라고 하겠지만, 실제로는 관료층과 그 예비자인 유생층, 총체적으로 말해 지배신분 내의 지식인층을 가리킨다.

이들은 정치에 참여하든 또는 재야에 머물던 간에 사회의 전반적인 운영을 책임진다고 자부하는 존재였다. 따라서 그들은 정치란 왕과 소수권력자 사이에 밀실에서 이루어지는 것이 아니라 사림 전체의 공변된 의견의 공개적인 토론과정을 통해 도출된 공론에 의해 그 기준이 마련되고 운영되어야 한다고 믿었다. 그런 과정에서 의견을 같이하는 집단끼리의 붕당이 생겨나서 집권을 둘러싸고 치열한 정쟁을 벌였다. 그러나 그런 정치적 갈등은 공론도출을 위한 불가피한 통과의례였다.

　그들의 정치논의는 개인이나 특정집단의 사리 사욕적 요소를 철저히 경계하고 성리학적 도덕률과 명분에 바탕했다. 물론 공론을 빌린 거짓된 논의가 없을 수는 없었다. 그러므로 그들은 이에 대한 원천적 봉쇄로서 사림의 자격기준에, 공맹孔孟이 설정한 유학에 정주程朱가 정리해 놓은 이기심성설에 따른 철저한 자기단련과 덕업 수행의 과정을 무엇보다 강조하였다. 적어도 사림은 건전한 양식과 도덕적인 양심을 지키는 존재여야 한다는 것이 그들의 공통된 약속이었고, 그런 믿음 위에서 사림에 의한 사회주도가 용인되었던 것이다.

　사림의 시대에 있어서 서원은 바로 그러한 양식과 양심을 갖춘 사림의 양성소이며 활동기반으로서 공론수렴의 장소였다.

　역사는 과거를 비추는 거울이라고 한다. 양심을 가탁한 끊임없는 사욕 추구로 파행에 직면한 정치상황과, 이념에 노예가 된 식자층의 무분별한 선동으로 인간의 존엄성마저 지키기를 포기한 현실에 절망하는 가운데서도, 한번쯤은 역사란 거울을 통해 오늘을 조명해 보는 것도 좋지 않을까 한다.

[참고문헌]

이태진 편,『조선시대 정치사의 재조명』, 범조사, 1985. 재판 태학
　　　　사, 2003

이성무 · 정만조 외,『조선후기 당쟁의 종합적 검토』, 한국정신문화
　　　　연구원, 1992

이기백 · 정만조 외,『韓國史上의 정치형태』, 일조각, 1993

이성무,『조선시대 당쟁사』, 동방미디어, 2000

한국역사연구회,『조선중기 정치와 정책』, 아카넷, 2003

정만조,『조선시대 서원연구』, 집문당, 1997.

이수환,『조선후기 서원연구』, 일조각, 2001.

한국의 유교건축

김지민 (목포대학교)

한국의 유교건축

Ⅰ. 조선사회와 유교건축

과거의 전제정치 사회에서는 위정자의 통치 이념이 곧바로 사회의 윤리이고, 기강이었다. 조선도 바로 그런 나라다. 12세기경에 등장한 성리학性理學이란 신 유교로 자신을 내세운 위정자들이 나라를 다스렸고, 자연히 일반 백성들은 그들의 사고방식을 따르지 않을 수 없었다.

조선사회는 태조에서 태종에 이르는 동안에 유교사상에 입각한 시정으로 정치적 안정을 이루었고, 성종 시대에는 문물제도가 확립되어 유교사상이 서민에까지 보급됨으로써 조선왕조 5백년의 유교적 기반이 마련되었다. 결국 조선 500년의 역사를 통해 생활 속에서의 행위규범, 사회제도, 도덕적 가치 기준으로서, 나아가 신앙적 의식의 내면에 이르기까지 철저한 유교사회의 기반을 형성하였던 것이다.

이렇듯 조선 왕조는 관제화 성격의 유교적 체제로 사회조직의 정비를 실현해 갔는데, 그러한 과정에서 제도적 안정을 기하기 위해 새로 학교를 설립하고 주자가례朱子家禮에 따라 가묘가 설치되는 등, 다양한 유교적 시설물이 전국에 들어서기 시작했다.

태조 즉위 이후 바로 설립된 종묘(1395) 이후 충남의 鰲川향교(1905)를 마지막으로 관제성격의 조선 유교건축은 그 막을 내린

■ 조선사회와 유교건축

시기	사회·정치적 상황	건축적 상황
1400	• 태조즉위(1392) — 유교사상을 건국이념으로	• 종묘(1395) 성균관(1398) • 향교건축의 전국적 확산 (태조—성종)
-50	• 한양으로 환도(1405) • 국내를 8도로 나눔(1405) — 중앙집권국가 확립 • 세종(1418—1450)	
1500	• 유교사상 확산(성종) • 동국여지승람 완성(1487) • 무오사화(1498)	• 가묘건축 확산(성종) • 정려건축 확산(조선 전 기간)

-50	• 16세기 성리학 전성기
	  (이황, 이이, 김인수, 기대승 등)
	• 4대사화후 은둔사상
	  최초 서원(백운동) 설립(1543)
		• 서원건축 등장(1543)
		• 농운정사(1561)

1600	• 당쟁 시작(1575) • 임진왜란(1592 — 1596)	• 옥산서원(1572), 도산서원(1574) • 필암서원(1590)
-50	• 병자호란(1636)	• 도동서원(1605) • 병산서원(1613) • 가묘건축 보편화(17세기 이후)
1700	• 남인·서인 당쟁 커짐(1660) 17—18세기 사림의 붕당정치 • 향촌 : 양반, 유교적 사회 윤리관	• 서원건축 남설 시작 • 재실건축 확산(17세기 중엽 이후)
-50	• 서원 남설(한 도에80—90개) • 영조 즉위(1724—1776) • 문화적 전성기(영·정조) • 실학의 전성기 (18세기 중—19세기 중)	• 서원, 사우건축 난립 (17세기 후반 ~ 18세기)
1800	• 양명학의 이해(18세기)	• 수원성 건설(1796)
-50	• 천주교 대박해(1810) • 목민심서 완성(1818)	
1900	• 대원군의 서원철폐(1868) • 갑오경장(1894)	• 전국47개 서원존치(1868) • 돌산·여수·완도·지도향교(1897)
	• 한일합방(1910)	• 통영향교(1901) • 오천향교(1905)

시제모습 *조상과 자손과의 이념적 관계를 직접 몸으로 실행한다.*

다. 나라가 어수선하였던 시기, 그리고 국가의 지원도 없이 지방
유림 자체로 건립을 본 오천향교의 의미는 조선 유교의 강인함과
권위를 여러모로 생각하게 한다.

II. 유교건축의 구성개념

유교건축은 그 범위가 매우 넓다. 즉 다양한 건축물이 존재한
다. 이는 불교건축이 탑을 포함한 사찰건축(목조건축)으로 국한
되는 것과 큰 대조가 된다. 유교건축의 구성은 크게 3가지 유형
으로 나누어 살펴 볼 수 있다.

첫째, 유교의 종주인 공자를 비롯해 중국 및 우리나라 성현의
신위를 모신 문묘文廟를 중심으로 조성된 건축이다. 즉 서울 성
균관과 지방의 향교이다. 두 유적은 당시 규모나 교육 내용에 차
이가 있었을 뿐 건축의 구성개념은 거의 같다. 공자의 사상과 학

문적 이념이 가장 충실하게 전달되었던 이곳은 유교의 성전으로, 그리고 지방민에게 유교이념을 보급하는 교화의 중심지로서 그 역할은 매우 컸다.

둘째, 조상숭배개념의 제례관계로 인해 조성된 건축이다. 거기에는 개인과 문중이 건립의 기초가 된다. 종류로는 종묘, 가묘, 제각, 사우, 그리고 서원이 있다. 한편 종묘는 조상숭배 개념도 있으나 넓게 보면 국가제례 시설로도 이해될 수 있다.

유교의 정수는 '효孝'이다. 효 개념은 '조상 – 나 – 후손'이 일족이 되어 계속 연속성을 갖고 생명의 영원함을 믿는다. 결국 거기에서 조상 숭배를 위한 건축적 공간이 필요하게 되고, 그것이 바로 위에서 언급한 유적들이다.

셋째, 삼강三綱을 장려하고 유풍을 바로 세우기 위해 국가에서 시행한 제도의 일환으로 생겨난 유형이다. 거기에는 '정려旌閭'가 있다. 삼강은 군위신강君爲臣綱, 부위자강父爲子綱, 부위부강夫爲婦綱으로 이러한 윤리의 보급은 조선 초기부터 말기까지 지속적으로 추진되었다.

유교건축은 그 어느 한국건축보다도 '질서'가 조영의 기본개념으로 깊숙이 자리한다. 엄격한 유교적 제례절차와도 같이 격

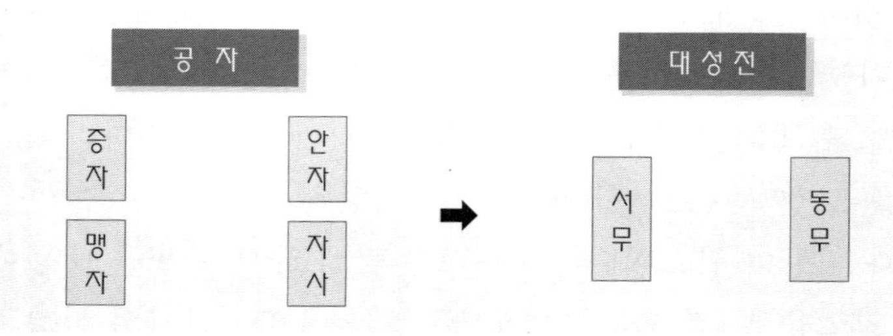

■ 위패봉안의 위계적 질서와 문묘의 배치개념

대성전 내부 *위패를 모시는 질서속에 유교건축의 핵심이 있다.*

에 따라 위계성을 지닌 질서체계가 있다. 질서는 횡적이 아닌 종적(상·하)체계로 일관되어 불교식과 크게 구별된다. 즉 사찰의 법당 내부는 횡으로 중앙실과 협실 등으로 구별되어 주불과 보조불이 안치되는 반면, 사당은 상·하개념으로 공간이 분할되어 위패가 모셔진다. 특히 문묘의 경우 그러한 질서개념은 바로 건축적 형태로 나타나는데 집 모양도 공자와 사성(맹자, 증자, 자사, 안자)의 위패가 안치된 대성전은 규모도 크고 화려하며 그 외의 학자가 모셔진 무廡는 행랑채 수준에 머문다.

한편 유교건축에 있어 질서의 미는 축선 사용과 균형에 있다. 특히 안정된 좌·우 대칭균형기법은 정적이고 장중한 유교적 분위기를 잘 자아내고 있다.

유교건축은 일면 유교라고 하는 종교건축이면서도 종교가 주는 신비감이나 뛰어나게 상징적인 건축요소는 지니고 있지 않다. 같은 시기의 불교건축에서 흔히 보이는 화려함이나 장식적인 면도 없다. 오히려 절제된 단순성만이 반복되고 있다. 이는 유교가 실천을 중시하는 학문인 동시에 '인'과 '예'라는 기본이념으로 백성을 교화하는 데 그 기본 목표가 있었기 때문이다.

유교문화는 이렇듯 절제, 간결, 소박의 문화로 해할 수 있다. 실제로 조선시대 지방의 유교적 상징공간이었던 대성전도 정면 5칸이 최고 규모였고 상당수의 향교에서는 정면 3칸이 보편적인 형태로 받아들여졌다. 당시 유교사회에서 국가적 배려나 지방 유림들의 관심으로 본다면 그 이상의 규모로도 건축이 가능했을 것이다.

Ⅲ. 종류별 건축개요

1. 성균관

성균관成均館은 태조 7년(1398)에 창건된 조선시대 최고의 학문기관이다. 현재 성균관대학교 경내에 있다. 현존 건물은 임진란 때 소실된 이후 선조 때 중건된 것이나 배치나 기본 구조 등에서는 창건당시의 모습을 거의 그대로 갖고 있다.

평탄한 지형에 전묘후학 배치[1]로 꾸며진 성균관은 대성전, 동무, 서무 등이 있는 문묘로서, 그리고 당시 고등 교육기관으로서 명륜당, 동재, 서재 등을 갖춘 조선 최고의 유교 성전이다.

조선시대 공자의 사상이 가장 충실하게 전달되었던 이곳은 현

---

1) '前廟後學' 배치란 앞쪽에 文廟, 즉 제향공간이 오고 그 후면에 강학공간이 들어서는 배치유형을 말한다. 그 반대가 되면 '前學後廟'가 된다.

한국 최고의 유교 성전인 성균관 대성전

재 한국 유교건축의 메카로서 그 상징성이 매우 크다. 아울러 규모나 조형미 등 건축적으로도 한국 유교건축의 으뜸이 되고 있다.

2. 향교

향교鄕校는 인재를 양성하고 유교이념을 보급하여 민중을 교화하려는 목적으로 전국의 크고 작은 모든 고을에 세운 관학으로서 최초의 설립은 12세기 중엽으로 보고 있다.

조선초 중앙집권의 강화를 위한 지방관제의 개편과 함께 지방 수령의 역할에는 향교의 설립과 흥학興學도 있었다. 즉 태조는 즉위 원년에 모든 도의 안찰사에게 학교의 흥폐로서 수령을 고과考課하도록 하라고 하여2) 향교에 대한 수령의 관심을 높게 했다.

---

2) 春官通孝 권34吉禮鄕校 總敍條. 上命 諸道按擦之臣 以學校興廢 爲考課守令之法

이어서 수령의 직무로서 제시되는 '수령칠사守令七事'에 '학교
흥學校興'이 추가되기도 했다. 이리하여 적어도 동국여지승람이
나온 성종 17년(1488)까지는 전국에 '일읍일교一邑一校'의 체제
를 갖추게 되었다. 당시 동국여지승람에 의하면 8개도에 모두
329개소의 향교가 존재하였는데 이는 지방관제와 비교해 볼 때
거의 모든 향교가 설립되어졌음을 알 수 있다.

향교의 건축적 구성은 성균관의 축소판으로 보면 된다. 이는
향교에도 반드시 문묘가 있어야만 했고 아울러 교육도 담당했기
때문이다. 배치구조는 '전묘후학前學後廟' 유형이 절대 다수를
차지한다. 구릉성 산지의 경사지형을 택해 제향공간이 후면 높
은 곳에 위치하므로 자연히 공간의 위계성도 형성된다. 현재 전
국의 230여 향교 중 200여 곳이 이 배치유형으로 되어있다. 반
면에 나주·전주·경주·함평·영광·정읍향교 등은 '전묘후학
前廟後學' 배치구조로 되어 있는데 이 곳들은 지형이 한결같이 평

나주향교 대성전

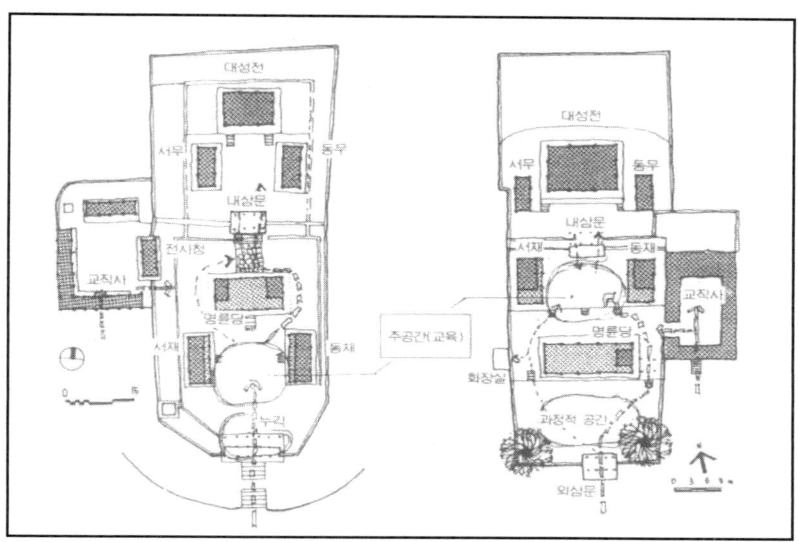

향교건축의 배치유형

지이다. 즉 수평선상에서 '전前'이 '후後'보다 상위上位라는 개념을 도입한 것 같다. 한편 좌·우 병렬로 제향과 강학공간을 배치한 특이한 향교도 몇 곳이 있다.(제주·정의·돌산·영암·광양·청도·밀양향교 등)

3. 서원

서원書院은 성리학적 고급인재를 양성하기 위해 조선 중기에 주로 설립됐던 조선조 최고의 학당이라고 할 수 있다. 서원은 사학으로서, 물론 서원에 따라 차이는 있었지만 오늘날의 대학에 해당하는 고등교육기관이었다.

한국 서원은 주세붕이 중종 38년(1543)에 세운 백운동서원을 시작으로 많은 수의 서원이 설립된다. 그러나 모든 서원이 성리

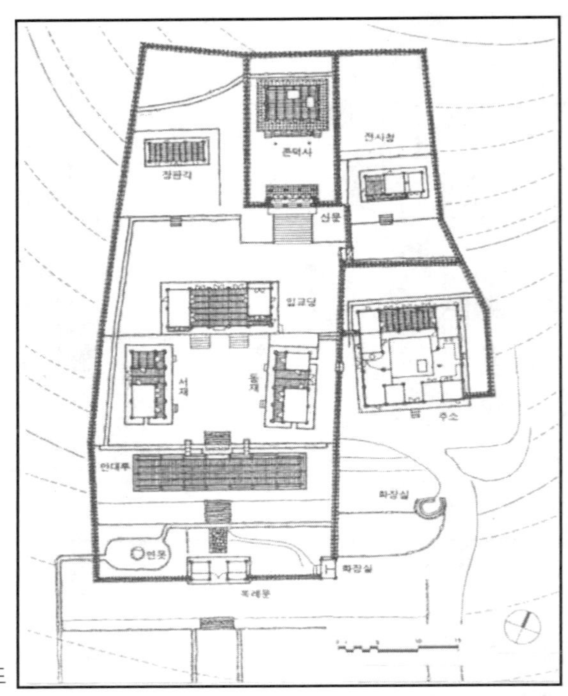

병산서원배치도

학 연구를 전제로 한 도학서원의 성격으로 설립과 운영이 이루어
진 것만은 아니었다. 조선 후기로 갈수록 변화와 혼란의 양상이
커지는데, 17세기에 들어서면서 서원수가 급격히 늘어나고 기능
도 본래 추구했던 교육기능보다는 선현의 향사享祀 중심으로 성
격이 변모하여 사우祠宇와도 구분이 안될 정도였다. 이러한 결과
서원은 향촌사회에서 붕당과 파당의 근거지, 가문결속 등 부정적
인 면도 보여주게 된다.

　서원의 자리는 경관차원에서 다른 어느 건축보다 우수하다. 빼
어난 자연공간은 유학적 가르침이 마음 깊숙이 자리하기에 충분
하다. 배치구도는 서원이 입지한 지형이나 건립시기, 기타 지역
에 관계없이 모두 전면에 강학구역을 두고 후면에는 제향구역을

두는 '전학후묘前學後廟'의 배치형식으로 일관되어 항상 묘구역
이 뒤편에 위치한다. 건물의 기본배치는 종으로 일정한 중심축
을 설정하여 전면으로부터 정문(평대문 내지 솟을대삼문, 또는
누각), 강당, 내삼문, 사당 순으로 배치하였으며, 강당 전면에는
좌우 대칭으로 재실을 두었다. 그리고 제기고와 장판각, 고사, 그
리고 교직사 등은 관련 주 건물(사당, 강당) 주변에 적절히 배치
하였다.

　현재 최근에 복설된 건축유적까지 합하면 서원 수는 수백에 달
하나 사실상 가치를 크게 부여할 수 있는 건축은 대원군의 서원
철폐에서 제외된 47개소의 서원과 사우 중 주로 도학서원道學書
院으로 분류되는, 예를 들어 영남의 도산·도동·옥산·병산·
소수·남계서원, 호남의 필암·무성서원, 충남의 돈암·노강서

병산서원 강학구역

원 등 전국적으로 약 15개소 유적에 불과하다. 하지만 이들은 짧은 역사와 수적인 열세에도 불구하고 한국건축 연구에 있어 배치나 공간론적으로 크게 주목받고 있다.

4. 사우

사우祠宇는 본래 설립목적이나 기능, 명칭상에서 서원과 그 성격이 크게 구별되는 것이었다. 예컨대 서원이 인재육성과 斯文振興에 목적을 두고 학문탐구의 기능을 담당하였음에 반하여 사우는 이러한 교육적 기능보다는 보본숭현報本崇賢의 사현祀賢에 더욱 큰 비중이 있었다. 그러나 17세기 후반기 이후부터 서원과 사우는 모두 양반이 사회적 기능을 유지 보강하려는 같은 목표를 가진 것이었으므로 점차 그 엄격한 구별이 무너져

구례 죽연사 강당

갔다.

향촌사회에서 사우는 우선적으로 문중의 결속을 다지는 중요한 센터였고 사회적인 영향을 확대시키는 전진기지 같은 역할을 하였다. 그렇기에 전국적으로 수많은 사우가 건립됐다.

사우의 건축형태는 매우 단순하다. 그리 넓지 않은 경내에 앞쪽에 강당이 있고 그 뒤쪽에 사당이 위치한다. 강당 앞으로는 사우의 정문인 외삼문이 건립되어 있고, 강당과 사당 사이에는 내삼문이 자리한다.

사우도 서원과 마찬가지로 대원군에 의해 대부분 훼철했다. 훼철된 사우는 문중의 복원 시도로 많은 사우가 옛 모습을 찾았고 100여 년이 훨씬 지난 지금도 그 노력이 진행되고 있는 곳도 있다.

5. 재각

재각齋閣(재실齋室, 재사齋舍, 제각祭閣)의 기능은 참제인의 숙식, 제수장만, 제례절차 논의 등 주로 묘제를 지내기 위한 제사기능이 주가 되고 있으나 경우에 따라서는 문중의 모임이나 서재書齋 같은 강학기능도 함께 하였다.

조선시대 재각의 건립도 역시 유교적 사회윤리관이 그 배경이 된다. 주자가례에 의한 예제禮制는 제례祭禮로 이어져 가묘, 서원과 사우의 사당 등이 세워지고 또한 문중중심의 재각이 건립되게 되었다. 이같은 문중재각의 마련은 조선 후기(특히 17세기 중반 이후)에 와서 일반화되는 역사적 산물로 주목되고 있다. 이는 17~18세기에 일반화된 서원과 사우의 건립을 통해 향촌사회에서 가문의 지위를 높이려는 경향과 관련이 깊다고

하겠다. 예컨대 재각의 건립은 문사門祠의 건립경향, 장자중심
의 제사상속과 재산상속, 중시조中始祖의 강조, 同姓同族 관념
의 강화 등과 연결되는 일련의 변화양상이 일정하게 반영된 것이
라고 하겠다.

　재실의 기능이 제수장만, 문중회의, 참제인의 유숙, 모역관리
등 복합적인 만큼 건축공간 또한 다양성을 갖는다. 즉 머물 수 있
는 방과 그에 따른 부엌이 있어야 하고 아울러 모임의 장소, 진설
의 공간 등이 마련되어야 한다. 어쩌면 재실은 그 지역의 환경에
오래 적응해 온 다소 규모가 큰 살림집과 같은 공간조직이 필요

영남남씨 문중의 남흥재실(안동)

했을 것이다. 결국 그러한 공간들이 하나의 내적질서를 갖고 유기적으로 조합될 때 완성된 그 지역의 재실건축으로 정착하게 된 것이다.

재실의 건축구성은 향교나 서원과 달리 지역별로 차이를 보인다. 우선 호남지방의 경우는 대부분이 향교의 명륜당과 같은 소위 '강당형' 건축으로 일관된다. 즉 중앙으로 대청을 드리고 그 양측으로 방 두 개가 구성되는 '一자형'의 단순한 구조가 재실의 본채로 건립된다. 규모는 정면 3칸, 4칸, 5칸 등 문중에 다라 다르다. 본채 전면으로는 솟을대문(또는 평대문)이 세워지고 그 양측으로는 주로 참제인의 유숙을 위한 방이 드려진다.

영남지방, 특히 경북지방의 재실은 규모가 크고 무엇보다도 누각과 함께 전개되는 건축적 구성은 다른 지방의 재실과 크게 구별된다. 건축모습은 전반적으로 몸채와 부속채 등이 중앙의 마당을 중심으로 연결된 폐쇄적인 'ㅁ 자형'이 주류를 이루고 있다. 즉 배치와 평면 구성개념이 매우 집중적이다. 이는 이 지역 상류주택의 구성방법과 흡사한 것으로 매우 흥미롭다.

6. 가묘

가묘家廟는 개인 살림집에 조상의 신위를 안치하기 위해서 지은 별도의 집이다. 가묘제도는 고려시대에도 존재하였으나 재대로 실시되지 않았고 조선 초 역시 제례에 불교의식의 관습이 남아있는 등 이의 실시 과정에서는 어려움이 많았다. 세종연간에는 일정한 기간 내에 가묘의 설치를 법으로 정하기도 했으며 감찰기관까지 두었다. 그러다가 성종대 이후에 들어 향교의 설치로 사회전반에 유교문화가 성숙되는 과정 속에서 가묘의 설치가

경북 예천권씨 종가 가묘 *웬만한 문중 사우(사당)규모다.*

보편화되어 갔다.

경국대전 봉사조奉祀條에 의하면 봉사의 기준을 법률로 정했는데 문무관 6품 이상은 3대(부모, 조부모, 증조부모), 7품 이하는 2대, 그리고 서인은 다만 부모만으로 기준을 정하였다. 이렇듯 가묘 설치에 대한 정부의 관심은 유교문화의 저변화에는 가묘설치가 실효성이 큰 제도로 여겼기 때문이다. 이러한 가묘제는 조선 후기까지 사대부가를 중심으로 널리 확대되어 효의 근간이 되었다.

현재 가묘는 전국적으로 분포되어 있으나 그 수는 그다지 많은 편이 아니다. 이는 현존하는 조선시대 상류 주택의 수와도 연관된다. 가묘는 주택의 좌측(좌향기준) 다소 높은 곳에 대개 별도의 담장구획 안에 자리한다. 규모는 종가집인 경우 3칸으로, 그

외는 1칸이다.

결국 가묘는 선현을 봉사하는 유교문화의 혈족주의적 토착문화가 함께 어우러진 조선시대 씨족촌락의 통일된 공동체의식을 상징하는 곳이라 하겠다.

7. 종묘

종묘宗廟는 태조4년(1395년)에 창건된 조선시대 최고의 국가 제례기관이다. 건립 이후 1592년 임진란으로 소실되었으나, 광해군·영조·정조·헌종·고종시의 중건을 거치면서 규모가 확장되어 현재는 19칸 규모의 정전을 비롯하여 별묘別廟인 영령전永寧殿, 전사청, 자위궁, 향관천, 공신당 등을 갖추고 있다.

정전에는 태조를 비롯하여 왕과 왕비의 신위 38위가 봉인되어 있고, 영령전에는 태조의 선대사조先代四祖인 목조穆祖를 비롯하여 정종, 문종, 단종 등 모두 30위의 위패가 봉안되어 있다. 그리고 정전 앞의 공신당에는 조선왕조의 공신 83인이 모셔져 있다.

정전은 19칸이나 되는 매우 긴 건물이다. 좌·우 협실(각 3칸)까지 하면 무려 25칸이나 된다. 정면으로는 툇간을 두어 줄지어 늘어선 기둥이 매우 인상적이다. 구조는 간결하고 장식은 2익공 정도로 지극히 배제되어 있다. 즉 정전은 매우 장엄하고 차분하다. 한 국가의 대표가 될만한 큰 사당이다.

조선시대 선비들은 일반적으로 조선이라는 국호 대신 종묘, 종사 등으로서 국가를 지칭하고 있다. 이것은 종묘가 왕조의 원주소로서 국가의 이념적 구심점이었기 때문이다.

종묘 영년전 정전

최근 종묘는 불국사, 수원화성 등과 함께 세계문화유산으로 등록되어 그 가치를 새삼 인정받게 되었다.

8. 정려

조선시대의 유교중심적 사회관과 가치관은 그 대표되는 덕목으로서 충忠·효孝·열烈을 강조하였고 국가는 이들 덕목의 실천자(충신, 효자, 열녀)들에게 관작을 제수하거나 정려를 명함으로써 타의 모범이 되도록 하였다.

정려旌閭란 효자나 열녀, 충신 등의 행적을 높이 기르기 위해 그들이 살던 집 앞에 문을 세우거나 마을 입구에 작은 정각을 세워 기념하는 것을 말한다. 정려란 용어는 '정문旌門', '정표旌表' 등으로도 『신증동국여지승람』 등에 표기되어 있는데, 의미상으로는 거의 같다. 가령, '정문을 세웠다.'는 말은 정려를 받아 문

충효 정려각

을 세웠다는 뜻이다.

정려를 받는 절차는 그 고을의 관청 또는 대상자의 직계후손이나 고을 유림들이 중앙의 예조에 정려를 내려주기를 청하면 왕명에 의하여 명정命旌을 받게 된다. 따라서 명정을 받는 것은 개인이나 가문의 대단한 명예가 될 수도 있고 아울러 그 마을의 자랑거리가 되기도 한다.

정려건축은 기능이 배제된 일종의 기념성 건물이기 때문에 다른 유교건축과는 다르게 건물의 구성이 1개 동으로 우선 단출하고 건축의 구조나 의장 등도 지역에 관계없이 공통적인 면이 많다. 즉 어느 지역에 가든지 식별이 가능할 수 있는 독특한 외관, 즉 화려하고 장식적이다.

유학과 한국의 전통조경

김영모 (한국전통문화학교)

유학과 한국의 전통조경

I. 전통사상과 조경

　조경造景은 흔히 자연, 토지, 외부환경 등을 대상으로 인간에게 유용하고 쾌적한 공간을 만드는 것이라고 한다. 이러한 개념은 두 가지 측면에서 해석이 가능하다. 하나는 한 나라의 조경문화의 발전에는 기본적으로 그 나라의 자연환경과 경관, 풍토가 그 바탕이 된다는 것이다. 또 다른 하나는 조경이 물리적인 대상(자연환경, 토지, 외부환경 등)을 통한 '공간을 만든다'는 조영행위造營行爲로 이어진다는 점에서는 정원을 만들고 공원을 만드는 행위 자체에는 불가피하게 만드는 사람(조영자造營者)의 의도가 개재되어 있다는 것이다. 또한 그 만드는 사람의 의도에는 그 시대상이나 관념, 사상·철학이 주요한 부분을 차지하고 있음은 물론이다.

　따라서 우리의 전통 조경문화를 이해하기 위해서는 우선적으로 정원과 원림 등을 만든 조영자의 의도를 헤아려 보아야 할 것이며, 그 의도를 파악하기 위해서는 그 시대의 사상과 철학적 측면에서 접근하는 것이 첫번째 순서일 것이다. 특히 전통 사상과 철학 중에서도 전통조경문화의 발전에는 풍수지리, 신선사상, 음양오행, 유교와 성리학이 가장 직접적이고도 많은 영향을 끼친 것으로 보여진다. 이에 본고는 조선시대 조경문화를 살피는 데 가장 근본이 되는 유교와 성리학을 중심으로 기타 다른 사상과 철학이 어떻게 전통 조경문화 발전에 관여되었는지를 설명하고자 한다.

1. 풍수지리와 전통조경

‘풍수風水’라는 용어는 중국 동진의 곽박이 쓴 『장서葬書』의 “죽은 사람은 생기에 의지하여야 하는데……그 기는 바람을 타면 흩어져버리고 물에 닿으면 머문다…… 그래서 바람과 물을 이용하여 기를 얻는 법술을 풍수라 일컫는다 葬者乘生氣也……經曰氣乘風則散界水則止……故謂之風水”라는 기록에서부터 나왔다는 것이 정설이다.

풍수는 음양론陰陽論과 오행설五行說을 기반으로 땅에 관한 이치, 즉 지리를 체계화한 전통적 논리구조이며, 『주역周易』을 주요한 준거로 해서 길한 것을 추구하고 흉한 것을 피하는 것을 목적追吉避凶으로 삼고 있다. 구성은 산, 물, 방위, 사람 등 네 가지의 조합으로 성립되는데, 구체적으로는 간룡看龍, 장풍藏風, 득수得水, 정혈定穴, 좌향坐向, 형국形局 등의 형식논리를 갖는다.

흔히 풍수는 산사람의 땅자리를 찾는 양택풍수陽宅風水와 죽은 자의 묘지를 찾는 음택풍수陰宅風水로 나뉜다. 이중 양택풍수는 도성의 입지를 정하는 데에 관련되는 국도풍수와 도읍풍수, 마을 · 집터 · 원림園林의 터잡기와 수목의 위치를 결정하는 데까지도 직접적으로 적용되었다. 조선 개국 초 정궁의 터를 결정하는 과정에서 나타난 계룡산과 무악에 대한 명당설과 정도전北岳主山論, 무학대사仁王山 主山論의 논쟁을 거쳐 입지가 결정된 경복궁은 국도풍수설의 전형으로 알려져 있다. 경복궁은 조종산祖宗山으로부터 이어져 오는 연맥(백두산 – 삼각산(북한산) – 백악(북악) – 경복궁)과 사신사(좌청룡 – 타락산, 우백호 – 인왕산, 남주작 – 목멱산, 북현무 – 백악산), 명당수(내명당수 – 청계천, 외명당수 – 한강)를 갖추고 있어 풍수적 시각에서 말하는 명당의 전형에 해당한다. 이러한 경복궁의 풍수적 관념은 터잡기에서만 끝난 것이 아니라 지기地氣의 허함을 보하기 위한 조산造山 - 蛾眉山의 조성과 서출동입西出東入하는 명당수의 조성에까지도 깊이 관여하고 있다.

안동 하회, 아산 외암리, 경북 양동마을은 풍수지리가 한 마을의 입지를 결정하는 데 얼마나 깊이 관여하였는지를 보여주는 전형적인 경우이다. 아산 외암리 마을을 방문하면 우선 눈에 띄는 것이 마을을 경계지우며 바깥으로 흐르는 개울 건너편 마을 초입에 위치한 인공적으로 조성된 소나무 숲을 찾을 수 있다. 이 숲은 마을의 기가 빠져나가는 통로인 수구水口를 막기 위한 수구맥이(수구막이)로 사용된 숲이다. 또한 마을 동쪽편에도 인위적으로 조성된 숲을 발견할 수 있는데 이는 마을의 허한 기를 보완하기 위하여 비보裨補를 목적으로 만든 것이다. 비보나 수구맥이로 사용된 이러한 마을 숲들도 모두 풍수적 측면에서 나타나는 전통조경문화의 한 양상이다.

또한 전통 원림의 입지와 조성에도 풍수지리가 관련되어 있음을 쉽게 찾을 수 있다. 보길도 부용동 원림의 내력이 담긴 윤위의 『보길도지甫吉島識』에 풍수와 관련하여 설명한 부분이 있다. "보길도의 주봉인 격자봉 정북향에 혈전穴田이 있는데, 이곳에 있는 낙서재樂書齋를 양택이라 하였다. 격자봉에서 서쪽으로 뻗어 내려 서쪽에서 남쪽, 남쪽에서 동쪽을 향해 돌아 있는 세 봉우리를 안산案山이라 하였으며, 낙서재 오른쪽의 하한대夏寒臺가 우백호, 낙서재 왼쪽의 미전薇田과 석전石田이 내청룡에 해당된다."라고 하면서 부용동 원림이 길지명당임을 설명하였다. 한편, 경북 영양 서석지원의 경우 경정을 중심으로 한 내원의 연장선상에 있는 외원의 형국을 살펴보면, 북쪽 대박산이 주산이 되고, 작약봉을 거쳐 자양산으로 이어진 산이 좌청룡이며, 영등산에서 봉수산과 나월엄으로 이어진 산이 우백호이다. 좌청룡 우백호의 산자락이 석문石門을 이루고 있으며, 이곳에서 청기천과 반변대천이 합수되어 내수內水가 되며, 대청계류와 산해동 앞에서 다시 합쳐져 외수外水를 이루고 있다. 이와같이 좌청룡 우백호로 둘러싸인 자양산록의 완만한 경사지에 자리잡고 있는 서석지원은 풍수적으로 명당이며 길지에 해당된다. 정영방이 이곳에 서석지를 처음 조성할 당시 그 주변 일대의 풍수적 조건을 충분히 고려했음을 의심할 여지가 없다.

원림의 조성에 풍수적 고려가 있었음은 지당池塘과 수목의 배식에서도 찾아볼 수 있다. 풍수지리에서는 명당수가 필요조건이지만 그 물을 그대로 방류하면 지기가 쇠할 염려가 있다고 한다. 그래서 이를 막기 위해 동쪽으로 흘러든 물을 일단 머물게 하는 장치를 마련하기도 했다. 예로부터 옥녀탄금형玉女彈琴形의 명당자리에 위치하여 풍수가 사이에 이미 명당으로 널리 알려져 있는 논산 윤증 선생 고택을 보면, 집 동쪽 바깥 마당에 넓고 네모난 연못이 있다. 이 연못은 서류동입西流東入하는 명당수를 잠시 머물게 하는 역할을 하고 있다. 이처럼 원림의 동편에 연못을 파는 것은 땅의 기운이 쇠하는 것을 방지하는 풍수적 장치로서 조선시대 사대부들의 원림에서 흔히 찾아볼 수 있다.

일반적으로 조경수목을 심는 데도 수목의 상징성과 풍수지리 사상이 결부되어 수목이 심어진 위치나 방향에 따라 여러 가지 제약을 받아왔다. 예를 들면 거수巨樹가 되는 수종은 주택내 특히 내정內庭에 심지 않았으며, 집 가까이 좌측에서 흐르는 물이 있으면서 우편에 장도張道가 있거나 집 앞쪽은 오지汚池인데 뒤쪽이 구릉일 때는 반드시 동쪽에 복숭아나무와 버드나무를 심고,

남쪽에 매화와 큰 대추나무를, 서쪽에 치자나무와 느릅나무를 북쪽에 벚나무와 살구나무를 심도록 권장하고 있는데 이는 청룡, 백호, 주작, 현무에 대하는 것으로 여겼다.

2. 신선사상과 도교, 그리고 전통조경

신선사상은 중국의 시황제가 방사인 서복(서불)으로 하여금 동자 삼천명을 이끌고 선가仙家에서 전해오는 신선도에 존재한다는 불로초를 구하게 하였다는 일화로 널리 알려져 있다. 신선사상의 기원에 대해서는 중국의 시황제 이전의 위진시대부터 존재하여 왔다는 중국 기원설과 삼국시대 화랑도에서 그 연원을 찾으려는 한국기원설이 팽팽하게 맞서고 있다. 그 기원이 어디에 있든 신선사상의 요체는 '불사不死'에 있다. 이는 신선사상이 도교에 흡수되어간 이후에도 도교의 궁극적인 목적이 '불로장생不老長生'에 있음을 생각한다면 쉽게 수긍이 가는 부분이다. 신선가에 전해오는 바에 따르면 신선에는 두 가지의 종류가 있다고 한다. 즉 신선으로 태어나는 '신인神人'과 수련과 선약(불로초) 등의 복용에 의하여 되는 '선인仙人'이 있다고 한다. 따라서 일반 사람이 장생불사하는 선인이 되기 위한 방법은 수련과 '불로초'를 얻는 데로 집중되어 나타난다.

'선仙'의 어원이 '인재산상人在山上'에서 비롯된 것처럼 예로부터 선가에서는 신선들의 거주처가 산위에 있다고 믿어 왔다. 또한 신선들이 거처하는 그 산은 바로 동해 바다 한가운데에 있는 '봉래蓬萊, 영주瀛州, 방장方丈'의 삼신산이라는 것이다. 『사기史記』「봉선서封禪書」의 기록을 보면, "신산에는 선인이 살고, 불사의 약이 있다고 하며, 또한 신산의 모양은 구름과 같아서 가까이 가면 금시 바다 밑에 있고, 더욱 가까이 가면 바람이 몰고 가버려 보이지 않는다”라고 하였다. 이러한 삼신산에 대한 믿음은 정원 내에 연못을 파고 삼신산을 상징하는 선도仙島를 조성하는 행위로 상징화되어 나타난다. 백제의 궁남지宮南池는 “연못을 파고 조산을 쌓고 양안에 버드나무를 식재하였으며 연못 가운데의 섬은 방장산을 나타낸다”는 신선사상에 영향받은 최초의 조경기록이며, 경주 안압지의 삼신선도와 무산십이봉巫山十二峰 (무산은 중국 사천성 기주 무산현에 실재하는 산인데, 그 산에 선녀가 살고 있다는 전설 때문에 선산으로 신비화되었다), 조선시대 경복궁 경회루의 삼신선도, 남원 광한루원의 삼신선도, 다산 정약용의 다산초당 연지 한가운데의 신선도 등도 모두 마찬가지이다. 신선사상에 영향받은 지당의 특징은 연못 안에 하나 또는 세 개의 신선도를 조성하는 것이며, 연못의 섬으로는 다리가 연결되지 않는 것이 원형의 모습이다. 이는 앞의 사기 봉선서의 기록에 나타나는 바와 같이 인간이 그토록 다다르기를 원하지만 결국에는 도달하지 못한다는 관념적 내용을 상징적으로 형상화하였기 때문이다. 정원 내에 연못을 파고 선도를 조성하는 조영행위는 조영자들로 하여금 그들이 선계에 거처한다는 상징적 조영행위로 파악되며, 이는 엘리아데가 ‘성과 속’에서 말하는 것처럼 “고대인들은 그들의 생활공간을 성역화함으로써 보다 신의 영역에 다가서려고 하였다”는 내용으로 설명이 가능하다.

신선사상과 도교가 전통조경문화에 미친 영향은 이외에도 다양한 양상으로 나타나고 있다. 경복궁 대비전인 자경전 후면의 ‘십장생十長生’ 담장이나 창덕궁 연경당에 들어가기 위해 거쳐야 하는 ‘불로문不老門’과 같은 정원구성요소, ‘장長’, ‘수壽’, ‘쌍희囍’ 자와 같은 길상문자吉祥文字는 모두 신선사상과 도교에서 추구하는 ‘불로장생’을 나타내는 것들이다. 한편, 보길도 부용동 정원에 있는 동천석실洞天石室은 도교에서 신선이 살고 있는 곳을 ‘동천복지洞天福地’라고 하는 것과 관련이 있으며, 경남 양산의 소한정小閒亭 연못의 거북바위, 오동나무 숲의 봉황바위, 학바위, 그리고 남원 광한루 누각의 토끼와 거북 장식 등도 모두 신선사상과 연결되어 있다. 좀더 깊이 그 연관성을 찾아보면 거북은 장수의 상징임과 동시에 토끼와 함께 용궁이라 일컫는 해중 선계를 오가는 동물로, 학은 장수의 상징물이자 신선과 함께 있는 새로 여겨진다. 봉황은 여신선 서왕모西王母가 산다는 곤륜산 정원에서 신선들과 함께 노닌다는 상상의 새이다. 이밖에 연못의 섬에 주로 심는 소나무는 늘 푸르기 때문에 일찍부터 신선과 함께하는 나무로 인식되었다.

3. 음양오행과 전통조경

음양오행사상은 고대 중국에서 발생된 역사상易思想에서부터 기원된다고 볼 수 있다. 역은 동양적 우주관에 관한 이론으로서 기본원리는 원래 우주, 자연의 생성·변화에는 태극太極이 있었으며, 그 태극이 양의兩儀인 음과 양을 낳고, 그 양의가 사상四象을 낳고, 사상이 팔괘八卦를 낳았다고 보고 있다.

음양적 시각에서 보면 “모든 사물에는 반드시 짝이 있다. 짝에는 반드시 상上이 있고 반드시 하下가 있다. 반드시 좌左가 있고 반드시 우右가 있다. 반드시 전前이 있고 반드시 후後가 있다. 반드시 표表가 있고 반드시 리裏가 있다……”고 하여 우주 천체의 만물은 물론 인간의 모든 사회적 관계도 하나의 짝을 이루며 구성된다고 한다. 주자朱子에 따르면 "음양이란 하나의 기에 지나지 않는다. 음기가 유행하면 양이 되고 양기가 응집하면 음이 된다. 정면에 대립하는 두 가지가 있는 것이 아니다."라고 하여 음양은 항상 상대적 이항관계에 있지만 이것은 상보적相補的인 관계임을 설명한다.

음양론적 시각이 형태를 나타낼 때는 '천원지방天圓地方'으로 상징되는 지당의 형태, 공간의 배치와 관련하여서는 궁궐의 전체 배치에 나타나는 '전조후침前朝後寢(앞에는 조정, 뒤에는 침전)'의 제도에 따른 조정朝廷은 양, 침전寢殿은 음을 나타낸다. 정원을 구성하는 대표적인 요소인 정자와 연못의 관계도 정자가 양이라면 연못은 음이 된다. 이는 사직단社稷壇과 종묘宗廟의 제례공간에서도 항상 주신主神과 배신配神으로 짝하여 모셔진다거나, 제례행위의 시작을 알리는 분향焚香과 울창주鬱鬯酒도 천신天神과 지신地神을 불러내기 위한 음양적 제례행위들이다. 주택공간에 있어서 음양론적 사상은 '채와 마당'의 개념으로 가장 잘 설명되어질 수 있다. 건물인 채는 양이고 비어있는 마당은 음이다. 그러나 음과 양은 분리될 수 없기에 채와 마당은 항상 짝으로 붙어서 나타난다. 안채와 안마당, 사랑채와 사랑마당, 행랑채와 행랑마당, 문간채와 문간마당 등 채와 마당의 결합은 우리 전통 주거공간의 특징으로 설명되어질 수 있다.

음양설이 우주, 자연의 일체 현상을 음양이기로서 해석하는 데 대해서 그 원리를 좀더 구체적으로 설명한 것이 오행설이다. 오행설은 수, 화, 목, 금, 토의 다섯 요소에 의해 우주자연현상의 상태나 성질을 상징하는 것이고 이러한 다섯 가지의 기가 순환하면서 일체의 현상이 생성·변화한다고 보고 있다.

목화토금수의 오행사상은 계절을 나타낼 때는 춘하추동春夏秋

冬, 색깔로서는 청백주현황靑白朱玄黃의 오색五色으로, 유교적 덕목으로서는 인의예지신仁義禮智信의 오상五常, 방위로서는 중심과 사방위, 동물로서는 용·호랑이·공작·거북이 등으로 그 개념이 확장되어진다. 이러한 오행적 구성이 나타나는 공간적 예로서는 조선조 정궁인 경복궁의 사대문(동 – 建春門, 서 – 迎秋門, 남 – 光化門·朱雀門, 북 – 神武門)과 한양 도성의 사대문(동 – 興仁之門, 서 – 敦義門, 남 – 崇禮門, 북 – 肅晴門) 구성에서 찾을 수 있다. 이는 또한 사직단의 공간구성이 사단社壇과 직단稷壇을 중심에 두고 사방위에는 문을 둔다거나(중심과 사방위의 구성), 중앙의 단에는 오색의 흙을 덮고 있는 점도 모두 오행적 구성이다.

II. 유학과 전통조경

1. 유학과 전통조경의 발전양상

1) 성리학적 사회질서와 조경공간의 구성

성리학性理學이란 인간의 도덕적 본성이 곧 우주적 원리라는 성즉리性卽理의 강한 이념성을 내포하는 중세적 유교이다. 이는 공자나 맹자의 원시 유교가 이념성보다는 실천성을 중시했던 것과 구별하여 새로운 유교, 즉 신유교新儒敎라고 불리었다.

신유교는 남송의 주자朱子(이름은 朱熹, 1130~1200)에 의해 집대성되었는데 신유교는 당시 불교가 지나치게 주관적 관념세계의 적정만을 추구하거나 혹은 내세를 위한 기복신앙으로 전락했다고 보고 현실에서 윤리를 구현해야 한다는 유교적 진리관을 주장하였다. 이들은 현실이야말로 곧 진리를 구현할 토대임을 입증하기 위해 이기론理氣論과 인성론人性論을 철학적으로 논증하였다. 이기론이란 이理와 기氣 두 가지 범주로써 세계의 본질과 현상을 설명하는 세계관을 말한다. 한편 이는 자연법칙인 동시에 도덕규범이기도 하였다. 성리학의 천인합일설天人合一說에 의하면 각종 죄악을 일으키는 기질氣質의 성을 변화시켜 온전한 본연本然의 성을 되찾아 발휘하는 일이 사회적 인간의 최대 과제라 하여, 인간 사회의 결합과 혼란을 막기 위하여 교화가 적극적으로 요청되어졌다. 즉 군君과 신臣, 부父와 자子, 부夫와 부婦, 주主와 노奴, 반班과 상商, 그리고 화華와 이夷 사이에는 사회적 분수에 따라서 상명하복의 관계 속에서 조화가 이루어져야 한다는 것이다. 사회적 인간이 지켜야 할 윤리와 명분을 강조한 것이다.

고려 말 전래된 성리학은 새로운 사회를 지향하는 신진 지식층의 사상적 무기로서 수용되어, 이후 여말선초麗末鮮初의 문화변동을 주도하는 원동력이 되었다. 나아가 새 사회를 지향하는 신흥 사대부들이 중심이 되어 조선 왕국을 창건하면서 그들의 성리학을 정치이념으로 내세우고 성리학을 바탕으로 한 사회질서의 구축을 시도하면서 이후 성리학은 조선 왕조 5백년의 기본 이념과 주도적 사상의 위치를 차지하였다. 이러한 신흥사대부들이 채택한 성리학에 의한 사회질서의 유지는 현실사회의 상하의 신분적 질서를 합리화 시켜주며 상하신분 질서로 나타나게 되며, 계층적·신분적·수직적으로 편성하는 것이 우주질서와 합치되는 것이라는 명분을 획득하게 된다. 이러한 상하신분 질서는 조선시대의 많은 유교적 공간이 위계적으로 구성되는 배경으로 작용하게된다.

수직적·분별적 신분제의 유지는 조선시대 내내 공간에 투영되어 나타나는 특징이 있다. 주거문화와 관련하여서 보자면 북방식의 수혈식竪穴式과 남방식의 고상식高床式이 결합되어 나타난 우리 고유의 온돌문화는 기단基壇이라는 건축양식을 탄생시켰다. 이때 기단의 높고 낮음은 그 공간을 사용하는 사람의 신분적 위치를 상징하게 된다. 궁궐에 있어서 가장 위계가 높은 건물인 정전의 기단은 특히 왕이 사용하는 공간이라는 상징성과 결부되면서 두벌대(궁궐의 기단은 월대月臺라는 용어로 높여 부르며, 그것이 하나의 기단이면 외벌대, 두 개면 두벌대, 세 개일 때 세벌대 등으로 부른다)가 사용되고 있다. 이는 다른 전각이 모두 외벌대로 구성된 것을 보면 의도적으로 사용자의 신분을 상징화시킨 것임을 알 수 있다. 또한 궁궐의 정전에 이르는 어도御道에 있어서도 가운데가 상上이고 좌우측이 하下라는 관념에 따라 임금이 다니는 길과 신하의 길이 위계적으로 구분되어졌다. 이는 종묘의 신도와 능역陵域의 참도參道도 신도와 어도로 구분되지만 이러한 장소들은 조상신을 모시는 공간이기 때문에 상으로서 중앙이 신의 길이고 좌우측의 길이 임금의 길로 위계지어져 나타나는 차이가 있다. 이러한 사용자의 신분에 따른 공간의 위계적 구성은 문의 칸수로도 상징화된다. 종묘 정전의 동문과 서문은 종묘 제례시 제례에 참여하는 사람들이 출입하는 같은 출입문이지만, 그 칸수에 있어 동문東門은 3칸 서문西門은 1칸으로 차이가 있다. 이는 동문이 제관(왕과 세자)들의 출입문이고 서문이 악공樂工과 무희들의 출입문이라는 신분적 차등을 두기 위함이다. 사직단에서도 사방의 동서남북에 모두 문이 있지만 유독 북문北門만은 신문이라 하여 3칸으로 만들고 나머지 문은 1칸으로 차등을 두고 있다.

유교공간에서 이러한 위계성은 공간상의 위치에까지도 서열과 차등이 있음을 보여준다. 중앙과 좌우의 공간적 위계를 보자면 중앙 → 좌 → 우의 순서를 갖는데, 이러한 예를 궁궐의 전각 배치시 중앙에는 정전正殿과 편전便殿, 침전寢殿의 왕과 왕비의 공간이 자리잡고, 좌측에는 동궁東宮(왕세자), 우측에는 궐내각사闕內各舍(신하)가 자리잡음에서도 유교적 질서가 내재되어 있음을 볼 수 있다. 그러나 일반적으로 좌가 우선하는 좌우의 관계는 죽은 자의 공간에서는 '서상위西上位'의 관계로 역전되어 나타난다. 종묘의 신주위치(왕의 신주는 우측, 왕비의 신주는 좌측), 능역에서 왕과 왕비의 봉분의 위치(왕의 봉분은 우측, 왕비의 봉분은 좌측)에서는 우측이 좌측보다 우선하는 방위가 된다.

한편, 남녀유별의 분별적 사고는 주택공간에 있어서는 안주인의 안방과 바깥 주인인 남자의 거처인 사랑채가 항상 분리되어 배치되고, 부득이 함께 붙어서 건축될 때에도 내외벽內外壁으로 공간을 의도적으로 분리하였다.

2) 성리학적 자연관과 구곡九曲의 경영

유학儒學은 참다운 사람이 되기 위한 교양과 인격을 두루 갖춘 사람, 또는 그것을 남에게 가르치는 사람으로서 군자君子, 성인聖人이 되는 것을 궁극적인 목적으로 한다. 사대부 유학자들은 성인 되는 것을 궁극적 목표로 하고 배움을 통하여 이룰 수 있다고 믿었다. 성인에 이르는 배움의 방법은 '거경居敬'과 '궁리窮理'인데, 거경이란 배움에 임하는 사람의 몸과 마음의 준비태도이며 궁리는 사물의 이치를 객관적으로 고찰한다는 '격물치지格物致知'를 말한다. 주자학의 공부론으로서 격물치지는 사물에 내재한 이理를 궁구하여 깨달음으로써 지식을 이루어가는 방법이다. 이理를 궁구하려면 마음이 번접하거나 혼란해서는 안되므로 먼저 마음을 고요하고 맑게 유지해야 하고, 그후에 사물을 정밀하게 분석하지 않으면 안된다. 따라서 성리학자들에게 있어서는 자신의 심성을 기르기 위하여 한적하고 자연경관이 수려한 '수기修己'의 공간은 필수적인 요건이 되었으며, 이러한 수기공간(정사, 서원, 누정)은 의례공간(사묘, 사당, 제각)과 더불어 유학적 문화경관을 특징짓는 대표적인 요소이다.

이중 조선조 성리학자들은 주자의 학문을 흠모하듯이 주자가 만년晩年에 구곡을 경영한 사실을 따름으로써 주자의 삶의 양식과 학문적 경향을 따르고자 하였다. 사대부들은 주자의 정사경영을 본받아 산수 자연을 벗할 수 있는 향촌에서 구곡을 경영하며 학문을 탐구하고 후학을 양성했으며, 수신 후 때가 오면 치인하고자 하였다.

조선시대에는 많은 성리학자들에 의하여 구곡이 경영되었는데 한강 정구의 무흘구곡武屹九曲, 구봉 송익필의 주자구곡朱子九曲, 곡운 김수증의 곡운구곡谷雲九曲, 우암 송시열의 화양구곡華陽九曲, 이강의 덕동구곡德洞九曲, 화서 이항로의 벽계구곡檗溪九曲), 의성 김씨 천전파(학봉 김성일)의 반변구곡半邊九曲, 도와 최남복의 백련구곡白蓮九曲, 우이동구곡牛耳洞九曲, 봉래구곡蓬萊九曲, 용호구곡龍湖九曲, 용하구곡用夏九曲, 운선구곡雲仙九曲, 와계구곡臥溪九曲, 마이산구곡馬耳山九曲 등이 있다.

이러한 구곡과 관련하여 퇴계退溪(이황 1501~1570)는 주자를 거의 본받는 듯한 행적을 보인다. 그는 46세에 고향인 퇴계의 동쪽 바위에 양진암養眞菴을 짓고, 47세에는 무이도가武夷櫂歌를 모방한 '한거독무이지차구곡도가운십수閑居讀武夷志次九曲櫂歌韻十首'를 썼으며, 49세 풍기군 군수로 있을 때는 주자가 남강군지사로 있으면서 백록동서원白麓洞書院을 다시 일으킨 고사와 같이 백운동서원白雲洞書院을 재건해줄 것을 요청하고 서원 옆을 흐르는 죽계천을 거슬러 올라 소백산 아래에 이르는 곳에 '죽계구곡竹溪九曲'을 경영한다. 57세에는 도산서당 터를 마련하고 농운정사를 지은 후 '도산잡영기陶山雜詠記'를 저술하는 데 주자의 '무이정사잡영병기武夷精舍雜詠幷記'의 형식을 빌어 도산의 지리형세와 도산의 모양 그리고 그 주변의 형승을 상세하게 묘사하고 있으며, 그가 이름붙인 봉우리나 서당의 재齋와 실室들의 명칭 또한 주자의 시에서 차운하여 이름지었음을 기술하고 있다. 율곡(율곡栗谷, 이이李珥, 1536 ~ 1584) 역시 1578년에 해주군 고산면에 고산구곡高山九曲을 경영하고 제5곡에 은병정사(隱屛精舍 – 石潭精舍)를 지어 주자의 무이구곡을 본받고 있다. 율곡의 고산구곡도 주자의 무이구곡과 같이 매 곡曲마다 이름을 붙이고 이를 노래한 고산구곡가高山九曲歌와 그림으로 그린 고산구곡도高山九曲圖가 함께 전해진다.

한편, 이러한 구곡의 경영사실이 원림의 조영요소로도 사용되었음을 조선조 중종 때의 선비 양산보梁山甫(1503~1557)의 소쇄원瀟灑園에서도 찾을 수 있다. 소쇄원에 들어서서 오른편으로 긴 담을 끼고 한참 걷다보면 오곡문五曲門이 나타난다. 소쇄원의 외원과 내원을 경계짓는 담장의 밑을 뚫고 이를 오곡문이라 이름붙이고 있다. 이 오곡문도 주자의 무이구곡에 제오곡에 무이정사가 조성된 것을 염두에 두고 소쇄원의 광풍각光風閣, 제월당霽月堂이 위치한 담장 안이 바로 제오곡에 해당됨을 나타내는 요소이다. 또한 고산 윤선도가 보길도의 낙서재 뒤쪽 바위를 소은병小隱屛이라 한 것은 주자의 무이구곡에 있는 대은병大隱屛에서 이름을 따왔음을 유추해볼 수 있다.

이러한 구곡경영에 나타나는 특징을 정리하자면 구곡의 입지는 대부분 백두대간이나 정맥상에 위치하거나 백두대간에 인접하여 수계를 이루는 분수맥의 맥점이 되는 산에 위치하는 특징이 있다. 두번째로 구곡의 가운데인 5곡에는 주자가 무이구곡 경영시 오곡五曲에 무이정사를 지은 사실을 좇아 대부분 오곡에 정사를 두고 있다. 마지막으로 주자의 무이구곡이 깊은 계곡의 상류에서 일곡一曲이 시작하여 마지막 구곡九曲이 마을에서 끝나는 구조를 보이지만, 우리나라의 구곡은 일곡이 마을에서 시작하여 구곡은 계곡의 상류에서 끝나는 특징을 보여준다.

3) 조선조 사림士林과 별서원림別墅園林의 조영

성리학은 고려 후기 사회의 구조적 모순을 새로운 각도에서 재편성함으로써 조선 왕조의 봉건체제를 질서화하는 이데올로기적 기능을 다하였고, 그후에 있어서도 역사 전개의 시대적 상황에 대응하여 그 현실을 이끌고, 조선조의 사회질서를 설명하고 지지하는 체제 이데올로기로서 정립되어 갔다. 예컨대 15세기에 있어서 그것은 정도전, 권근 등에 의해 주도되어 명덕신민明德新民의 실학을 제창하였으니, 이른바 명학明學으로서 사회적 의미를 보여주었던 것이다.

이어서 16세기에 이르러서는 일부 양반 관료들의 훈구화勳舊化와 아울러 전제 정치의 전개로 말미암아 정치의 변질이 보여짐에 따라서 조광조 등은 성리학의 기본 정신을 정심궁리正心窮理하여, 자기 자신에게 성실하고 출사하여서는 정도正道를 베푸는 대아大我의 입장에서 정치학의 본질을 추구하는 도학道學을 강조하였다. 훈구세력과 대립하여 의리를 지킨 사림을 도학파라고도 부르는데 그것은 사림士林이 도학 정신에 의거하여 의리를 지키고 사회 정의에 앞장 섰기 때문이었다. 16세기 이후 사림들이 여러 차례 사화를 당하여 죽고 내쫓기는 시대적 상황 속에서 조경문화적인 측면에서는 그들이 관직에서 물러나거나 유배중에 조성하게 되는 별서원림別墅園林이 발달하여 나타나게 된다.

해남 보길도의 부용동 원림은 1636년(인조 14) 인조가 삼전도에서 청나라 태종에게 항복하는 것을 반대하던 윤선도가 관직을 버리고 은거하기 위해 조성한 원림이고, 담양 소쇄원은 양산보가 그의 은사인 조광조가 남곤 등 훈구파에게 몰려 전라남도 화순 능주로 유배되자 조광조와 함께 세상의 뜻을 버리고 낙향하여 조성한 곳이다. 또한 영양의 서석지瑞石池는 정영방이 광해군 때 벼슬을 단면하고 귀향하여 만든 정원이다. 강진의 다산초당茶山草堂은 정약용이 1801년(순조 1) 신유사옥에 연루되어 강진으로 귀양와 유배생활을 할 때 조성한 원림이고, 봉화 청암정靑巖亭은 권벌이 1519년(중종 14년) 기묘사화 때 파직당하고 봉화 닭실로 내려와 꾸민 정원이다. 경북 경주시 안강읍 옥산리에 위치한 독락당獨樂堂은 회재 이언적이 그의 나이 42세가 되던 해(1532)에 김안로의 등용을 반대했다는 이유로 사간원 사간에서 성균관 사예로 좌천당한 후 파직된 뒤, 은거생활을 하기 위해 지은 별서이기도 하다.

2. 성리학과 전통원림의 구성

유교 특히 조선시대 신진사대부들에 의해 신유학으로 받아들인 성리학이 전통원림의 조성에 직접적으로 영향을 미친 요소를 우리는 지당과 화계, 수목 등에서 찾을 수 있다.

1) 방지원도方池圓島

정원을 구성하는 가장 기본적이고 또한 대표적인 요소는 연못이다. 이는 『삼국사기』 중 정원 조성사실에 대한 대부분의 기록이 '천지조산穿池造山(연못을 파고 인공적인 산을 만든다)'으로 표현되고 있음을 통해서도 확인할 수 있다. 연못은 또한 그 형태적 측면에서 중국, 일본과 한국의 조경을 구분짓는 중요한 기준이 되기도 한다. 조선시대의 연못은 네모난 방지가 주류를 이루고 있어 곡지曲池가 대부분인 중국과 일본의 정원과 차이를 보인다. 방지의 형태에 덧붙여 또 하나의 특징은 창덕궁 부용지芙蓉池에서 보이는 것처럼 못 안에 원형의 섬을 조성하는 경우가 빈번하다. 방지원도형의 연못은 부용지 이외에도 경복궁의 향원지香遠池, 논산군 노성면 윤증고택의 연못, 다산의 강진초당의 연지蓮池, 담양 명옥헌의 연못, 성주군 월항면 대산리 한수헌의 연못, 달성 하엽정荷葉亭 연못, 양산 소한정小閒亭 연못 등을 들 수 있다.

방지원도형 연못의 조성에 관련된 사상은 '음양론'과 '유교적 우주관'의 두 측면으로 모두 설명될 수 있다. 음양론적 시각에서 보자면 둥근 섬은 하늘을 상징하면서 양이고, 네모난 연못은 땅을 상징하는 음이라는 음양의 상보적 논리의 표출이다. 또한 방지원도형 연못은 예로부터 내려온 우주관 내지 자연관인 '천원지방'과도 관련이 있다. 천원지방이라는 말은 "양은 둥글고 음은 모나다陽圓陰方"라는 말과 같고, "하늘은 움직이고 땅은 가만히 있다天動地靜"는 것과도 같은 말이 된다. 결국, '천원지방'은 우주 만물의 존재와 운행의 원리를 함축적으로 드러내는 말이라 할 수 있는 것이다. 이러한 천원지방적 사고는 조선시대 땅과 곡식의 신에게 제사지내는 사직단의 사단과 직단이 모두 네모난 단의 형태임에 반해 하늘에 제사지내는 환구단(원구단)의 지붕이 원형으로 조성된 것에서도 찾을 수 있다.

2) 화계花階

조선시대에 정립된 한국의 조경양식을 가장 특징적으로 귀결지을 수 있는 것이 지당(연못)과 더불어 정원이 주택 내에서 뒤쪽에 나타나는 후원식後園式이며, 대부분의 후원은 화계로 조성되어져 있다는 점이다. 후원식 조경양식이 자리잡게 된 데에는 전통적으로 선호된 유가적 지리관인 '배산임수背山臨水'와 관련이 있다. 즉, 뒤에 산을 끼고 앞에는 물을 얻는 형태가 전통마을이나 주택의 입지를 결정하는 데 가장 우선적인 요건이라는 것이다. 또한 지기를 중시하고 산지가 국토의 70% 이상을 차지하는 우리나라의 지형상 대부분의 집터는 뒤에 산을 끼고 조성되게 마련이었다. 따라서 산지나 구릉지에 집터를 닦고 건물을 앉히기 위한 곳은 부득이 평지가 요구되고 건물이 앉혀진 후면에는 어쩔 수 없이 경사지나 절개지가 나타나게 된다. 이러한 경사지를 여름의 집중 호우시 토사의 유출을 막기 위해서 선택한 방법이 몇 개의 흙계단이나 돌로 쌓아서 석단·석계로 처리하는 것이었다. 여기에 장식적 측면을 덧붙여 석단과 석계에 낮은 관목이나 꽃을 심은 것이 바로 화계가 된 것이다.

이러한 화계의 예는 여러 곳에서 어렵지 않게 찾을 수 있다. 궁궐에 나타나는 화계들로서는 경복궁의 왕비 침전인 교태전交泰殿 후면에 나타나는 아미산원蛾眉山苑, 창덕궁의 대조전大造殿 뒤의 화계, 낙선재樂善齋 후원, 창경궁의 통명전通明殿 후원 화계들이 있다. 궁궐에 있는 화계들을 주변 전각의 기능과 관련시켜 보면 모두 왕비의 침전 뒤에 나타난다는 공통점이 있다. 이는 왕과 왕비의 합방이 이루어지는 왕비 침전은 지기의 맥을 중시하여 침전 뒤에는 반드시 후산後山이나 인공적인 조산(경복궁의 아미산)이 있는 곳에 위치하고, 이에 따라 침전 뒤의 경사지는 토사유출을 방지하기 위하여 당연히 석계나 석단으로 처리되었다. 또한 이곳이 여자(왕비나 빈)들의 공간이므로 화목류나 점경물(굴뚝, 괴석 등)을 통하여 장식하게 된 것으로 해석된다.

화계의 사용은 사대부들의 원림 속에서도 일반적이었다. 담양의 소쇄원에 양산보는 매대梅臺와 오대梧臺를 만들고 이곳에 매화나무와 오동나무를 식재하기도 하였고, 논산 윤증 고택 화계에서도 매화나무와 화훼류 등을 식재하고 있다. 또한 강원도 강릉시 운정동에 위치한 내번 이무경이 조성한 선교장船橋莊의 열화당悅話堂 뒤 완만한 비탈에도 화계가 꾸며져 있고 배롱나무가 심겨져 있다.

3) 화목과 배식

각종 사서史書와 농서農書, 조경 관련 문헌 속에는 수많은 화목류들이 이미 오래 전부터 사용되어졌음을 보여준다. 이중 유학(성리학)과 직접 관련지어 설명할 수 있는 화목류들은 다음과 같다.

■ **괴목槐木**

괴는 느티나무와 회화나무를 말한다. 느티나무가 사서史書에 나타나기는 이미 삼국시대 백제 다루왕多婁王 21년(48년) "봄에 왕궁에 서있는 큰 느티나무가 말라 죽었다."는 기록에서도 등장한다. 괴목은 중국 주周나라 때부터 왕궁의 문정門廷에 심어져 그 아래 삼공三公이 앉아서 정사를 보았다고 한다. 그래서 지금도 왕궁의 별칭을 괴신槐宸이라 하기도 하고 삼공의 직위를 괴위槐

位라 부르기도 한다. 또한 조선시대 괴목으로서 회화나무가 가장 대표적으로 사용된 예를 경북의 양동마을에서 찾을 수 있다. 회화나무는 그 수세가 웅장하고 곧게 뻗음으로 인하여 예로부터 '학자수' 라 불리어 왔다. 양동마을의 회재 이언적 고택이나 월성 손씨의 종택인 손동만 가옥 등, 이 마을의 집 앞에는 빠짐없이 회화나무를 식재하고 있어 동방오현東方五賢의 한 명을 배출한 자부심을 회화나무로 대신하고 있다.

■ 은행나무杏

공자의 위패를 모시고 있는 서울 성균관 대성전, 전국 도처의 향교 · 서원 등 유교 교육기관의 정원에는 은행나무가 심어져 있다. 민가 정원의 것으로는 영양 서석지 정원의 은행나무, 아산의 맹사성 고가의 은행나무가 유명하다.

은행나무는 공자의 행적과 관련이 있다. 가장 오래된 행단 유적은 현재 중국 산동성 곡부현 공자의 묘 앞에 있는 행단杏壇이다. 이 유적은 송나라 건흥연간乾興年間에 공자 45대손 공도보가 그의 조상의 묘를 증수할 때 뒤쪽으로 이전하면서 강당 옛 터에 돌로 단을 쌓고 은행나무를 둘러 심어 행단이라 했는데, 지금도 '행단' 이라고 쓴 석비가 남아 있다. 행단은 공자가 그 위에 앉고 제자가 그 곁에서 강학했다는 고사와 관련되어 있는 것으로서, 이후에 행단은 공자의 학문을 가르치고 배우는 장소를 의미하게 되었다.

조선의 유학자 이수광은 『지봉유설芝峰類說』 「경서부經書部」 제자諸子 편에서 행단의 나무는 은행나무가 아니라 살구나무일 것이라는 다른 주장을 펴기도 하였다. 옛 유학자들은 공자를 유교철학의 비조로 추앙했으며, 공자의 학행과 덕행은 송찬의 대상이 되었다. 그들이 정원에 은행나무를 심었던 것은 공자의 행적과 사상을 상기하고 학행의 분위기를 조성하기 위함이었다고 볼 수 있다.

■ 소나무松

소나무, 대나무, 매화나무는 '세한삼우歲寒三友'라는 이름으로 불리며 시화에서는 물론 정원에서도 빼놓을 수 없는 수목으로 많은 사랑을 받는 나무이다. 소나무가 지니고 있는 상징적 의미는 몇 가지가 있다. 소나무의 생태적 속성을 유교적 윤리 규범에 조응시킨 지조나 의리의 상징형으로서의 소나무가 있고, 세속을 떠나 자연에 회귀한 은자들의 세계를 상징하는 소나무가 있으며, 신선사상과 관련하여 불로장생의 상징물로서의 소나무도 있다.

우리가 잘 아는 김정희의 「세한도歲寒圖」에 등장하는 소나무와 잣나무의 상징적 의미는 지조와 의리이다. 소나무와 잣나무를 지조나 의리의 상징형으로 인식하게 된 것은 추운 겨울이 되어 다른 모든 식물들은 낙엽이 지는데 오직 소나무와 잣나무만은 푸르름을 잃지 않는 생태적 속성에 기인한다. 공자는 『논어論語』「자한子罕」편에서, "찬바람이 일 때라야 비로서 송백이 늦게 시드는 것을 알게 된다歲寒然後 知松栢之後凋也"라고 했는데, 이 말의 본뜻은 세상이 어지러워 정의가 설 땅을 잃었을 때라도 겨울을 이겨내는 소나무, 잣나무처럼 사람도 본 뜻을 잃지 말고 절의와 명분을 지켜야 한다는 것이다. 옛 선비들이 소나무를 애호하는 심정은 공자의 소나무에 대한 관념과 맥을 같이 하고 있으며, 그런 관념이 원림에 소나무를 즐게 심게 된 원인 중 하나라 할 수 있다.

■ 대나무竹

대나무는 속이 비어 있으면서도 군자의 인품에 비유될 수 있는 강인함, 겸허, 지조, 절개 등의 특성을 갖추었고, 실용성이 뛰어나기 때문에 예로부터 동양인의 생활과 예술에서 불가결한 존재로 인식되어 왔다. 대나무의 아름다운 모습을 군자의 인품에 비유한 시 중에서 가장 오래된 것은『시경詩經』「위풍衛風」편에 나오는「기욱淇奧」이라는 시인데, "고아한 군자가 여기 있네, 깎고 갈아내 듯 쪼고 다듬은 듯 정중하고 위엄 있는 모습이여"라는 말로 군자의 인품을 잘 나타냈다. 대나무의 사용은 이미 삼국시대로 거슬러 올라가『삼국사기三國史記』열전「최치원조崔致遠條」에도 송죽松竹을 심었다는 기록이 나오고, 신라의 호국상징의 나무이며 관세음보살의 화신이고 신비한 만파식적을 만든 나무이기도 하다.

특히, 조선시대 들어 대나무는 선비들의 지조와 절개를 상징하는 나무로서 강희안의『양화소록養花小錄』에서도 대나무는 절개를 상징하는 화목으로 일품에 속하고 있다. 조선의 선비들은 매, 난, 국, 죽을 사군자라 하여 즐겨 심었다.

■ 매화梅花

매화는 다른 식물과 달리 추위가 덜 가신, 아직 잔설이 분분한 초봄에 다른 어떤 것보다 먼저 꽃을 피우는 특성을 가지고 있다. 매화는 또한 흰색을 기본형으로 하고 있으면서 후각을 자극하지 않는 은은한 향기를 지니고 있다. 이런 매화의 생태적 특성이 선비들의 유교적 윤리관과 결합하여 의인화되고, 또 이상화되면서 조경수로서 빼놓을 수 없는 자리를 차지하게 된다.

성삼문은 그의「매은정시인梅隱亭詩引」에서 "나는 매화란 것이 맑고 절조가 있어 사랑스러우며, 맑은 덕을 가지고 있어 공경할 만하다고 생각한다"라고 했고, 안민영은「영매가」에서 매화를 '아치고절雅致高節(우아한 풍치와 고상한 절개)' 이라는 말로 표현했다. 매화를 읊은 시가의 내용을 보면 대개 이러한 내용을 담고 있는데, 매화의 아치고절하고 인고수절하는 상태가 선비들에게 지선한 아름다움으로 인식되었고, 동시에 그들 스스로의 지조와 덕을 존양, 성찰하는 표상으로 받아들여졌다. 그런가 하면 때로 매화는 쓰라린 고난과 인고의 세월을 이겨낸 선각자로 의인화되기도 하고, 얼음처럼 차가운 자태와 옥처럼 깨끗한 성품을 가진 세속 밖의 가인상으로 의인화되기도 하였으며, 현실적인 제약 속에서도 남에게 기쁨을 주는 군자정신의 표상으로 여겨지기도 하였다.

매화는 강희안의 『양화소록』에서 화목구품 중 일품에 속하는 것으로 특히 퇴계는 매화를 지극히 좋아하여 죽는 순간까지도 곁에 두었다고 하며, 도산서당의 좌측 구릉지에 조성된 절우사節友社에 사절우로서 매화를 식재하였다고 한다.

■ **향나무香**

향나무는 제사에 향불을 피우는 중요한 나무로서 제사와 관련된 서원과 향교, 사찰 등에 많이 식재된 나무이다. 창덕궁 후원에는 천연기념물로 지정된 오랜 향나무가 있고, 송광사에도 남아 있다.

■ **연꽃蓮**

흔히 연못을 연지蓮池, 연당蓮塘이라 불리우는 것은 연꽃과 밀접한 관계가 있음을 암시하는 것이다. 조선시대의 부용지, 활래정지로 대표되는 것처럼 연못에 연꽃을 식재함은 그 상징적 의미와 관련이 깊다. 민화에서 연꽃은 연생귀자連生貴子의 상징형으로 애호되고 있지만, 선비들이 사랑했던 연꽃은 군자로 일컬어지는 유교의 이상적 인간상의 상징형이다. 연꽃을 군자의 상징형으로 인식하기 시작한 것은 송나라 주돈이의 「애련설愛蓮說」에서 비롯되었다. "국화는 은일이요 모란꽃은 부귀요 연꽃은 군자이다……연꽃은 진흙 속에서 나왔지만 진흙에 물들지 않고 맑은 잔물결에 씻기면서도 요염하지 않은 것을 사랑한다. 줄기 속은 비어있고 겉은 곧으며 넝쿨로 자라거나 가지를 치지 않으며 향기는 멀수록 더욱 맑고 우뚝이 깨끗하여서 멀리서 바라볼 수는 있지만 함부로 가지고 놀 수는 없다."라고 하고 있다. 이 때문에 강희안은 『양화소록』에서 연꽃을 화목일품에 올려 놓고 있다.

경복궁의 향원지(향원익청香遠益淸 – 멀리서 연꽃의 향기가 풍기어 온다)와 보길도 부용동 원림(부용芙蓉은 곧 연꽃이다), 함안의 무기연당, 달성의 하엽정, 영천의 연정고택, 퇴계의 도산서당의 정우당 등 조선시대 선비들의 정원 역시 연못과 건물에 연자를 포함한 이름을 붙여 놓은 경우가 많다.

■ 국화菊花

국화는 찬서리를 맞으며 홀로 고고하게 피어나는 꽃으로 절개를 지키며 속세를 떠나 지조 있게 살아가는 은자에 비유된다. 국화는 특히 도연명과 관련이 많으며 그의 「음주飮酒」라는 시에서 "…동쪽 울타리 밑에 국화菜菊東籬下를 심고…"라는 구절에 따라 조선시대 사대부들이 동쪽 울타리 밑에 국화를 심기도 하였다. 또한 국화는 낙목한천落木寒天에 홀로 피는 오상고절의 꽃이라 선비들이 사절우의 하나로 꼽으며 좋아하였다.

■ 난蘭

절개 있는 여인으로 비유되기도 한다. 그래서 난은 유인幽人, 미인美人, 정녀貞女의 화초이다. 한 송이 꽃이 피면 향기는 실내에 가득하고 멀리 흩어지며 열 흘이 가도 그치지 않는다. 공자는 난의 향기를 왕자의 향기라 하였다. 난은 천연고결天然高潔하여 많은 화가들이 그림으로 그리기도 했다.

■ **벽오동**梧桐

벽오동나무는 잎이 커서 그늘이 짙고 비오는 날 빗방울 떨어지는 소리가 청각적인 효과를 나타낸다. 벽오동은 봉황새가 쉬고 가는 나무라 한다. 예로부터 벽오동은 태평성대를 희구하는 상징적인 의미와 결부되어 식재되었다. "봉황은 벽오동이 아니면 깃들지 않고, 죽실竹實이 아니면 먹지 아니한다"고 하였다. 대봉대待鳳臺라는 초정과 벽오동나무와 대나무가 심겨진 소쇄원을 바라보노라면 양산보는 어지러운 사화 속에서 어서빨리 안정된 태평성대가 오기를 희구한 것이 아닌가 생각케 한다.

조선 후기 서학의 수용과 전개

조광(고려대학교)

조선 후기 서학의 수용과 전개

I. 머리글

조선 후기의 사상계에서는 정학正學으로 불리우던 조선 성리학과 실학實學, 그리고 지배층에 의해 '사학邪學'으로 지탄받던 여러 사상들이 병존하고 있었다. 이러한 사상들 가운데 '사학邪學'은 불교 특히 미륵신앙이나 비결 신행과 같은 전통적 사유형식과 함께 서학과 동학 등 신종교 사상들을 지칭하던 개념이었다. 이 '사학' 邪學 사상들은 성리학적 사유형식과 그에 기초한 제반 질서에 대한 정면 도전으로서의 의미를 가지고 있었다. 따라서 당시 이러한 사상들은 사회 변혁적 지향성과 굳게 연결되어 있었고, 이 사상은 일종의 사회운동적 특성을 드러내주고 있다. 그러므로 조선 후기 사상사에서 이 분야를 연구하고자 할 때에는 그 사상의 구조적 특성과 함께 사회적 기능을 주목하게 된다.

조선 후기 사회에서는 서학西學 사상이 새롭게 전래되어 신봉되고 있었다. 이 서학 사상은 중국에서 한문으로 씌어진 서학서적들을 통해 조선에 전파되기 시작했다. 서학이라는 용어 안에는 서양의 과학 기술이라는 개념과 함께 서양의 종교 사상이라는 뜻도 포함되어 있었다. 그러나 18세기 말엽 이후 조선에서 서학이라 할 때에는 대개의 경우 천주교 신앙을 지칭하는 것으로 이해되었다. 그리고 서학, 즉 천주교 신앙은 집권층 내지는 성리학적 지식인들로부터 '사학' 으로 비난 받아왔다. 그들은 척사위정론의 연장선상에서 서학을 '사학' 으로 규정했고, 이를 성리학 즉 정학에 대한 대립적 사상으로 해석해서 배격했다. 이로써 조선 왕조 정부에서도 1백여 년 간에 걸쳐 천주교에 대한 탄압을 강행하게 되었다.

일반적으로 볼 때 한 사상에 대해 강력한 탄압이 일어날 경우에는 그 사상의 전파는 위축되거나 중지되게 마련이다. 그러나 조선 후기 천주교사의 경우에서는 혹독한 탄압에도 불구하고 지속적인 교세의 성장이 이루어 지고 있었다. 우리는 이렇게 특이한 역사현상을 이해하기 위해서 조선 후기 서학의 수용자와 그 수용의 논리에 대해서 살펴 보아야 한다. 따라서 이 글에서는 조선 후기 사회에서 진행되어온 서학의 전개과정을 염두에 두면서 먼저 서학 내지는 천주교 신앙의 수용자가 드러내고 있던 사회적 특성을 살펴보고자 한다. 그리고 이에 이어서 그들이 서학, 즉 천주교 신앙을 수용하는 방법 내지 과정상에서 드러내는 특징들을 검토하고자 한다. 또한 세번째로는 조선 후기 사회에서 천주교도들이 신봉하고 실천했던 서학사상의 구체적 내용이 무엇인지를 밝힘으로써 당시 서학사상이 발휘했던 사회적 기능에 대한 규명을 시도해 보고자 한다.

조선 후기 사회에서 드러나는 역사현상 가운데 서학의 수용에 관해서는 비교적 많은 연구성과들이 축적되어 있다. 서학에 관한 기존의 업적들에서 드러나고 있는 연구의 시각은 서학에 대한 대책을 마련하고자 했던 정부 당국의 입장이나 서학 전파를 위한 교회 측의 노력을 밝히려는 데에 집중된 듯하다. 그러나 조선 후기 서학에 대한 올바른 이해를 위해서는 서학의 수용자 내지는 그 수용과정상에서 드러나는 특성을 좀더 주목해야 한다.

1. 서학 수용의 사회적 특성

조선에 천주교 신앙운동이 본격적으로 시작된 때는 1784년 조선교회의 창설을 그 계기로 삼을 수 있다. 이 해에 이승훈李承熏(1756 ~ 1801)은 서울의 수표교 부근에 있던 이벽李檗(1754 ~ 1786)의 집에서 이벽에게 그리스도교 세례를 줌으로서 하나의 신앙공동체를 이루게 되었다. 일반적으로 이 사건을 조선 교회의 창설로 보고 있다. 이 이후 조선 교회는 대략 1882년 경에 이르러 신앙의 자유를 묵인받을 때까지 지속적 탄압을 경험하고 있었다. 이 시기는 바로 조선왕조의 봉건체제가 급격히 붕괴되어 나가고 있던 때였다. 바로 이러한 시기에 있어서 조선에 수용된 서학의 특성을 이해하기 위해서는 이를 수용하고 실천했던 사람들이 가지고 있던 사회적 특성을 살펴봄과 함께 그들이 서학을 수용하기 전에 드러내었던 사상적 경향을 검토해야 한다.

우리는 이에 대한 이해를 통해 서학이 한국 전통사회에서 드러내고 있던 사회적 기능을 올바로 파악할 수 있을 것이다. 또한 우리는 그들이 드러내었던 사상적 특성에 관한 이해를 통해 그들이 서학을 수용하는 과정에서 드러내었던 정신적 편력의 과정을 인식할 수 있을 것이다. 1백여 년에 이르는 이 과정에서 서학, 즉 천주교를 신봉했던 사람들의 사회적 특성이 전일하게 유지될 수는 없었다. 그러므로 우리가 서학 수용자의 사회적 특성을 논할 때에는 각 시기별로 그들이 드러내었던 특성을 세분하여 검토해 보아야 한다.

조선 후기 서학을 조선에서 처음으로 수용한 계층은 성호星湖 이익李瀷의 문인들이었다. 이들은 중국에서 전래된 한문 서학서를 통해 서학에 접근하기 시작했고, 이들 가운데에는 권철신權哲

身(1736 ∼ 1801)을 중심인물로 하여 이기양李基讓(1744 ∼ 1802), 권일신權日身(? ∼ 1792), 정약전丁若銓(1758 ∼ 1816) 및 이벽 등과 같은 일단의 학인들을 포용하고 있던 성호 좌파左派로 분류되는 집단들이 있었고, 주로 이들에 의해 서학은 수용 실천되었다. 그러므로 서학 수용 초기의 서학도들이 드러내었던 사회적 특성을 파악하기 위해서는 이들을 주목해야 한다.

이들은 대개가 양반 신분층이었고 기호 남인으로서 중소지주적 특성을 가지고 있던 인물이었다. 이들의 가문은 '경신 대출척' 이후 오랫동안의 휴지기를 거치고서 정조正祖 연간의 탕평책에 힘입어 조정에서 관직을 얻을 수 있었다. 그러나 서학을 수용한 사람들 가운데 대다수는 유업儒業에 종사하며 학문 연구에 전념하고 있었던 사람들이었다. 이들은 육경六經 중심의 고학古學에 대한 연구를 통해 당시의 성리학적 학문 풍토에 비판의식을 가지고 있었다. 또한 이들은 예禮의 본원성을 중시하기보다는 그 시의성時宜性을 존중하던 입장을 취함으로써, 당시 노론이 예에 관해 드러내고 있던 입장과는 달리 허목許穆(1595∼ 1682) 이래의 남인 예학의 전통을 계승하고 있었다. 이와 동시에 이들은 자신이 직접 선진先秦 시대의 유학을 연구하며, 성리학 이외의 여타 사상에 대해서도 탄력적 입장을 드러내주었다. 그러기에 그들 가운데 권철신을 비롯하여 이기양 등은 당시 조선 성리학으로부터 '사문란적' 으로 규탄받고 있던 양명학에 특별한 관심을 갖고 이를 연구하기도 했다. 그리고 초기의 서학도 가운데 가장 대표적 존재인 정약종丁若鍾(1760 ∼ 1801)은 도가사상에 각별한 관심을 갖기도 했다. 한편, 초기의 서학도 가운데 특이한 인물로 김건순金健淳(1776 ∼ 1801)을 주목할 수 있다. 그는 노론에 속했던 인물로서 병자호란 때 강화도에서 순절한 김상용金尚容(1561 ∼

1637)의 봉사손이었다. 그러나 그는 도가사상뿐만 아니라 도교 내지는 신선설이나 둔갑술 등에까지 관심을 가진 바가 있었다.

이렇듯 초창기 서학에 접근했던 인물들 가운데 양반 출신 신도들은 서학에 입교하기 이전부터 이미 '이단적' 사상에 대한 관심이 있었던 인물이었다. 그리고 그들에게서 드러나는 이와 같은 현상은 조선 후기 사회에서 태동되고 있던 조선 성리학에 대한 도전의 현상으로 볼 수 있다. 그들은 성리학을 대체할 수 있는 신문화를 수용하려는 입장에서 서학을 받아들였다. 이와같은 성리학에 대한 도전이나 신문화 수용운동은 주로 청년 학인들에 의해 주도되고 있었다. 이점은 서학을 수용했던 양반 지식층들이 대략 30세를 전후하여 세례를 받고 입교했음을 살펴볼 때 거듭 확인되는 일이다.

그러나 서학 내지는 천주교 수용운동은 단순히 일부 양반 지식층의 사상적 동향이었다거나 청년들의 신앙운동에만 국한된 사실은 아니었다. 천주교 신앙은 수용 초기부터 중인 신도들의 존재를 확인해 줄 수 있다. 그 중인 신도들 가운데에는 역관이나 화원畵員을 비롯한 기술관들도 있었지만 그들보다는 의원醫員들의 역할이 주목되고 있었다. 이들은 양반 출신 신도들과 함께 한때 교회의 지도부를 형성하기도 했었다. 그러나 당시의 기록을 보면 교회가 창설된 지 2년만인 1786년 경에는 천주교 신도의 구성에 큰 변화가 일어나고 있었으니, 천주교는 농부나 고공雇工 그리고 일반 서민들의 종교로 자리잡아 갔다. 또한 부녀자들이 신도 가운데 상당 부분을 점하게 되었다. 그리고 천주교 신앙은 연령에 무관하게 광범위한 지지를 얻게 되었다.

이러한 가운데 1791년에는 조상제사 문제가 발생했다. 천주교에서 조상에 대한 제사를 금지한다는 사실이 밝혀지고, 조상제사를 거부하던 윤지충尹持忠(1759 ～ 1791) 등은 죽음을 당하게 되었다. 이 사건을 다루던 조정에서는 왕의 명령에 의해서 이제 서학도들은 선비의 반렬에 끼워주지를 않게 되었다. 그리하여 이 사건 이후 양반 신분층 출신 신도들은 상당수가 서학 사상을 포기하고 유학의 입장으로 회귀해 돌아갔다. 이에 따라 서학을 신봉하는 사람들의 신분적 특성에도 큰 변화가 일어났다. 즉 1791년 이후에는 교회의 지도층이 양반으로부터 중인 이하의 신분층으로 이동되어 갔다. 그리고 교회에 남아 있던 양반층 신도들도 더 이상 국가나 사회로부터 선비로서의 대우를 받을 수 없게 되었다. 그럼에도 불구하고 서학에 계속하여 관여하고 있던 양반들은 양반으로서의 특권을 스스로 포기한 사람이거나 양반의 특권을 이미 주장할 수 없을 정도로 몰락한 사람들이었다.

그리고 지도층뿐만 아니라 신도들의 구성에서는 그 민중적 특성이 더욱 선명하게 드러나고 있었다. 그리하여 19세기가 시작될 무렵에 정부 당국자들은 서학도들 가운데에는 무지몽매한 서민이나 아녀자들이 주류를 이루고 있는 것으로 파악하게 되었다. 사실 이때에 이르러서 서학도의 지도층에는 '최구두쇠崔ㅌ斗金'와 같은 서민일 수 밖에 없는 이름의 인물이 명기되어 있기도 하며, 강완숙姜完淑이나 윤점혜尹占惠와 같은 아녀자가 여회장女會長으로 불리고 있었다. 이와 같은 경향은 천주교에 대한 탄압에 비례하여 더욱 강화되어 가고 있었다. 그리하여 1839년의 천주교 탄압사건(기해사옥己亥邪獄)의 과정에서는 이러한 현상이 더욱 강화되었고, 1850년대에 이르러서 한때 프랑스 선교사들이 몰락 양반 출신의 신도들을 중용하려 하자 조선인 신부였던 최양업崔良業(1821 ～ 1861)과 같은 이는 이에 반발하며 신분제의 폐단에 대한 공격을 시도하기도 했던 것이다. 그리고 1866년 이래

수년간 계속되었던 천주교 박해(병인사옥丙寅邪獄)의 과정에서도 조선 정부에 체포되어 신문을 받은 사람들의 대부분이 비특권적인 민인民人들이었다.

이 시기 천주교도들의 직업을 분석해보면 그들이 가지고 있던 신분적 특성에 대한 이해에 도움을 받을 수도 있다. 전근대 사회인 경우 신분과 직역은 긴밀히 연결되어 왔고, 천주교에 대한 탄압이 강행되던 19세기의 경우에도 이러한 특성은 유지되고 있었기 때문이다. 또한 신도들의 직업은 그들의 거주지와도 일정한 관계를 가지고 있었다. 서울에 거주하던 신도들의 직업을 살펴보면 소상인이나 수공업자들의 비중이 의외로 높게 나타나고 있다. 그리고 이들 이외에도 하급 서리나 의원 등 중인직도 계속하여 확인되고 있다. 한편 지방에 거주하고 있던 신도들의 직업에 있어서는 농업이 주류를 이루고 있었을 것으로 추정되나 그들의 토지소유나 경영형태에 관한 구체적 자료가 매우 제한되어 있다. 그러나 화전 경작에 관한 언급들이 자주 등장하고 있음을 볼 때 그들이 지주의 위치에 있었던 것으로는 보기 어렵다. 사실 당시의 서학도들은 지방의 향리들로부터 좋은 수탈의 대상으로 평가되고 있었다. 이러한 상황에서 서학도들이 농업경영을 통해 부를 축적하기란 사실상 불가능했다. 한편 지방의 신도들 가운데 상당수는 옹기를 굽던 점인店人들이었다. 그밖에 사공, 광대, 역졸 등 여러 직업을 우리는 확인할 수 있다. 이러한 그들의 직업을 볼 때 그들이 안정적 경제생활을 영위할 수 있었을 것으로 보기는 어려울 것이다.

요컨대, 조선 후기의 사회에서 서학은 주로 성호 좌파 계열의 지식인들이 한문 서학서의 학습을 통해 수용하기 시작했고, 이들의 서학 수용은 신문화 수용운동적 특성을 드러내고 있었다. 그러나 그것은 양반 지식층의 사상으로만 머물지 아니하고 곧 민인들에게로 확산되어 갔다. 서학을 신봉하던 사람들의 신분은 이 과정에서 비특권적인 민인들이 주류를 이루게 되었다. 이들은 '민중종교운동'의 일환으로 천주교 신앙을 실천하고 있었다. 이와 같이 서학 수용자들의 사회적 특성으로 비특권적인 민인들이 주류를 이루고 있었다는 점에서 우리는 서학사상의 수용 양상과 서학사상이 당시의 사회에서 어떠한 기능을 담당하고 있었는가를 좀더 주의 깊게 살펴볼 필요를 느끼게 된다.

2. 서학 사상의 특성

조선에 서학이 수용되는 과정에서 드러나는 특성으로는 외국 선교사의 선교를 위한 직접적인 노력이 없이 조선인 스스로의 자발적 노력에 의해서 수용되었다는 사실을 들 수 있다. 이 자발적 노력은 명말 청초 이래 중국에 입국하여 그리스도교를 전하던 선교사들이 지은 한문 서학서를 구해 읽음으로써 시작되었다. 당시의 선교사들은 선교의 방편으로 과학 기술과 함께 천주교 교리를 전하고자 했다. 그들이 전한 과학기술은 르네상스 시대 유럽의 과학 기술이었다. 그리고 그들은 중세 스콜라 철학을 기반으로 한 가톨릭 신앙을 중국에 전하기 위해 고심했다. 그 결과 그들은 선진유학先秦儒學을 주목했다. 그리고 그들은 그리스도교의 입장에서 이 선진유학을 수용하고자 했다. 그리하여 그들은 이른바 보유론補儒論에 입각하여 천주교 신앙을 설명했다. 보유론이란 유교와 천주교의 상호관계를 규정하는 이론이었다. 이 이론에서는 유교와 천주교의 가르침이 서로 충돌되는 것이 아니며, 천주교의 가르침은 유교의 부족한 부분을 보완하여 완성시켜 준다는 문화 적응주의적 입장을 강조하고 있었다. 즉 이 이론에서는 유교문화에 대한 타협적 자세를 강조함으로써 유교사회에서 용이하게 그리스도교를 선교하고자 한 것이었다.

17세기 이래 조선의 지식인들에게 전래되었던 서학서들 가운데 상당수가 보유론의 입장에서 씌어진 것이었다. 그러므로 이 책을 읽었던 조선의 지식인들은 자신인 간직하고 있던 유교문화적 전통을 포기하지 아니하고서도 천주교에 접근할 수 있을 것으로 생각했다. 그리고 그들은 이를 자신들에게 친숙하던 선진유학적 이론의 연장 선상에서 이해하기도 했다. 또한 그들은 과학기술의 수용에도 일정한 관심을 가지고 있었다. 여기에서 그들은 신문화수용운동의 일환으로 서학을 받아들여 실천했다.

그러나 조선에 천주교가 수용될 당시 보유론은 이미 중국 교회에서 거부되고 있었다. 또한 조선 정부에서도 1791년의 윤지충 사건을 계기로 하여 보유론적 그리스도교의 주장을 분명히 배격하게 되었다. 이러한 과정에서 조선교회 창설에 참여했던 양반 신분층의 많은 인물들이 별다른 양심 가책을 받음이 없이 천주교를 떠나 자신이 원래 속했던 유교문화로 회귀해 갔다. 그러나 대다수의 민인들은 보유론과 '정통' 그리스도교와의 주요 논쟁점이었던 조상 제사 문제나 공자孔子 숭배 문제 등과는 무관했다. 그러므로 이들은 조상제사 문제의 발생에도 불구하고 교회를 떠날 하등의 이유가 없었다. 그리하여 그 사건 이후 교회는 주로 비특권적 민인들에 의해 주로 지도되기에 이르렀다.

한편, 18세기 말엽 이후 19세기에 이르기까지 일반 민인들이 천주교 신앙에 접할 수 있는 가장 손쉬운 방법은 한글로 번역된 천주교 서적을 통해서였다. 당시의 양반 지식층들은 한문 교리서의 해득에 아무러한 불편을 느끼지 아니했다. 그러나 당시의 민인들은 한문 교리서나 기도서를 "분명히 알아 들을 수 없었기 때문에" 한글로 번역해주기를 요청했고, 이 요청은 곧 실천되었다. 그리하여 교회가 창설된 지 3년 후인 1787년에는 조정에서 한글로 번역된 천주교 서적의 폐해가 논의될 정도로 전파되어 갔다. 그리고 이렇게 번역된 한글 교회서적은 목판으로 간행되어 비교적 저렴한 가격에 보급되고 있었다. 뿐만 아니라 정부의 금령에도 불구하고 당시 서울의 일부 세책방貰冊房에서는 천주교 서적을 빌려주고 거금을 벌었다는 기록이 나타나고 있다. 그리고 천주교 서적의 보급에 직업적으로 종사하는 사람들도 나타나게 되었다. 그리하여 1788년에는 이러한 한글 천주교 서적들은 충청도 지방의 산골 마을에까지 전파될 정도로 많은 독자층을 확보하고 있었다.

1801년 당시 조선에 전래된 한문본 천주교 서적은 대략 120여 종에 이르렀다. 이들 가운데 86종 111책이 한글로 번역되어 읽히고 있었다. 이 번역본들 가운데 가장 주목이 되는 책자로는 『성경직해聖經直解』를 들 수 있다. 이 책은 일종의 발췌본 성경이었다. 여기에는 신약성서 4 복음서의 30.68 %에 해당되는 부분이 번역되어 있었다. 그리고 그밖에도 『천주십계』와 같은 그리스도교의 새로운 윤리덕목이 번역 제시되었고, 서유럽 교회사의 전개 과정에서 모범적 신앙 생활을 했던 성인聖人들의 전기를 비롯하여 각종 기도서와 교리서들이 번역되었다. 이러한 한글 천주교 서적들은 유학의 가르침과는 분명히 다른 내용들을 전하고 있었다.

이상에서 살펴본 바와 같이 조선 후기 천주교 신앙이 확산되는 과정에서는 조선의 발달된 목판 인쇄술과 배우기 쉬운 한글의 문자 체계가 한 몫을 단단히 하였다. 사실 당시 천주교에서는 교회의 공식적 용어로 한글을 사용하고 있었고, 1850년대 후반기에 이르러서 신도들의 지도자인 회장會長들에게는 문맹자 신도에게 한글을 가르칠 의무를 부여하기까지 했다. 이와 같은 경로를 통해서 천주교 신앙은 전국적으로 확산되어 가고 있었다.

천주교 신앙이 전래되던 초기에는 그 전파 과정에 있어서 여러 가지 특징이 드러나는 바, 그 가운데 집단 개종에 준하는 사례들이 다수 발견되고 있음이 주목된다. 천주교 서적의 전파나 이존창李存昌(1752 ~ 1801)과 같은 열성적 신도들의 노력에 의해 한 가족 내지는 친족 집단들이 모두 함께 천주교에 입교하고 있는 사례를 우리는 다수 발견할 수 있다. 그리고 온 마을 전체가 천주교에 집단으로 입교한 사례도 나타나고 있다. 그리하여 천주교 신앙은 짧은 시간 안에 전국적으로 확산되어 가고 있었다. 그러나 천주교에 대한 탄압이 강행되는 과정에서 천주교로의 집단 개종은 저지될 수밖에 없었다. 그리고 신도들은 1790년대 후반기 이래로 '교우촌敎友村'으로 불리는 신앙 취락을 형성하기도 했다. 그들은 이곳에서 신앙을 매개로 한 상호 결속을 다지며, 두레 공동체적 풍습을 살려서 새로운 생활공동체를 이루고 있었다. 그리고 신도들은 자신의 신앙을 유지하기 위하여 지하조직 내지는 비밀결사적 조직을 구성해나가기 시작했다. 당시 신도들의 단체였던 명도회明道會는 점 조직적 특성을 드러내고 있었다. 그리고 정부 당국자들이 사당死黨 혈당血黨 등으로 부르던 신도 집단도 비밀결사적 성격을 드러내는 것이었다.

우리는 당시의 이러한 전파 양상과 그 신조의 내용을 감안할 때 이를 '민중종교운동'으로 규정해줄 수 있을 것이다. '민중종교운동'이란 "사회의 중심적 가치체계가 사회의 내적 요인이나 외적 상황에 의해 손상됨으로써 사회가 불균형 상태에 빠지게 될 때, 자신들의 삶을 조직화시킬 수 있는 능력을 상실한 사람들이 카리스마적 지도자를 중심으로 하여 기존의 가치를 부분적으로나 전면적으로 재구성하고자 시도하는 사회운동의 하나"이다.

한편, 당시 신도들이 가지고 있던 믿음의 핵심은 유일신 하느님[天主]에 대한 신앙이었다. 그들은 하느님을 '창조주 천주'로 인식했고 대군대부大君大父로 인식했다. 특히 그들이 주장했던 '대군대부론'은 당시 정부에서 천주교를 '무부무군無父無君'으로 규정하고 공격하는 데 대한 대항 논리로 개발된 이론이었다. 이는 천주가 세상의 인군보다 높고 부모보다 더 존귀한 존재임을 말하는 것이었다. 그러므로 이러한 천주에게는 세상의 군주에게보다도 더 큰 충성과 효도를 드려야 된다는 것을 그들은 주장했다. 즉 그들은 당시 사회를 지배하고 있던 충효의 논리에 입각하여 천주를 신앙하고 있었으며, 이를 가지고 자신의 신앙을 변호해보고자 했다. 그들은 충효라는 전통적 용어를 구사하되 이를 변질시켜 천주에 대한 절대적 충효를 말함으로써 군부君父에 대한 충효를 상대적인 개념으로 새롭게 설명하고자 했던 것이다. 여기에서 우리는 전통적 충효의 개념이 변질되어 가는 과정을 살펴볼 수 있으며, 조선 후기 천주교의 성행이라는 종교현상에서도 조선인 자신의 고유한 가치체계나 세계관이 작용하고 있음을 확인하게 되는 바이다.

요컨대, 조선 후기 천주교 신앙은 한문 서학서를 통해 전파되기 시작했고, 이의 한글 번역본을 통해 신앙의 확산이 가능했다. 특히 한글본 천주교 서적들은 천주교가 민인층에게 전파되는 데에 있어서 중요한 역할을 담당했다. 이러한 과정에서 민중종교운동으로서의 천주교 수용 현상이 광범하게 일어날 수 있었다. 당시의 신도들은 유일신 천주에 대한 신앙이라는 종교적으로 새로운 가르침과 전통적 충효관을 조화시켜 나갔다. 그리고 이를 통해서 전통적 충효관 자체의 변질을 시도했다. 이러한 데에서 우리는 서학 수용의 특징적 양상을 확인할 수 있게 된다.

3. 서학사상의 사회적 기능

서학, 즉 천주교 신앙이 정부의 탄압에도 불구하고 조선 후기 사회에서 확산될 수 있었던 것은 당시 사회와 민인들에게 순기능을 발휘했던 측면이 있었기 때문이었다. 당시의 서학이 발휘하고 있었던 순기능으로는 변화된 사회상을 인정해주고 있음과 동시에 사회의 변화를 촉진시켜 준다는 점을 들 수 있다. 즉 당시 사회에서는 신분제도의 문란과 함께 민인들의 의식수준이 향상되어 가던 과정에서 새로운 인간관과 평등성에 대한 자각이 강화되고 있었다. 천주교에서는 이러한 변화의 정당성을 교리를 통해서 설명해주고 있었으며, 또다른 변화를 촉진시키고자 했다.

당시 서학을 수용했던 사람들이나 이를 탄압했던 정부 당국자들 모두는 서학이 평등한 가르침임을 올바로 파악하고 있었다. 조선에 천주교가 세워지던 당시부터 신도들은 천주교 신앙이 "크게 평등한 것으로서 여기에는 대인도 소인도, 양반도 상놈도 없다"라고 생각했으며, "한번 여기에 들어오면 양반과 상놈의 차이는 아무런 소용이 없게 되는 것"으로 말하고 있다. 또한 당시의 지배층들도 "천주교는 상하의 구분이 없고", "일단 그 당에 들어가면 노비나 천인이라 하더라도 형제처럼 보며 그 신분의 차이를 인정하지 아니하니, 이것이 어리석은 백성들을 유혹하는 술수인 것이다"고 말한 바 있다.

사실 1790년대에 세례를 받은 '유군명'과 같은 부유한 인물은

세례를 받은 직후에 자신이 소유하고 있던 사노비들을 해방시켜
주는 일을 단행하기도 했다. 또한 황일광黃日光과 같은 백정 출신
신도는 세례를 받은 이후 자신에게는 두 개의 천국이 있다며 성
언하고 다녔다. 즉 첫번째의 천국이란 자신의 미천한 신분을 잘
알면서도 신도들이 자신을 형제로 맞아들여 주므로 바로 지상에
서 천국을 누리는 것이라 했고, 두번째의 천국은 죽은 다음에 갈
곳이라고 말한 바 있다. 황일광과 같은 낮은 신분의 신도들에게
천주교 신앙은 종교적 복음으로서의 의미와 함께 사회적 복음
(Social Gospel)으로서의 역할을 하고 있었던 것이다.

바로 이러한 측면 때문에 천주교 신도들은 자신의 신앙에 대해
강한 자부심을 가지고 있었다. 예를 들면 중인 출신의 가난한 신
도였던 최필공崔必恭(1745 ~ 1801)은 "유식한 사람들은 당연히
천주교를 신앙하게 될 것이며, 상한常漢 가운데에서 조금이라도
지각이 있는 사람은 이를 신봉하리라"고 말한 바 있다. 그리고
다른 상당수의 신도들도 자신의 신앙에 대해 큰 자부심을 가지고
있었고 이를 정학正學이라고까지 주장하기도 했다. 반면에 정부
당국자들은 서학에서 주장되는 이러한 측면에 심각한 위기의식
을 느끼고 있었다. 조선 정부는 서학도들이 주장하고 실천하던
신분제적 질서의 포기란 곧 그에 기초한 국가의 위기로 인식하였
기 때문에 서학에 대한 탄압을 강행해 나가게 되었다. 그러나 서
학이 수용되던 직후부터 서학의 성행은 일종의 '시세時勢'로까
지 인식되고 있었다. 그리고 1860년대 초 서학에 반대하여 동학
을 창도했던 최제우崔濟愚도 서학이 자신의 동학과 같이 성할 수
밖에 없는 운세를 타고 났다고 본 바 있다. 이러한 과정에서 서학
에 대한 정부의 경계는 더욱 강화될 수밖에 없었다.

천주교 신도들이 이와 같은 새로운 신분관을 가질 수 있었던

것은 그들이 학습했던 교리서들과 일정한 관계가 있었다. 그들은 창조주 천주에 대한 인식과 더불어 피조被造된 인간 존재에 대한 인식을 갖게 되었다. 그리고 인간이 천주의 모상模像에 따라 창조된 고귀한 존재라는 가르침에 접했고, 종교적 측면에서 이러한 인간은 상호 평등할 수밖에 없는 존재로 규정하게 되었다. 또한 1864년에 목판으로 간행되어 널리 읽혀지고 있던 한글 교리서인 『신명초행神命初行』에서는 사람이 사람을 사랑해야 될 까닭으로 고귀한 신분이나 재산, 뛰어난 학식이나 재주, 그리고 빼어난 미모 때문이 아니라 "사람은 사람으로서의 위位가 있기 때문에" 즉 사람은 인격적 존재이기 때문에 사랑해야 한다고 설명한 바 있다. 여기에서 드러나는 바와 같이 박해시대의 신도들은 인간 존엄성과 인격의 존재에 대한 새로운 가르침을 한글로 씌어진 교리서들을 통해 배우고 있었다. 그리고 그들은 이 존엄한 인간에게는 '마음법' 즉 양심법이 있으며, 이 마음법은 천주가 직접 인간에게 부여해준 것이므로 결코 침해될 수 없는 것임을 주장하기도 했다. 이와 같은 가르침과 관련하여 그들은 사회적 평등을 실천해 나가고자 했다.

한편 당시의 신도들은 가부장적 가족주의의 질서에 대한 도전을 시도하고 있었다. 이는 전통적 효도의 개념에 대한 수정을 통해서 드러나기도 하며, 가정 내지는 사회에서 여성들의 위치를 새롭게 설정하려는 노력과도 관련하여 나타난다. 그들은 '충효일맥忠孝一脈의 교화敎化'가 논의되며, 특히 효의 가치가 거의 절대적인 것으로 강조되고 있던 상황에서 대부大父인 천주를 제시함으로써 부모에 대한 효도를 상대화시켰다. 또한 효심의 자연스러운 표현으로 인식하고 있었던 조상에 대한 제사를 거부하고 이를 범죄시 함으로써 양반층으로부터 강한 반발을 사기도 했다. 그리고 우리는 정약종과 같은 당시의 대표적 신도의 일기에서 이른바 '십이자 흉언十二字凶言'으로 불리던 말마디가 나왔을 때 당시의 지배층들이 느꼈던 당혹감과 위기의식은 충분히 짐작할 수가 있을 것이다. 이 흉언이란 "나라에는 큰 원수가 있으니 임금이요, 집에도 큰 원수가 있으니 부모이다國有大仇 君也 家有大仇 父也"이란 말로서 당시인들은 이를 직접 입에 담는 것 조차 꺼려할 정도였지만, 정약종은 이 말을 통해 군부君父로 상징되던 가부장적 질서 모두를 철저히 부인해 보고자 했다.

한편 당시의 교리서에서는 남녀 간의 상호관계를 새롭게 규정해 주었다.즉 종전에는 일반적으로 남존여비적 관념이 적용되고 있었다. 이러한 상황에서 남녀는 상하 수직적인 관계로 규정되었다. 그러나 19세기 중엽 신도들에게 읽히고 있었던 한글본 교리서인 『성찰기략省察記略』과 같은 양심성찰서를 살펴보면 남녀는 상호 수평적 협조적 관계임을 강조하고 있었다. 또한 엄격한 일부일처제의 준행을 요구하고, 결혼시에 여성의 동의를 필수적으로 요청했으며, 과부의 개가를 허용한 것 등은 당시 집권 양반층의 규범과는 상당히 다른 것이었다. 여기에서 정부 당국자들은 서학도들을 일종의 혼음 집단으로 매도하며 배격하기도 했다. 그러나 이러한 서학도들의 태도는 새로운 윤리관과 사회질서를 수립해나가던 과정의 일부였다.

이상에서 살펴본 바와 같이 조선 후기 사회에 있어서 서학도들은 성리학적 가치관과 그에 입각한 사회질서를 철저히 거부하고 있었다. 그들이 이와 같은 '파행적' 행동을 단행할 수 있었던 것은 당시의 사회변화에 힘입은 바가 컸다고 생각한다. 즉 그들의 '특이한' 행동이 감행될 수 있을 정도로 조선 후기의 사회는 변화되어 가고 있었다. 이 새로운 인간관과 사회적 평등에 대한 인식은 이제 더이상 파기되거나 양보될 수 있는 성격이 아니었다. 그리고 이제 그들은 이러한 행동의 당위성을 말하는 근거로 서학의 가르침을 원용하고 있었다. 이러한 상황에서 천주교의 가르침은 조선 후기 사회의 해체와 새로운 사회의 등장에 잠재적 기능을 발휘하고 있었다. 바로 여기에서 서학사상이 갖고 있는 사회적 의미를 확인하게 된다.

그러나 당시 왕조적 질서를 유지하고자 했던 정부 당국에서는 서학을 방치하지만은 아니했다. 그들은 서학도들을 '원국지도怨國之徒' 즉 '나라를 원망하는 무리'로 규정하고 이에 대한 탄압을 단행했다. 또한 서학도들이 '세상의 변혁을 바라고 생각하는 사람思慾變世者'이라고 생각했다. 그리고 서학도들은 외국과 몰래 통하여 선교사를 받아들이고, 더 나아가서는 외세를 끌어들일 수 있는 통외분자通外分者로서 내우 외환을 조성하여 국가의 안위에 지장을 주는 위험한 세력으로 판단하게 되었다. 이 까닭에 1백여 년간에 걸친 탄압의 과정에서 아무리 적게 잡아도 2천명 이상의 신도들이 죽음을 강요당하게 되었다.

요컨대, 조선 후기의 천주교 신도들은 당시 사회의 변동과 천주교 서적들의 가르침을 통해 새로운 인간관과 사회관에 도달할 수 있었다. 이들은 인간 존엄성에 대한 인식을 터득하게 되었다. 그리고 인간을 인격적 존재로 이해하고 천주로부터 부여받은 불가침적 양심법을 가지고 있는 존재로 스스로를 확인했다. 그리고 그들은 가부장적 가족주의에 대한 도전을 시도하였다. 또한 이들은 여성과 남성의 관계를 수평적 관계로 전환시켜 나갔다. 이러한 이들의 서학 수용논리와 실천적 행동은 봉건사회의 해체와 새로운 사회의 형성을 동시에 추구하고 있었던 것으로 해석된다. 그러므로 체제보수적 입장에 서 있던 정부 당국자들이나 양

반 지배층에서는 천주교에 대한 탄압을 강행시켜 나가게 되었
다. 그러나 당시 서학의 수용자들이 드러내고 있었던 이와 같은
특징들은 조선 후기 사회의 발전을 반영하는 일임과 동시에 또다
른 발전에 일정한 기여를 하고 있었던 것으로 생각된다.

II. 맺음말

조선 후기 천주교 신앙의 수용은 성호 좌파에 속하는 근기지방
의 남인들이 중심이 되어 수용되기 시작했다. 그러나 천주교 신
앙은 양반 지식층의 지적 호기심을 충족시키는 데에 머물지 아니
하고 실천적 종교운동으로 전개되어 갔다. 이 과정에서 서학 수
용의 주체는 중인 이하 일반 양인들로 부각되었다. 이러한 현상
은 이미 1790년대부터 시작되었고 시간의 경과에 비례하여 더욱
강화되어 갔다. 그리하여 조선 후기 천주교 운동은 몰락한 양반
을 포함하여 비특권적인 일반 민인들에 의해 주도되었다.

이들은 대체적으로 한글 교리서를 통해 천주교에 관한 지식을
얻을 수 있었으며, 이 교리서의 내용은 당시 성리학적 규범과는
상당한 차이를 드러내고 있는 것이었다. 그들은 이를 통해 인간
존엄성에 대한 지식을 얻을 수 있었으며, 인간의 사회적 평등을
논할 수 있는 준거를 마련하기도 했다. 그리고 실제로 그들은 평
등을 실천하고 있었으며, 이러한 특성 때문에 천주교 신앙은 비
특권적인 하층 민인들에게 더욱 강한 호소력을 갖게 되었다. 또
한 당시의 천주교 신앙운동은 이 특징을 통해서 봉건사회의 해체
와 새로운 사회의 형성에 잠재적 기능을 발휘하고 있었다.

그러나 이러한 천주교 신앙은 조선왕조의 성리학적 지도이념

에는 배치되었고 조선왕조의 체제에 대한 도전으로까지 인식되었다. 그러므로 당시의 지배층에서는 이를 사학邪學으로 규정하고 이에 대한 탄압을 강행했다. 그러나 이와 같은 탄압에도 불구하고 서학이 계속하여 전파될 수 있었던 것은 당시의 민인들이 던지는 의문에 그 나름대로 응답하고 대안을 제시해주는 기능이 있었기 때문이었다. 그렇지만 천주교 신앙이 조선 후기 사회를 재편하고 그 발전을 위해 발휘하던 기능은 순기능적 측면만이 있었던 것은 결코 아니었다. 조선 후기 서학도들이 가지고 있던 체제 부정의 논리는 조선왕조에 대한 직접적 거부로 나타나기도 했고, 이 경우에 있어서는 흔히 외세와의 결탁이 논의되기도 했다. 이러한 과정에서 천주교에 대한 집권층의 탄압은 그 정당성을 부분적으로 나마 확보해 갈 수 있었다. 그렇다 하더라도 조선 후기의 서학 즉 천주교 신앙의 수용과 실천을 그 수용자의 견지에서 관찰해 보면 거기에는 새로운 문화를 섭취하려는 진취적 자세가 있었으며, 그것은 새로운 사회를 형성하기 위한 민인들의 꿈이 내재되어 있던 역사현상이었다. 여기에서 우리는 서학 수용층이 드러내었던 특성과 그 서학 수용의 논리를 파악할 수 있게 된다.

[참고문헌]

趙 珖,『朝鮮後期 天主敎史 硏究』, 서울 : 고려대학교 민족문화연구소, 1988

趙 珖,「朝鮮後期 思想界의 轉換期的 特性」『韓國史 轉換期의 문제들』(한국사연구회 편), 서울 : 지식산업사, 1993

崔容圭,「己亥 丙午 敎難期 天主敎徒의 分析的 考察」『敎會史硏究』, 제6집, 서울 : 한국교회사연구소, 1988

高興植,「丙寅敎難期 信徒들의 信仰」『敎會史硏究』, 제6집, 서울 : 한국교회사연구소, 1988

裵賢淑,「朝鮮에 傳來된 天主敎 書籍」『한국교회사논문집』1. 서울 : 한국교회사연구소, 1984

조화선,「'성경직해' 연구」『한국교회사논총』, 서울 : 한국교회사연구소, 1981

石井壽夫,「高宗朝의 朝鮮 天主敎와 그 迫害」『한국천주교회사논문선집』2. 서울 : 한국교회사연구소, 1977(1941)

근대적 인식과 공예관의 변모

최공호 (한국전통문화학교)

근대적 인식과 공예관의 변모

Ⅰ. 머리말

우리 나라의 근대화 과정은 서구 산업문명의 파급에 대한 대응과 수용의 과정으로 요약할 수 있다. 서구문물의 수용 여부가 개화기의 핵심적 관건으로 부상한 것은, 일천한 서양인식과 열강의 위협에 적절한 대응능력을 갖추지 못했던 상황에서, 주체적 근대화보다는 피폐한 경제난을 해결함으로써 대내외적 위기도 함께 극복할 수 있다는 인식에 기초하여 서양의 이기利器(서기西器)에 주목하였기 때문이다. '서기의 수용'이 당시의 시무時務, 즉 중요한 시대적 과제로 인식되는 과정에서 서구문물을 보는 관점 또한 수구에서 진보적 개화론으로 바뀌면서 개화정국을 주도하였다.[1]

특히 '서도西道(천주교)'와 '서기' 모두를 사학邪學으로 보아 배척한 위정척사, 이를 분리하여 서기만을 선택한 동도서기, 그리고 서도와 서기 모두를 수용한 급진 개화파의 개화이념은, 이 무렵의 급박한 정국 흐름은 물론, 당시의 공예적 실상과 근대기 공예관의 변화과정을 함께 포섭하고 있어 각별한 주목을 요한

---

1) 西學, 西道, 西器의 개념에 대해서는 서양의 종교(천주교)와 산업기술을 모두 지칭할 때는 西學으로, 이 둘을 구분할 때는 西敎와 西器로 지칭하는 예가 있다. 形以上을 道, 形以下를 器라 한 『周易』의 '道器' 개념을 통해 서양 과학기술을 분석한 李圭景은, 과학기술의 원리를 '道', 이를 응용한 것을 '器'로 보았다. 이 글에서는 '東道西器' '西道西器' 등 관용화된 쓰임을 따라 '西道'와 '西器'로 구분하여 사용하겠다. 여기에 관해서는 崔興祐, 「朝鮮後期의 西學思想」, 『國史館論叢』22, 1991 참조.

다. 특히 이들 개화정국의 이념은 서기에 대해 부정적인 '기기음교奇技淫巧', 또는 국가의 재정과 자강自彊을 위한 '부국지술富國之術' 등으로 각기 상반된 견해를 보임으로써, 개화를 당면과제로 한 근대기의 공예관과 공예적 실상을 파악하는 데 중요한 단서를 제공한다.

이처럼 공예가 개화정국에서 중심적 지위를 보유하게 된 것은, 공예를 산업과 미분화된 통합적 관점에서 경세적經世的 기능을 지닌 국가 기간산업으로 인식하였기 때문이며, 이러한 인식태도가 곧 중세적中世的 공예관의 중요한 특질이라 할 수 있다. 공예와 산업의 통합적 관점은 동도서기나 개화파 모두 마찬가지 입장이었으며, [이왕직미술품제작소李王職美術品製作所]와 [조선미전朝鮮美展] 공예부를 거치면서 일제 강점기에 비로소 분리되어 오늘과 같은 구조로 틀 지우게 된다. 따라서 공예와 산업의 분화관계는 공예양식의 변모에 앞서 보다 구조적인 측면에서의 근대적 성격을 가늠하는 분수령이라 할 수 있다. 이러한 이유로 당시 지식층이 표명한 기예론技藝論 · 산업관産業觀은 공예사적 문맥에서 매우 중요한 단서가 되는 것이다.

이와 같은 관점에 기초하여 근대기 공예인식의 전환과정을 개화정국의 주도이념을 통해서 살펴보기로 하겠다. 특히 각 시기별로 표명된 서기에 대한 이해 방식이 당시의 공예인식을 반영하는 요체라는 점에 착안하여 그 성격과 전후관계의 파악에도 주력해 보겠다. 이를 위해서는 무엇보다도 오늘날과 다른 당시의 장르관습과 공예의 사회 · 경제적 지위 및 제작여건에 대한 이해가 필수적이라고 믿는다.

또한 선행 작업으로써 조선 후기 지식층의 서양인식과 그 변화과정을 추적하고, 그 연장선에서 표명된 북학파의 새로운 기예론

技藝論, 공예관의 형성과정에 대해서도 다루어 보겠다. 북학파의 기예론은 성리학적 경세관經世觀을 크게 수정하는 혁신적인 인식 태도에서는 물론, 동도서기론의 초기적 양상과도 유사성을 보이는 등 19세기 후반의 공예관과도 무관하지 않기 때문이다.

개화기를 전후한 시기의 공예적 환경에 대한 구조적인 이해가 전제된다면, 이를 통해 중세의 경세적 기능에서 근대의 예술적 기능으로의 전환과정과 더불어 근대화 과정에서 새롭게 싹튼 공예계 내부의 여러 갈등 요소들, 그리고 그것이 오늘의 공예적 조건을 형성하는 데 어떤 형태로 작용했는지에 대해서도 얼마간 파악될 것으로 기대한다.

II. 서양인식의 변화과정

탈봉건 근대화를 시대적 과제로 한 개화기의 최대 관건은 문물을 어떻게 개량할 것이냐에 있었다. 근대사회로 이행하기 위해서는 사회 구성체의 성격과 사상을 비롯한 중요한 선결조건이 필요하지만, 오랜 봉건체제의 관성을 깨기에는 당시의 여건이 여기에 미치지 못하였다. 대신 정치체제와 무관한 일부의 제도와 문물에 관해서는 여러 경로를 통해 일찍부터 관심을 표명하였다. 개화의 논의가 구체화된 것은 개항을 전후한 시기의 서양인 접촉과 청을 통한 서구문물의 경험에서 비롯되었으나, 18세기 후반부터는 진보적 지식인들에게 서양 문물이 주목되기 시작하였다.

생산활동에 대한 실학의 입장은 성호 이익을 중심으로 토지제도의 개혁에 중점을 둔 18세기 전반의 중농주의적 重農主義的

경세치용經世致用학파와, 상공업의 생산과 유통·기술혁신에 중점을 둔 18세기 후반 중상주의重商主義의 이용후생利用厚生학파인 박지원 중심의 북학파로 구분된다.[2]

이 가운데 서양문물의 수용에 인식의 기초를 제공한 것은 북학파였다.

북학파는 18세기 중엽 홍대용洪大容(1731~1783), 박지원朴趾源(1737~1805) 등 노론의 젊은이들에 의해 집권층 내부에서 배태된 일종의 개혁운동이었다. 이들의 사상적 기초는 18세기 초 노론학계의 인성론人性論인 호락湖洛논쟁을 통한 사유체계의 분화과정과, 외부적 요인으로 이들이 연행 시에 접한 청나라 건륭문화에 대한 충격에서 직접 기인하였다.[3]

사물의 본질에 대한 해석을 두고 대립한 이 논쟁에서 '사람과 사물의 본성이 같다人物性同論'고 본 노론 낙론洛論이 곧, 화이론華夷論을 일부 극복하는 북학사상의 철학적 토대가 된 것이다. 이 인물성동론은 동도서기·개화파로 이어지는 진보적 개화이념의 시원 구실을 하였고, 공예분야에는 외국의 제작기술이 수용될 수 있는 길을 터놓았으며, 나아가서는 중국을 중심으로 한 닫힌 세계로부터 세계관의 지평을 넓히는 데도 일부 기여하였다.[4]

서구문물은 1603년(선조 36) 이광정李光廷이 중국에서 세계지

---

2) 정옥자,『조선후기 역사의 이해』, 일지사, 1993. 26쪽

3) 정옥자, 위 책, 134 - 136쪽

4) 당시의 청은 건륭문화를 꽃피워 더이상 오랑캐 문화가 아니었으며, 서적간행 등 문화사업을 일으키고, 특히 서양선교사를 통한 서구문화의 도입에도 열성을 보이고 있었다. 1601년 마테오리치(Matteo Ricci)가 명 神宗으로부터 천주교의 포교와 교당의 건립을 허가 받은 이후 연경 등에 빈번한 교류를 통해 수입한 서구의 각종 利器들이 유통되고 있었다.

도를 도입한 것이 최초로 전해진다.[5]

이후 수 차례의 사행을 통해 빈번한 수입이 이루어졌으며, 그 품목은 주로 세계지도와 천리경千里鏡, 자명종自鳴鍾, 일구관日晷觀 등 천문과학 기구에 집중되었다. 청에 볼모로 갔던 소현세자昭顯世子가 1645년(인조22) 귀국시에 북경에서 사귄 벨(Joannes Adam Schell Van Bell) 신부로부터 다수의 과학 종교서적과 지구의, 천주상 등을 가져왔던 것도 하나의 예이다.[6]

조정에서도 서양의 과학서적과 이기利器를 구해오면 이를 다시 만들고, 입수자를 포상하면서 적극 권장하고 있었다. 경종 3년(1723)에 "서양국 문진종問辰鐘을 관상감에 내려 새로 만들게" 하였고,[7] 영조 대에는 연경으로부터 서양의 주법籌法을 직접 배우고, 역학서曆學書인 『태을통종太乙統宗』, 『도금가淘金歌』 등과 대천리경大千里鏡을 구해온 김태서金兌瑞를 뒷사람을 권면하는 뜻으로 가자加資하였으며,[8] 동왕同王 9년(1733)에는 서양 천문학을 익히고 책을 구해온 이동양李東樑과 관상감 안중태安重泰를 포상한 바 있다.[9]

이처럼 18세기 전반은 서양에 대한 관심이 조정의 권장 하에 물건의 구입에서 한발 나아가 과학기술에 대한 학습열기로 이어지면서 더욱 적극성을 띠었다. 이와 같은 당시의 분위기를 반영하듯 연행 길에 나선 관리들이 남당南堂(북경의 천주교당)을 방

---

5) 韓榮國, 「朝鮮後期」, 『韓國史大系』, 三珍社, 1975. 93쪽

6) 韓榮國, 위 책, 93쪽

7) 『景宗實錄』, 3년(1723)10월9일조

8) 『英祖實錄』, 2년(1726)7월3일조

9) 『英祖實錄』, 31년(1755)9월24일조

문하는 것이 하나의 관행이 되기도 했었다.[10]

우리의 경우 서구문물의 전래는 전통적인 문물의 수입처인 중국을 통해 이루어지면서 문물의 기능과 효율에 대한 상호비교를 통해 그 필요성과 인식이 확산되기 시작하였다. 해금정책海禁政策을 기조로 하고 있던 조선에서는 서구 문물이 서양으로부터의 직접 수입이 아니고 중국을 통한 간접적인 것이어서 비교적 순조로웠던 것으로 보인다.

이러한 과정을 통해 조선 정부에서도 서양문물에 대한 이해의 폭이 점진적으로 확산되어 갔다. 그러나 국제정세나 서양의 실체에 대한 정보는 1800년대 초반까지도 거의 전무했었다고 보여진다. 정조正祖 19년(1795) 동지사로 연경에 가 서양인을 본 서장관 심흥영沈興泳이 '머리에 분을 발랐다'고 보고한 것이나,[11] 영국을 서양과 다른 별개의 나라로 생각한 것은 물론, 심지어 왕실에서도 서양인들이 우리와 다른 언어를 쓴다는 사실조차 모르는 등 서양에 대한 인식 수준은 보잘 것이 없었다.[12]

이처럼 19세기 초반까지도 개화를 위한 근대적 인식은 지극히

---

10) 韓榮國, 앞 책, 93쪽 ; 18세기 초에는 서양화의 전래도 있었다. 여기에 관해서는 洪善杓, 「朝鮮王朝後期の西洋畵觀」, 『季刊 コリアナ』, 1989년冬季號, 65 — 70쪽 참조

11) 『正祖實錄』, 19년(1795)2월 22일조

12) 『順祖實錄』, 원년(1801) 10월 30일 ; 순조 원년부터 수렴청정을 맡았던 대왕대비가, 제주도 당포에 들어온 서양인에 대해 말과 문자가 괴이하여 어느 나라 사람인지 알 수 없다는 영의정 沈煥之의 보고를 받고, "나는 일찌기 사방이 문자가 같다고 알았었는데, 문자도 또한 다르단 말인가?'고 한 것은 당시 왕실을 비롯한 집권층의 서양인식의 수준을 가늠케하는 대목이다. 초기에 들여온 서양물목 중 세계지도가 자주 끼어 있었던 것은 이러한 국내의 사정과 무관하지 않아 보인다.

초보적인 것이었다. 이러한 인식의 기초 위에서 서기西器를 일부 들여오긴 하였으나, 서양의 실체나 세계정세에 대한 구조적인 지식이 결여된 상태에서는 단순한 호기심의 수준을 넘기 어려웠다.

순조順祖대에서 고종高宗 초기에 이르면 북학론의 쇠퇴와 함께 서학에 관한 논의도 크게 위축되었다. 서학에 대해 온건 교유책을 썼던 정조와 서학의 비호세력이었던 채제공蔡齊恭의 사망, 반反 천주교 세력인 벽파僻派의 득세에서 기인한 1801년 신유박해를 시작으로, 서학을 사교邪敎로 몰아 단죄하게 되자, 서양문물의 수용은 물론 개량의욕도 함께 위축될 수밖에 없었던 것이다. 이른바 쇄국정책과 위정척사론의 대두로 북학파가 배척되었고, 이를 주도하던 박지원의 칩거, 정약용의 유배, 홍대용의 사망 등으로 서양 문물에 대한 수용과 개량의지는 이규경李圭景과 중국의 양무운동洋務運動을 본받자고 한 최한기崔漢綺 등으로 이어졌으나 정책에 반영되지 못하고 이론에 그쳐, 1880년대의 동도서기·개화파 세력에 의한 근대화의 추진 시기까지 그 논의는 당분간 휴면기를 맞는다.

III. 개화기 공예관의 변모

1. 북학파의 기술개혁론

18세기 중엽은 기술개혁론이 활기를 띠던 시기였다. 이 무렵의 기술개혁론을 주도한 것은 박지원, 박제가 등을 중심으로 한 북학파 학자들이었다. 이들은 "백성百姓의 일용日用에 무보無補이면 학學이 아니다"는 생각을 바탕으로, 도학적道學的 분위기에 매몰되어 이념성만을 강화해온 기존 성리학의 한계를 극복하려

는 강한 의지를 보였다.[13]

피폐한 경제적 현실에 주목한 북학파의 기술개혁론은, 앞 시기의 성리학적 경세관經世觀을 크게 수정하고, 기술의 개혁을 주된 이념으로 삼았다는 점에서 각별히 주목된다. 특히 1800년대 후반의 개화사상과 문맥을 같이 하면서, 동도서기 이후 개화정국의 이념적 기초 구실을 수행했다는 점에서 중요하게 여겨진다.

같은 성리학에 기반을 두었지만, 말업관末業觀을 바탕으로 상공업 등 생산 활동에 대해 철저히 부정적이었던 실학이, 그 이념에 기초하여 생산의 효율보다는 씀씀이를 절제하는 절용적節用的 생활태도에 중점을 두었던 데 비해, 북학파는 이를 정면에서 비판하고 현실적인 문제를 거론하면서 제작기술의 개량을 위한 적극적인 대응논리를 개진했었다.[14]

이러한 생각은 박제가에서 확인된다. 박제가는 특히 검절儉節이 당면한 경제적 현안을 극복할 적극적인 대안이 될 수 없음을 강하게 비판하고 나섰다. "중국에 비해 검소한데도 나라가 자꾸 쇠퇴되는 것은 무슨 이유인가? 검소란 물건이 있어도 남용하지 않는 것을 말하는 것이지 없어서 스스로 단념하는 것을 말하는 것이 아니다." …… "금·은을 가지고도 가게에서 떡을 살 수가 없다. 이것은 검소한 때문이 아니라 물건 이용방법을 모르기 때문이다."고 전제하고, "재물은 우물과 같아서 퍼 쓸수록 가득 차고 이용하지 않으면 말라버린다. 비단을 입지 않으므로 비단 짜는 사람이 없다. 따라서 그릇이 비뚤어지든 어쩌든 개의치 않으므로 공묘工妙함을 일삼지 않아서 공장工匠과 도야陶冶가 없어지

---

13) 金龍德,『朝鮮後期 思想史 研究』, 을유문화사, 1987. 559쪽 참조

14) 李瀷,『藿憂錄』, 生財 ; 金龍德, 위 책, 607쪽 참조

고, 또한 기예技藝도 없어졌다."고 지적하였다.15) 즉 당시의 곤궁한 살림은 공예工藝의 쇠퇴에서 연유되었고, 공예의 쇠퇴는 검절만을 강조하여 기술이 연마될 여건을 조성하지 못한 탓이라는 설득력 있는 주장을 하고 있는 것이다.

여기서 주목되는 점은 공장工匠의 기예技藝, 즉 공예와 산업을 미분화된 관점에서 포섭적으로 이해하고 있다는 사실이다. 이러한 관점은 비단 박제가뿐 아니라 같은 시기의 지식인들 사이에 공통된 인식경향이라 할 수 있다. 그리고 이러한 공예관은 동도서기나 개화파 사이에서도 구별되지 않는 중세적 공예관의 보편성으로 분류할 수 있겠다.

박제가의 기술개혁 사상은 "옛 것을 본받는 법고法古는 때묻을 병폐가 있고, 새로이 창조하는 창신創新은 상도에서 어그러지는 병폐가 있다. 법고法古하되 변화를 알고, 창신創新하되 전거에 능해야 한다."는 법고창신法古創新의 정신에 기초하고 있다.16)

이 정신은 온고지신보다 더 진보적이고 논리적으로 평가되고 있다. 특히 그는 "기구가 편리하지 못하여 남들이 하루에 하는 일을 한 달이나 두 달 걸리게 된다면, 이것은 천시天時를 잃는 것이다" 고 하여 생산의 효율을 높이는 데 기술개량의 시급성을 거듭 강조하고 있다.17) 기계의 효율에 대해 박제가는 목화 다루는 과정을 예로 들어 각차覺車를 쓰는 중국이 우리에 비해 무려 20배의 효율을 낸다는 실증적 사례도 아울러 소개하고 있다.18)

북학파의 이러한 관점은 청을 중화문화의 연장으로 이해하고,

---

15) 朴齊家, 『北學議』, 內篇, 市井條 (을유문화사 번역본, 121 – 122 및 343쪽)

16) 朴趾源, 『燕岩集』 ; 정옥자, 앞 책, 137쪽 참조

17) 朴齊家, 『北學議』, 財賦論 (을유문고본, 294 – 295쪽)

18) 朴齊家, 위 책, 農蠶總論, 292쪽

그것을 현실적으로 인정하는 데서 비롯되었다. "중국사람들이 깎은 머리에 옷깃을 왼쪽으로 여미었지만 그들이 사는 땅은 삼대三代 이래의 중화中華가 아니겠는가 …… 법이 좋고 제도가 아름다우면, 아무리 오랑캐 것이라 할지라도 떳떳하게 스승으로 삼아야 한다." 는 이른바 주관구제周官舊制의 관점에서 논리적 전환을 모색하였던 것이다.[19] 또한 "가난은 기용器用의 불편에서, 기용의 불편은 중국을 배우지 않은 잘못에서 비롯하였으니, 겸손한 마음으로 중국을 배우자"는 이른바 손지원학遜志願學의 태도를 강조하였다.[20]

이와 같은 문제의식에 기초하여 기술개발에 남다른 신념을 가졌던 박제가는 결국 서양 기술자의 고빙雇聘을 제안하기에 이른다.[21] 이처럼 획기적인 제안은 당시에 이미 서양인들을 초빙하고 있던 중국의 예를 참고하였겠지만, 당시로서는 전향적인 발상이 아닐 수 없다. 그러나 박제가는 기술개량에 대한 의욕이 앞선 나머지 우리말을 버리고 중국어를 배우자고 제안하기도 했다.[22]

한편, 독특한 기예론技藝論을 통해 종래의 북학파보다 진보적인 기술 개혁론을 펼친 정약용丁若鏞은 북학파의 일부 편향된 관점을 의식한 듯, 무조건 화풍華風을 따르기보다 좋은 우리 것은 발전적으로 계승할 것을 주장하여 균형 있는 시각을 보였다.[23] 아울러 그는 "사람이 모일수록 기예는 정교해지고, 시대가 내려올수록 기예는 교묘해지기 마련이다"는 근대적인 기예

---

19) 朴趾源,「北學議序」

20) 朴齊家, 위 책, 28쪽

21) 朴齊家,『北學議』,「丙午所懷」,; 李元淳,「韓末雇聘歐美人綜鑑 - 外國人 雇聘問題 研究 序說」,『韓國文化』10호,(서울대 한국문화연구소, 1989.) 242쪽 참조

22) 朴齊家, 위 책, 287쪽

23) 丁若鏞,『與猶堂全書』技藝論

론을 표방함으로써 북학파의 상고주의적 기예론과 일정한 차별성을 보였고, 북학의 실천을 위해 '이용감利用監'이라는 관청의 신설을 제안하기도 했다.[24] 이 관청은 각종 공예 제작기술의 도입을 위해 "눈치가 밝고 솜씨가 교묘한 자를 뽑아 연경에 파견"하고, 신기술의 모델을 구입해 오는 등의 임무를 상정하고 있었다.[25]

이상과 같은 북학파의 공예관은, 상공업 종사자들을 말리末利를 추구하는 소인배로 폄하 하였던 기존 성리학의 말업관末業觀을 수정하고, 나아가 근대적 상공업사회에 대한 전망을 가졌다는 점에서 크게 주목된다. 뿐만 아니라 '기예技藝'에 대해서도 성리학자들과 큰 차이를 보인다. 성호 이익 등 성리학자들은 비록 실학자의 범주에 든다 하더라도 공예기술을 '기기음교奇技淫巧'라 하여 기술의 속성 자체를 배격해야 할 부정적인 것으로 간주했었다. 반면 박제가 · 정약용은 기예야 말로 백성의 고질적인 가난과 국가의 안위를 도모할 수 있는 시급한 시무時務로 인식하고 있어 좋은 대조를 보인다. 다만 이들 북학파 학자들의 견해는 정책으로 적용되지 못하고 대부분 이론으로 그친 한계를 지니면서, 19세기 초에는 보수적 위정척사론에 밀려나고 말았다.

2. 위정척사파의 서기西器 배척론

19세기 초에서 개항 전까지 유행한 위정척사론은, 천주교西道

---

24) 丁若鏞,『經世遺表』권2, 利用監條 (경인문화사 영인본, 37쪽)

25) 丁若鏞,『經世遺表』, 37쪽

가 침투하면서 성리학 이념과 통치질서를 근본적으로 위협하는 요인이라는 인식에서 출발하였다. "하늘이 나라를 보우하려는 것인지 엎어버리려고 하는 것인지 모르겠다"는 표현에서 엿보이듯 당시의 위기의식은 절박한 것이었다.[26]

초기에는 서기西器보다 천주교에 대한 거부감에서 직접 기인하였으나, 서기 역시 단순한 기술에 그치지 않고 결국 그것이 정신까지 해친다는 관점과, 서기가 국내 산업을 혼란에 빠뜨린다는 생각에서 '양물수입洋物輸入'과 '이단사술異端邪術'의 엄금嚴禁을 중심으로 한 척사윤음斥邪倫音을 반포하는 등 적극적인 수구적 입장을 보이기 시작하였다.

이러한 경향은 이항로李恒老(1792~1868), 기정진奇正鎭(1798~1876), 최익현崔益鉉(1833~1906) 등 위정척사파 학자들에서 공통적으로 발견된다. 기정진은 빈번해진 서양의 교역 요구에 대해, 서양이 우리와 통교하려는 것은 우리 나라를 속국화하여 우리 강토의 물산을 착취하려는 목적이라고 여겨, "시전인들이 모아둔 양물洋物을 수괄하여 거리에 내다가 불태우게 하고, 앞으로 양물을 매입하는 자는 외구外寇와 통교한 죄율로 다스려야 한다"고 주장하였다.[27]

이항로 역시 서양문물의 폐해를 지적하면서, 왕에게 손수 양물洋物을 궁궐에 모아 불태움으로써 결연한 의지를 보일 것을 주장하였다.[28] 그는 또 서양의 산업 공예품에 대해 "양물은 그 품목

---

26) 『龍湖閒錄』 권1, 金邁淳進勉疏

27) 奇正鎭, 『蘆沙集』, 권3, 疏 丙寅疏 1 ; 柳承宙,「開港前後 知識人들의 産業觀에 대한 一考察」, 『西巖 趙恒來教授華甲紀念韓國史學論叢』, 亞細亞文化社, 1992. 448 – 450쪽 참조

28) 李恒老, 『華西集』 권3, 疏箚, 柳承宙, 위 논문, 450쪽

이 매우 많지만 모두가 기기음교奇技淫巧한 물건들이어서 민생일용民生日用에 무익할 뿐 아니라 화禍됨이 매우 크다"고 하여 서기를 '기기음교奇技淫巧한 물화物貨'로 간주하고 극기정심克己正心하여 이를 물리쳐야 한다고 주장하였다.29)

최익현 역시 서기를 '음사기완품淫邪奇玩品'이라 하였고,30) 고종16년 집의執義를 지낸 권중록權重錄도 '기기괴괴무용지물奇奇怪怪無用之物'로 단정하였다.31) 이상과 같이 위정척사파의 공예관은 서기西器에 대해 철저히 부정적인 시각으로 바라보고 있다. 거기에는 성리학적 기존 질서의 붕괴에 대한 위기의식이 복합적으로 깔려 있었지만, 한편으로는 서학과 함께 들어온 서기들이 사치풍조를 유발하고, 상대적으로 열세에 놓인 우리 대외무역의 불균형을 초래하는 등 국내 공예산업에 미칠 영향에 대한 우려에서 비롯되었다는 점에서 긍정적인 측면이 없지 않다.32)

그러나 서양문물에 대해서 '기기음교奇奇淫巧', '음사기완품淫邪奇玩品'으로 본 관점은, 공예기술에 대해 북학파 이전의 성리학자들이 가졌던 말업관末業觀의 수준으로 다시 회기 하는 퇴행적 인식을 보이고 있어 아쉬움으로 지적된다.

3. 동도서기파의 서기 수용론

동도서기론은 서도는 거부하되 개화문물과 공예기술 등 서기

---

29)『日省錄』, 47책, 高宗 3년 10월 3일

30) 崔益鉉,『勉菴集』권3, 伏闕斥和議疏

31)『日省錄』, 高宗 16년 1월 24일

32) 柳承宙, 앞 논문, 452쪽

는 수용하여 대내외적으로 난관에 봉착한 위기국면의 전환을 모색한 과도기적 현실인식이라 할 수 있다. 이는 수세적 입장에서 서양 산업문명의 성과를 받아들여야 했던 중국中體西用, 일본和魂洋才 등 대부분의 동양국가들이 공통적으로 경험한 개화사상이라 할 수 있다.[33]

1880년대를 대표하는 동도서기론은 초기의 강력한 반발에도 불구하고, 1882년의 미국을 필두로 1894년까지 서양 7개국과 통상조약을 체결했던 정치적 현실에 기초하여 정국의 주도이념도 서기의 수용이라는 절충적인 방향으로 선회하였다.

동도서기론이 표면화된 것은 1882년 8월 고종이 내린 교서를 통해서였다. "그들의 기계器械라면 이익이 되니 진실로 후생厚生에 이용될 수 있다면 무엇을 꺼리겠는가? 그들의 교敎는 배척하고 기계는 본받으면 참으로 병행해도 이상함이 없을 것이다."[34] 이 교서를 기점으로 하여 그간 진보적인 학자들 사이에서 부분적으로 일었던 동도서기론이 현실적인 명분을 얻게 되었고, 이 무렵을 전후하여 서기 수용론이 활발하게 개진되었다.

"고치고자 하는 것은 바로 이 '기器'이며, 결코 그 '도道'가 아니다"고 한 윤선학尹善學의 상소나, "공예工藝의 교묘함과 상판商販의 번성함과 의약醫藥 기술에 있어서 그 정수精髓를 배우고 그 묘리妙理를 얻는 다면 백성들이 모두 재지才智를 발휘하여 사업과 기예技藝를 모두 터득할 수 있다."고 주장한 유생儒生 조문趙

---

33) 1840년 제1차 中英戰爭을 전후하여 중국과 일본은 서양의 물리력에 충격을 받고, 서양에 대항할 힘을 키우는 방안으로 西器의 적극적인 수용의욕을 보이기 시작하였다. ; 노대환,「19세기 전반 西洋認識의 변화와 西器受用論」, 『韓國史研究』95호, (한국사연구회 1996.12), 109 – 137쪽 참조

34)『高宗實錄』, 18년(1881)윤7월6일

汶의 상소는 당시의 공예관과 서기에 대한 인식을 잘 반영하고 있다.35)

이러한 분위기에서 『조선책략朝鮮策略』『중서문견中西聞見』『태서문견泰西聞見』『박물신편博物新編』『格致彙編』등 서양 과학 문명을 소개한 서적들도 널리 유통되었다.36)

동도서기적 공예관이 구체적으로 표출된 사례는 1876년과 1880년 수신사의 파일派日, 1881년 영선사領選使의 파청派清, 1883년 조선보빙사朝鮮報聘使의 미국 파견 등 선진 개화국에 잇따른 사행과, 외교 통상업무를 전담할 통리기무아문統理機務衙門 및 통상사通商司, 각종 서양식 기계의 제작을 위한 기기국機器局의 설치 등을 들 수 있다.

일본의 개화문물을 참관키 위한 수신사행은, 1811년까지 20여 회에 걸쳐 우리 문물을 전해주기 위한 시혜적 성격의 통신사와 입장이 반전되어, 불과 60여 년만에 문화의 역류를 경험하게 되는 아이러니를 느끼게 한다. 이 무렵에 일본을 통해 '공예工藝' 용어를 처음 받아들이는 것도 근대적 공예관을 분석하는 데 있어서 빼놓을 수 없는 점이다.37)

---

35) 『日省錄』, 고종 19년(1882) 12월22일 및 同 9월20일

36) 柳承宙,「開港前後 知識人들의 産業觀에 대한 一考察」,『西巖 趙恒來敎授華甲紀念 韓國史學論叢』, 亞細亞文化社, 1992. 463쪽 ; 이 무렵에는 이미 서양의 산업공예품이 다량 유통되고 있었던 듯, "요즘 온나라 사람들이 입는 옷이 洋織, 洋染이고, 쓰고 있는 물건은 洋物이며, 접촉하는 자들은 洋人이고 침흘리고 부러워하는 것도 서양의 奇技淫巧한 것들이다."고 한 고종18년(윤7월6일) 洪在鶴의 상소나, "유학자들이 글로써는 천주교를 배척하지만 서양의 曆法이나 과학기술은 찬탄해 마지 않는다."고 한 金平默의 지적(『重菴集』권35)은 당시의 분위기를 엿보게 한다.

37) 崔公鎬,「韓國 近代工藝의 二元構造 ─ 그 형성과 전개」,『美術史學』8집,(한국미술사학회, 1994. 6.) 73 ─ 76쪽 참조

1881년 9월 김윤식金允植을 대표로 38명의 유학생과 함께 청나라에 간 영선사 일행은 단순한 참관이 아니라 학습을 위한 유학이었다는 점에서 특히 주목된다. 유학생들은 분야별로 나뉘어 각종 첨단기술을 실습 위주로 학습하였다. 그러나 학생들의 계속된 질병과 자금난 등이 겹쳐 당초 3년으로 예정된 학습기간을 마치지 못하고 1년만에 귀국하였다.[38] 이들은 귀국 시에 62종의 기기機器와 53종의 과학기술 서적을 도입하고, 4명의 청국인 기술자를 고빙雇聘하는 등 기술 학습에 대단한 열성을 보였다.[39] 여기서 특히 주목을 끄는 점은 유학생의 반이 기량이 뛰어난 공장工匠들로 구성되었으며, 이들 중 공장工匠 출신 김성원金性元은 모형模型제작을 담당하는 남국南局 목양창木樣廠에서 화본畫本에 의한 기기機器의 도면圖面과 모형제작 기술을 배워 왔다는 사실이다.[40] 도면은 기계에 의한 대량생산체제를 암시하여 공예의 근대적 특성을 가늠하는 중요한 요건이 됨은 물론, 설계와 제작이 분리되는 산업디자인적 제작방식에 대한 최초의 시도라는 점에서도 의미가 각별하다. 제작의 설계에 해당하는 체계적인 도면의 존재는 과거 수공예 제작방식과 일정하게 구분되기 때문이다.

서기의 수용을 부국강병富國强兵에 필요한 요체로 파악한 어윤중魚允中(1848~1896)의 견해는 동도서기론자들의 공예기술에 대한 인식의 일단을 엿볼 수 있는 좋은 단서가 된다. 그는 "현재의 국세를 돌아볼 때 부강富强이 아니면 보국하지 못하므로 상하가 한 뜻으로 경영하는 것이 이 한 가지뿐이다"고 하여 부국富國

---

38) 金正起,「1880년대 機器局·機器廠의 설치」,『韓國學報』, 10호, 일지사, 91 – 118쪽 참조

39) 金正起, 위 논문, 93쪽

40) 金正起, 위 논문, 95쪽

을 최선의 과제로 설정하고, 공예기술의 연마와 상공업의 중요성을 강조하였다.[41] 특히 그는 "과거科擧를 혁파하면 공명을 좇아 나아가던 이들이 모두 다투어 외국에 나가 재예才藝를 배우고 돌아올 것이다"고 하면서 관리들을 상공업에 종사케 하는 획기적인 방안도 제시하였다.[42] 고종 19년(1882) 10월에 전적典籍 변옥卞沃이 "기용器用의 이로움과 의醫·농農의 신묘한 것들은 민산民産에 유익한 것이니 배워 본받아야 하고, …… 이것들은 바로 금일今日을 구급救急할 수 있는 이용책利用策이니 의심치 말고 실행하기 바란다"고 한 데서도 부국지술富國之術로써의 동도서기적 공예관의 면모가 거듭 확인된다.[43] 기용器用의 이로움이 민생뿐 아니라 당시의 국가적 난국을 극복하는 유효한 방안이라고 여겼던 것이다.

이처럼 동도서기적 공예관은 선진 개화국이 산업혁명 이후 공예산업의 부흥을 통해 부강한 나라를 만들었다는 생각에 기초하여 공예기술의 도입에 주목하였다. 특히 서기를 받아들이되 서양공예의 양식이나 형태가 아니라 기술 중심으로 수용함으로써 공예관에서도 동도서기 정신과 일치된 양상을 보인다는 점이 흥미롭다. 그리고 이러한 관점은 국내 공예산업의 구조가 근대적 형태로 분화하는 데 기반구실을 수행했다는 점에서 중요하다. 뿐만 아니라 기술 자체를 폄하하던 과거 성리학의 말업관末業觀을 크게 수정하여 근대적 상공업사회에 대한 전망을 갖추었다는 점도 아울러 주목을 요한다. 다만 근대국가의 건설을 위한 합리

---

41) 魚允中, 『從政年表』, 高宗 18년 12월 14일 ; 김지영, 「魚允中의 經濟思想」, 『史學研究』 51호, (韓國史學會, 1996. 5) 81 – 131쪽 참조

42) 魚允中, 『隨聞錄』, 44쪽 ; 김지영, 위 책, 126 – 127쪽 참조

43) 『高宗實錄』, 19년(1882) 10월 7일조

주의 정신이나 근대적 사회 구성체에는 관심이 미치지 못함으로써, 근대의 사상적 골격은 배격하고 서구 산업화의 산물인 서기만 수용하는 대증요법식 대응태도를 보인 것은, 지키고자 했던 '동도東道' 역시 민족적 정체성을 의미하기보다는 그 진의가 성리학적 세계관과 중세적 질서의 유지에 있었다는 점과 함께 중요한 한계로 지적된다.

4. 개화파의 진보적 공예관

급진 개화파의 진보적인 사상은 동도서기파의 내부에서 싹터 일본, 구미 각국의 견문을 통해 점차 서구의 정치이념과 사회윤리까지 수용하려는 서도서기적 입장으로 전환해갔다.[44] 개화파의 서기에 대한 관점은 동도서기파와 명확히 구분 짓기 어렵다. 그것은 개화파가 동도서기에 비해 서도를 수용하여 사상적으로 서도서기적西道西器的 입장을 취했다는 점에서 차별성이 있으나, 서기를 수용하려는 기본 입장은 다를 바 없기 때문이다. 공예관 역시 '부국지술富國之術', '자강自强의 요체'라는 시각에서 접근하고 있어 동도서기적 공예관의 연장선상에서 이해된다. 다만 중요한 차이점은 서구 양식의 수용의지 여부에서 찾을 수 있다. 즉 동도서기적 공예관이 서양의 산업문명을 기술 중심으로 받아들이려는 선별적 입장이었다면, 개화파는 서도서기적인 사상의 문맥에서 기술과 함께 공예양식에 대해서도 수용적 태도를 보였다는 점이다.

김옥균金玉均, 박영효朴泳孝, 유길준兪吉濬으로 대표되는 급진

---

44) 柳承宙, 앞 논문, 466쪽 참조

개화파의 공예관은, 최초의 해외유학생인 유길준의 『서유견문』에 표명된 정치요결政治要訣 6조六條에서 잘 나타나고 있다. "工商을 好하는 자는 工商이 되어 사농공상의 間에 지위의 구별을 不立하고 … 技術과 문학을 勵하여 新物의 發造하는 路를 開하며, … 학교를 建하여 … 인민의 지식을 廣博히 하며, 才藝를 高明히 하고 工藝를 奮發케 하는 事라"는 내용은 봉건적 계층 질서와 직업의 귀천을 불식하고 근대적 학교를 설립, 서양학문과 기술을 익혀 공예산업을 부흥하자는 것을 골자로 하고 있다.[45] 그의 주장은 기술만 선택적으로 수용하려던 앞 시기의 공예관과 근본적으로 다른 서도서기적 입장을 명백히 하고 있다. 그는 또한 수학자修學者(연구자)의 본분을 거론하면서, "工匠의 器皿이 부실하거든 그 工巧한 理를 窮格하여 新造함도 애국하는 誠心 … "이라 하면서 공예의 부실을 공장의 책임으로만 돌리지 말고 기술학교를 세워 기술인재를 적극적으로 양성할 것과, 새로운 발명품에 대해서는 전매권을 주어 창의적인 발명을 권장할 것도 아울러 주장하였다.[46] 이러한 분위기에서 서도적 입장에서의 서기 수용론은 고종 22년(1885)의 정부조직 개편과, 몇 차례의 만국박람회 참가, 서양기술을 직접 받아들이는 서양 기술자의 고빙雇聘, 그리고 그 이념의 주된 전파경로가 되는 근대적 교육기관의 설립 등을 통해서 급속히 확산되었다고 여겨진다.

이 가운데 각국의 첨단 과학기술과 산업공예품이 한자리에 모이는 만국박람회의 참가는 산업화를 이룬 구미 각국의 문물을 현

---

45) 兪吉濬, 『西遊見聞』, 제5편, 「政府의 治制」 153 – 154쪽

46) 『兪吉濬全書』, 제5편, 154쪽

지에서 직접 경험함으로써 개량의지를 더욱 강화하는 계기로 작
용하였다. 1883년 최초로 미국을 방문한 조선보빙사 일행이 보
스턴에서 열리고 있던 만국박람회에 도자기, 금속·목칠공예 몇
점을 참고품 자격으로 출품하고 받은 자극은 상당히 컸던 것으로
보인다.47) 특히 보빙사의 전권공사全權公使를 맡은 민영익閔泳翊
이 이듬해인 "1884년에 국제산업박람회를 서울에 유치하겠다"
고 발표하고, 미국으로부터 박람회 전시용 산업공예품의 도입절
차를 밟았던 일은 당시의 개화의욕을 엿보게 하기에 충분하다.48)

그러나 갑신정변 등 국내정치의 혼란과 일부의 반대에 부딪혀
좌절되고 말았다. 그후 1893년의 시카고박람회, 1900년의 파리
만국박람회, 등에 계속 출품하였고, 1901년에는 만국박람회의
운영을 위한 [임시박람회사무소臨時博覽會事務所]를 개설하여 정
책적인 대응을 모색하기도 했다.49)

서기에 대한 전향적인 인식을 보여주는 사례의 하나가 서양
인 고빙雇聘이다. 1882년 독일인 묄렌도르프를 시작으로 고용
된 외국인들은 우리 정부의 근대화 과정을 주도하였고, 서기에
대한 긍정적 인식은 물론 서양문화 전반에 대한 이해를 확산시
키는 데도 결정적인 역할을 하였다.50) 내재적 역량에 의해 자
율적으로 근대화를 추진하지 못한 채 개항을 맞은 우리 나라는

---

47) 金源模, 앞 논문(下), 335쪽 참조

48) 崔公鎬, 「韓國 近代 螺鈿漆器 硏究」, 『考古美術』177호, (한국미술사학회,
1988.3) 49쪽

49) 崔公鎬, 위 논문 47 – 49쪽 참조

50) 李元淳, 「韓末雇聘歐美人綜鑑」 – 外國人 雇聘問題 硏究 序說,『韓國文化』10,
(서울대 한국문화연구소,1989), 266-267쪽 ; 그 외 金源模,「朝鮮報聘使의 美
國使行(1883) 硏究」,『東方學志』,49·50집, 1986. 참조

근대화의 협력자로서 외국인 고빙을 중요하게 여겨, 1882년부터 1908년까지 확인된 숫자만 해도 134명에 달할 만큼 적극적이었다.[51] 군사 외교 법률 교육과 산업기술 분야에 각기 나뉘어 고용된 서양인들 가운데, 특히 산업기술 분야에서 활동한 외국인들의 행적은 당시의 공예 상황과 직접 관련을 맺고 있어 주목된다.

공예산업 분야에서는 1900년 파리만국박람회의 참가를 위해 현지에서 고용한 8명의 프랑스인들과, 1900년 서양도자기의 제작을 위해 고빙된 프랑스인 레미옹(Leopold Remion)이 있었다. 만국박람회를 도왔던 프랑스인 중에서 모리스 쿠랑(Maurice Curant)은 이후 주한 프랑스총영사관 서기로 활동한 후 서지학상의 기념비적인 업적을 남기기도 했다.[52] 그리고 레미옹은 프랑스 세브르공예미술학교 출신으로서, 당시 법부고문法部顧問을 맡고 있던 프랑스인 크레마지(Cremazy)의 주도로 설치한 [궁중도기소宮中陶器所]의 기술자문역으로 궁내부宮內部에 고빙되어 궁중용 서양식 도자기의 제작을 시도하였다.[53] 기타 기기창機器廠과 직물織物, 유리 분야 등에서도 러시아인과 프랑스인을 고빙하여 신기술의 도입에 열성을 보였다.

이와 같은 서도서기적 개화파의 공예관은 개화기에 폭넓게 유

---

51) 李元淳, 위 논문, 253쪽

52) 金義煥, 「韓末雇傭外國人(歐美人)에 대한 考察」, 『國會圖書館報』 7권 2호, 1970.

53) 李元淳, 294쪽 ; 당시의 신문에는 그가 [工作學校]의 설립을 위해 내한했다가 뜻을 이루지 못하고 돌아갔다는 기록도 있어 정확한 사실의 확인이 요청된다. 여기에 관해서는 崔公鎬, 「韓國 近代 螺鈿漆器 研究」, 『考古美術』 177호, 53—54쪽 참조 ; 관련 기록은 『皇城新聞』 1900년 5월10일 및 5월12일자 참조

통된 서양의 산업공예제품에 대한 경험과 제작방식의 기계화 과정에서 자연스럽게 수반된 서양 공예품의 양식에 대한 경험을 통해서 공예양식에서의 변화가 조심스럽게 시도되었다. 그러나 공예양식에서의 서구적 해석방법이나 새로운 기능의 본격적인 수용은 1920~30년대 [이왕직미술품제작소 李王職美術品製作所]의 후반기와 [조선미전 朝鮮美展]의 공예부, 공예·도안분야 일본 유학생의 귀국활동 등 주로 일본을 통해 간접적으로 이루어졌으며, 해방정국 이후 서양식 학제에 의해 대학에 공예과가 설치되면서 급속히 확산되었던 것으로 정리된다.[54]

IV. 맺음말

지금까지 살펴본 바와 같이 개화기의 공예관은, 위정척사·동도서기·급진 개화론의 순으로 전개된 당시 개화정국의 주도이념과 같은 문맥 속에서 표명되었음을 알 수 있었다. 그리고 그 인식은 서기, 즉 서양의 과학과 산업 공예기술의 수용 여부를 두고 서도와 서기 모두를 배척하였던 위정척사파, 서도는 배격하되 서기에 대해서는 수용적 입장을 보인 동도서기파, 그리고 서도와 서기 모두를 수용한 진보적인 급진 개화파의 관점이 서로 교차하였고, 공예분야는 이 과정을 거쳐 서구 산업 문명의 성과를 일부 수용하면서, 한편으로 종래의 경세적 經世的 기능에서 예술적 환경으로 존재방식을 크게 전환해갔던 것으로 정리된다. 특히 이

---

54) 崔公鎬, 「李王職美術品製作所 研究」, 『古文化』35호, (한국대학박물관협회,1989.6) 97 – 123쪽 참조

들 정국주도 이념은 모두 공예를 산업과 미분화된 포섭적 관점에서 이해함으로써 중세적 공예관에서 머물렀으며, 일제강점기에 들어 공예와 산업이 분화되는 시점에서 비로소 근대적 구조로 틀 지우게 된 것으로 파악된다.

동도서기론과 개화론은 서기를 수용하려는 입장에서 공통되지만, 서기를 기술 중심으로 인식한 동도서기가 양식보다는 제작기술의 개량에 관심을 쏟았던 반면, 급진 개화론은 서도적 입장에서 서기를 수용함으로써 공예양식의 수용에도 얼마간 개방적 입장을 보였다는 점에서 차이가 발견된다.

한편 동도서기파 이후의 공예관은, 기술에 대해 '기기음교奇技淫巧'라 하여 폄하함으로써 공예기술의 발전에 장애가 되었던 과거 성리학의 말업관末業觀을 크게 수정하여 국가의 피폐한 재정과 자강을 도모할 수 있는 '부국지술富國之術'의 요체로 중요하게 여겼다는 점이 주목되었다. 그리고 이러한 관점은 18세기 전반 북학파 학자들의 기예론에서도 간취된 바 있어 더욱 중요하게 여겨진다.

이처럼 공예가 당시 지식층의 개화론 속에서 중요하게 다루어진 것은, 대내외에서 직면한 총체적 위기관리의 요체로서는 물론 당시의 여건이 근대사회의 구성체보다는 문물의 개량을 개화의 중심과제로 여겼던 데서 기인한 것으로 이해된다.

개화기의 공예인식은 이상과 같은 사유체계상의 특징과 더불어 몇 가지 한계도 아울러 지니고 있다. 위정척사파의 수구적 입장은, 서양의 기예를 삿된 것으로 간주함으로써 앞 시기의 북학파 학자들이 비판했던 과거 성리학적 말업관의 수준으로 퇴행했다는 점이다. 한편 개항 이후 근대화 과정 전반에 지배적인 관점으로 작용했던 동도서기적 공예관은 급진 개화파와 함께 서기를 전향적으로 이해하면서 이를 토대로 근대적 상공업사회에 대한 전망을 지녔다는 점에서 특히 주목되었다. 그러나 지키고자 했던 동도東道의 속뜻이 민족의 정체성보다는 성리학적 질서의 계승을 통해 왕권을 유지하려는 데 있었을 뿐 아니라, 개화파와 공유된 서기의 수용태도에서도 근대사회의 건설을 위해 선결되어야 할 합리주의 정신이나 사회 구성체의 문제의식을 갖추지 못한 대증요법식 대응 태도로 인해 결국 식민지화의 길을 자초했다는 점은 근대화 과정에서 가장 중요한 한계로 지적될 수 있겠다.

국립제주박물관 문화총서 **2**

한국인의 사상과 예술

초판 인쇄일   2003년 09월 5일
초판 발행일   2003년 09월 18일

편   자 국립제주박물관

발행인 김 선 경

발행처 서 경
 서울특별시 종로구 동숭동 199 – 15(105호)
 TEL : 743 – 8203
 FAX : 743 – 8210
 E-mail : sk8203@chollian.net

등록번호 1-1664호

값 14,000원
ISBN 89 – 86931 – 59 – 1(93900)